D1693075

Buck Brannaman
mit William Reynolds

*Pferde,
mein Leben*

Buck Brannaman
mit William Reynolds

Pferde, mein Leben

Vom Lasso-Künstler zum Pferdeflüsterer

KOSMOS

Pferde, mein Leben

Zu diesem Buch	5
Wachstumsschmerzen	11
Die Wildlederhandschuhe	38
Auf eigenen Füßen	56
Zuhören lernen	80
Der Sturz	92
Sozialhilfe	109
Unterwegs	121
Polo	151
Und weiter auf Tour	161
Pferdeprobleme und Menschenprobleme	183
Mary	199
Der Pferdeflüsterer	209
Zum Schluss	231
Service	238

Zu diesem Buch

Danksagung

Eine gute Buchidee fängt an wie ein junges Pferd – vielversprechend, aber entscheidend ist, wie es weitergeht. Im Verlauf der vier Jahre, die wir an diesem Buch gearbeitet haben, haben wir ein paar wichtige Bekanntschaften gemacht und haben manchen guten Rat bekommen. Besonders bedanken möchte ich mich bei Betsy und Forrest Shirley, Tom Brokaw, Robert Redford, Patrick Markey, Bernie Pollack, Kathy Orloff, Donna Kail, Craig und Judy Johnson, Suzanne und Paul Del-Rossi, John und Jane Reynolds, Lindy Smith, Verlyn Klinkenborg, Chas Weldon, Joe Beeler, Elliott Anderson, Adrianne Fincham, Steve Price und Jesse Douglas. Bei meinem Verlag The Lyons Press danken wir Tony Lyons dafür, dass er das Potenzial gesehen, und Ricki Gadler dafür, dass sie es mit uns ausgehalten hat.

Am allerherzlichsten aber möchten wir uns bei den beiden Damen bedanken, die die ganze Zeit an uns geglaubt haben – bei Mary Brannaman und Kristin Reynolds.

Buck Brannaman und Bill Reynolds

Vorwort von Bill Reynolds

Meine „lebenslange Beziehung" zu Pferden begann erst nach meiner Kindheit, aber solange ich denken kann, habe ich mir immer ein Pony gewünscht. Als Kind der 1950er-Jahre und eines Vaters, der zu den Pionieren des Fernsehens gehörte, war ich mir darüber im Klaren, welch großen Einfluss die TV-Western auf mich hatten. Meine Pferdemanie nahm allmählich unheimliche Ausmaße an, was schließlich meine Eltern in Alarmzustand versetzte. Wir wohnten in der Stadt, und uns ein Pony in den Hinterhof zu stellen hätte das Nachbarschaftsverhältnis erheblich auf die Probe gestellt. Natürlich kannte und verstand ich das Problem, aber ich setzte meine Eltern trotzdem weiter unter Druck. Sie versuchten es tapfer mit Reitstunden und Ferienaufenthalten in Reitschulen, aber es war nie genug.

Mein erstes Pferd bekam ich mit Anfang zwanzig. Es war eine Quarter-Stute, ein Dunkelfuchs mit heller Mähne und hellem Schweif und, jedenfalls in meinen Augen, die Vollkommenheit in Person. Ich hätte hellhörig werden müssen, als wir drei Stunden brauchten, um sie in den Anhänger unseres Nachbarn zu verladen. Mit allen möglichen Stricken und Hebeln, jeder Menge Gebrüll und Gekreisch, aber schließlich war sie drin. Mein Abenteuer hatte begonnen.

***

Buck Brannaman lernte ich 1985 kennen. Er trat in einer Reitarena in Malibu, Kalifornien, auf, und einen Cowboy aus Montana mit einer Handvoll Spring- und Jagdreitern arbeiten zu sehen war etwas, was ich mir unter keinen Umständen entgehen lassen wollte. Von Buck hatte ich schon einiges gehört, und zwar von meinem Freund Chas Weldon, dem legendären Sattelmacher aus Billings, Montana. Chas hielt sehr viel von ihm und sagte, er sei der geborene Reiter. Als ich Buck zum ersten Mal sah, wusste ich, dass Chas Recht hatte. Buck besteht zu drei Vierteln aus Beinen, der Typ Reiter, der seine Beine im Galopp unter dem Pferdebauch verknoten kann. Später stellte sich heraus, dass er in der High School anfangs eher klein gewesen war, gegen Ende aber noch 15 cm wuchs, was ihn in die Basketball-Mannschaft brachte. Ob er groß ist? Der Mann könnte Gänse mit dem Rechen vom Himmel holen!

Den ersten Eindruck von Buck zu Pferd vergisst man nie mehr. Es liegt nicht nur daran, wie er im Sattel sitzt, obwohl auch das schon eindrucksvoll genug ist. Wenn er reitet, scheint er hinter der Aktion zu verschwinden. Man spricht davon, „eins zu werden" mit irgendetwas. Buck reitet ein Pferd nicht, er verschmilzt mit ihm. Die Essenz dieses Verschmelzens ist eine freundliche Übernahme.

Ich habe ihn auf Hunderten Pferden gesehen, und es passiert jedes Mal wieder. Es gibt einen Augenblick, wo diese beiden Wesen sich gegenseitig Türen öffnen und Kommunikation stattfindet. Er schafft ein Umfeld – individuell für jedes Pferd, das er reitet –, das es den beiden ermöglicht, zusammenzuarbeiten. Es verblüfft mich jedes Mal wieder, wenn ich ihn auf einem jungen Pferd sehe. Jedes ist anders, jedes ist einzigartig, und genau so behandelt er sie. Wenn das klingt, als ob es auch mit Menschen gut funktionieren müsste, entwickeln Sie schon den richtigen Riecher.

Ich kenne niemanden, der so viel Gutes nicht nur für Pferde, sondern auch für Menschen und ganze Familien getan hätte wie Buck. Er bringt sie dazu, ihr Tempo herunterzuschrauben und zuzuhören: ihren Pferden, ihren Kindern, ihren Ehepartnern. Ihm geht es um Respekt, Pferden wie Menschen gegenüber – für ihn besteht da kein Unterschied.

Dieses Buch öffnet eine Tür zu Buck Brannamans Leben. Er wollte es so, die Tür sollte offen sein für alle. Er nimmt den Leser mit auf die Reise durch seine schwere Kindheit und die Jugendzeit bei Pflegeeltern. Es ist die Geschichte eines Lebens der Entdeckungen, voller Schmerz und Tragödien und davon, wie man seinen Weg findet und dann denjenigen, die einen gerettet haben, etwas zurückgibt. Für Buck waren das Pferde. Die Pferde haben ihm das Leben gerettet.

Aus den Geschichten entsteht das Bild eines jungen Mannes, der das Leben jedes Pferdes und jedes Reiters, dem er begegnet, zum Besseren wendet. Ich bin stolz darauf, ihn zum Freund zu haben und an diesem Buch mitgearbeitet zu haben. Ganz einfach: Wir brauchen noch mehr von solchen wie ihn.

Zu Beginn

Die Geschichten in diesem Buch sind Szenen aus dem privaten Film meines Lebens. Sie haben mir geholfen, das Gesamtbild zu verstehen, und sie haben Entscheidungen beeinflusst, die ich auf bestimmte Ereignisse hin getroffen habe. In vieler Hinsicht haben sie meine Arbeit mit bestimmten Pferden beeinflusst. Ich weiß, dass sie Einfluss darauf hatten, wie ich mit Menschen umgehe, aber Pferde haben immer eine gewisse Beständigkeit in meinem Leben verkörpert. Sie antworten mit ihrem ganzen Wesen. Sie kennen nichts als Ehrlichkeit.

Auf dem Weg zu einem Kurs über Horsemanship, den ich in Ellensburg, Washington, zu geben hatte, beschloss ich, einen kleinen Umweg über Coeur d'Alene, Idaho, zu machen. Es ist ein friedliches Städtchen von geradezu magnetischer Schönheit. Ich kann verstehen, warum so viele Menschen ihren Lebensabend hier verbringen.

Meine Pferde standen ruhig hinter mir im Anhänger, und ich schaute durch die Frontscheibe meines Lkws auf das alte Haus Nr. 3219 in der North Fourth Street. Hier haben mein älterer Bruder Smokie und ich Mitte der 1960er-Jahre einige

Zeit mit meiner Mom und meinem Dad gelebt. Es nach über dreißig Jahren wiederzusehen brachte eine Flut von Erinnerungen mit sich.

Der Schuppen, nicht viel mehr als ein Anhängsel an die Rückseite des Hauses, erinnerte mich an die Kühe, die ich dort gemolken hatte, und wie der schäbige kleine Schuppen in den Augen eines gerade mal 1,20 m großen Jungen groß wie eine Scheune gewirkt hatte. Durch dieses ebenerdige Fenster hatte ich einen Wasserschlauch gezerrt, um unsere Pferde, Kühe und Schweine zu tränken, und mehr als einmal war der Schlauch um einiges zu kurz gewesen und hatte nicht bis zur Tränke gereicht.

Auf dem Hof hatten Smokie und ich reiten und mit dem Lasso arbeiten gelernt, ohne zu ahnen, dass wir schon bald als „Die Idaho-Cowboys Buckshot und Smokie aus Coeur d'Alene, Idaho" im Fernsehen, auf Rodeos und Messen im ganzen Land auftreten würden.

Die Zahl auf dem verbeulten Briefkasten starrte mich an: 3219. Ich war in Versuchung, an die Tür zu klopfen, nachzusehen, wer jetzt darin wohnte, und vielleicht ein bisschen darin herumzuwandern.

So viele Erinnerungen. Wie oft war der Krankenwagen vorgefahren und hatte meine Mom ins Krankenhaus gebracht, weil sie wieder einen diabetischen Schock erlitten hatte. Und wie oft hatten die Nachbarn den Sheriff gerufen, weil der alte Brannaman mal wieder seine Kinder verdroschen hatte.

Aber heute habe ich keine Angst mehr, auch nicht vor den Erinnerungen. Auf eine seltsame, fast melancholische Art und Weise fühlte es sich gut an, hier zu sein. Wer hätte gedacht, dass einer dieser „Idaho-Cowboys" als Erwachsener die Freude haben würde, mit so vielen Menschen und ihren Pferden zu arbeiten, ihnen zu helfen, eine Beziehung zu entwickeln, die auf Vertrauen beruht? Es entbehrt nicht der Ironie. Der Vorrat an Vertrauen war knapp in meiner Jugend.

Begleiten Sie mich jetzt, und ich erzähle Ihnen davon, was auf dem Weg alles passierte. Er war etwas holprig, hat sich aber gelohnt.

Es geht mir heute sehr gut, und das verdanke ich zum großen Teil meiner Frau Mary. Ihr, meiner Familie und dem Pferd an sich ist nicht nur dieses Buch, sondern mein Leben gewidmet.

Danke für Ihr Interesse, und möge Ihr Leben reich sein an guten Pferden.

Buck Brannaman
Sheridan, Wyoming
2001

Wachstumsschmerzen

Die Hälfte meiner Kurse quer durchs Land habe ich für dieses Jahr geschafft. Ich liebe meine Arbeit, aber ich bin immer wieder für lange Zeit von meiner Familie getrennt, und das ist schwer. Meine Frau Mary bleibt mit unseren drei Töchtern auf der Ranch und erledigt alles, was auf einer Ranch so anfällt. Sie zu verlassen fällt mir nicht leicht. Meine jüngste Tochter fragt immer noch: „Daddy, warum musst du immer weggehen und Weit-weg-Pferde reiten?"

Also fahre ich los und bleibe jeweils drei oder vier Tage an einer Stelle, treffe Leute und ihre Pferde, helfe ihnen, miteinander auszukommen und zusammen etwas zu erreichen. Dann fahre ich wieder. Ich fange andauernd an, fahre aber immer wieder weg. Wenn Pferde und Menschen anfangen, besser, gefälliger auszusehen, muss ich mich verabschieden.

Schwer zu erklären, wieso anderer Leute Pferde einem das Leben retten können, aber genau dies ist mir passiert. In letzter Zeit habe ich ziemlich viel darüber nachgedacht.

Heute sind meine Pferde und ich zu einem Kurs in North Carolina eingetroffen. Es ist ein Herbsttag, die Sonne ist gerade aufgegangen, die Zeit am frühen Morgen, wenn du die Augen schließen und dich umdrehen kannst, und die ersten Sonnenstrahlen treffen auf deine Lider. Ich liebe diese Zeit. Alles fängt frisch von vorn an: der Tag, die Pferde und die Menschen. Und es ist eine ruhevolle Zeit.

Ich rede den ganzen Tag für meinen Lebensunterhalt, deshalb schätze ich die Ruhe. In dieser Ruhe füttere und sattle ich meine Pferde. Nichts ist zu hören als das Malmen der Pferdezähne. Die Szene ist so wunderbar vorhersagbar, immer dasselbe, und trotzdem von einer Neuheit, die jeden ersten Kurstag zu durchdringen scheint. Ich kann die Möglichkeiten spüren. Es ist eine beruhigende Konstante. Die Vorstellung von Beständigkeit ist etwas, das mir viel bedeutet hat, seit ich klein war, denn damals war davon nicht viel vorhanden.

* * *

Ich wurde 1962 in Sheboygan, Wisconsin, geboren, aber aufgewachsen bin ich in Idaho und Montana. Kurze Zeit hat meine Familie in Kalifornien gelebt, aber als ich zwei Jahre alt war, zogen wir in das Haus in der North Fourth Street in Coeur d'Alene in Idaho.

Wenn ich bedenke, was alles passiert ist, als ich klein war, muss ich sagen, dass die Geografie wahrscheinlich ebenso viel zu meiner Lebensrettung beigetragen hat wie die Pferde. Die Bevölkerung von Idaho und Montana ist ähnlich wie in vielen Kleinstädten hier, und Sie können sich vorstellen, wie klein manche dieser Städtchen sind. Die Geschichten von Kleinstädten, die aus „nichts als einer Bar und einem Postamt" bestehen, sind oft nur zu wahr.

Mein Dad, Ace Brannaman, war ein talentierter Mann und hatte viele Jobs. Er hat Kabel gespleißt und beim Bau von Stahlmasten mitgeholfen, die Strom von den großen Staudämmen im Westen und von Alaska herunterbrachten. Er hatte eine Reparaturwerkstatt für Sättel und für Stiefel, und eine Weile arbeitete er für eine private Sicherheitsfirma. Dann war er Hilfssheriff, was nicht ohne Ironie ist, wenn man einige seiner späteren Taten bedenkt.

Meine Mom, Carol Alberta Brannaman, arbeitete in Idaho für die Telefongesellschaft und dann, als wir nach Montana zogen, als Kellnerin.

Als kleiner Junge habe ich einiges durchgemacht, und ich kann Ihnen sagen, dass mein Bruder und ich manchmal dachten, wir würden es nicht überleben. Ich kann mich erinnern, dass ich in den Himmel geschaut habe und mich, so naiv das heute auch klingen mag, gefragt habe, ob es einen Gott gibt oder nicht. Wenn ich allein Auto fahre oder reite, stelle ich immer noch „große" Fragen, und ich kann Ihnen versichern: Es gibt einen Gott.

Darüber habe ich vor langer Zeit, als meine Mom noch lebte, nachgedacht. Sie hatte Diabetes, und das war damals etwas Ernstes. Die Medizin hatte noch nicht viel Glück damit, Diabetes unter Kontrolle zu bringen, und obwohl sie sich selbst Insulin spritzte, war sie viele Male im Krankenhaus.

Dad arbeitete in Alaska, und mein älterer Bruder Smokie und ich waren mit ihr zuhause in Coeur d'Alene. Ich war fünf, genauso alt wie meine Tochter Reata heute. Einmal wurden Smokie und ich mitten in der Nacht von einem Geräusch wach. Meine Mutter hatte einen diabetischen Schock und war gerade im Delirium, einer typischen Phase, die im Koma endet, wenn der Patient nicht sofort behandelt wird. Wir rannten voller Entsetzen ins Schlafzimmer. Mom litt schrecklich. Smokie war erst sieben, und während er sie zu beruhigen versuchte, brüllte er mir zu, ich sollte ins Wohnzimmer laufen und die Ambulanz rufen.

Ich lief ins Wohnzimmer, aber das Telefon stand auf einem Regal, so hoch, dass ich es nicht erreichen konnte. Ich kletterte gerade auf die Rückenlehne eines Stuhls, als das Telefon läutete. Ich konnte es immer noch nicht erreichen, also holte ich mir ein Handtuch aus der Küche und schlug damit den Hörer von der Gabel. In meiner Angst, dass meine Mutter sterben könnte, schrie ich in den Hörer: „Ich weiß nicht, wer dran ist, aber wenn du mir nicht hilfst, muss meine Mom sterben. Wir brauchen eine Ambulanz, weil meine Mutter ist Diabetikerin." Und dann stellte ich mich auf den Stuhl und hängte auf.

Der Anrufer war ein alter Herr namens Mr. Thompson. Die Thompsons waren damals wahrscheinlich die einzigen

Farbigen in Coeur d'Alene. Mr. Thompson verdiente den Lebensunterhalt für seine Familie mit einer Herde Milchkühe, die er auf der anderen Seite des Sees hielt. Mein Dad hatte früher einmal sieben Jahre eine Veterinärschule besucht, und wenn er von einem Job am Bau nach Hause kam, betätigte er sich schwarz als eine Art Tierarzt. Er zog Kälber ans Licht, behandelte Kühe und nähte verletzte Pferde. Mr. Thompson hatte angerufen, weil er Hilfe bei einer Kälbergeburt brauchte.

Als ich Mr. Thompson anschrie, die Ambulanz zu rufen, und dann aufhängte, hatte ich nicht die leiseste Ahnung, wer am anderen Ende war. Natürlich rief Mr. Thompson die Ambulanz und schickte sie zu uns; sie kam innerhalb von Minuten. Die Sanitäter brachten meine Mutter ins Krankenhaus, und Smokie und ich verbrachten die Nacht bei Nachbarn. Nach ein paar Tagen voller Angst und Sorge war meine Mutter wieder zuhause und alles in schönster Ordnung.

Es war unheimlich, dass das Telefon läutete, als ich es gerade erreicht hatte. Hätte ich den Hörer eine Sekunde früher abgenommen, wäre Mr. Thompson nicht mehr durchgekommen.

Timing ist alles.

Timing war immer Teil meines jungen Lebens. Timing und Übung. Meine ganze Jugend habe ich mit Üben verbracht. Nicht am Klavier oder auf dem Tennisplatz, sondern mit Seiltricks.

Als junger Mann hatte mein Vater den berühmten Trick Roper Montie Montana bewundert und sich für dessen Leben begeistert. Als er aus dem Zweiten Weltkrieg zurückkam, wurde ihm klar, dass er nie ein Montie Montana sein würde, aber er beschloss, dass seine Jungs es so weit bringen sollten. Er würde stellvertretend durch Smokie und mich leben. Er fand „Buckshot" und „Smokie" besser fürs Geschäft als Dan und Bill, und so wurde ich Buckshot und Bill wurde Smokie.

Dad nahm uns richtig hart ran. Mein Bruder und ich

übten jeden Tag stundenlang. Wir hatten die Wahl: Seiltricks üben oder Prügel. Nachdem wir einige Male Prügel bezogen hatten, war uns ziemlich schnell klar, dass die Seiltricks die klügere Wahl waren.

Die Belohnung war, dass wir im Land herumreisten und auftraten. Die ganze Familie war unterwegs, und Mom wachte darüber, dass unser Leben so normal wie möglich verlief. Ich genoss zwar den Applaus und die Aufmerksamkeit des Publikums, aber manchmal hätte ich alles dafür gegeben, weggehen und Baseball spielen zu dürfen. Wir spielten ein bisschen, aber die meisten Tage bestanden daraus, dass wir auf ein Pferd kletterten und Seiltricks übten.

Reiten lernte ich mit drei, ungefähr um dieselbe Zeit, in der ich mit dem Trick Roping anfing. Dad kaufte für Smokie und mich ein paar gutmütige Pferde, setzte uns drauf, und los ging's, immer rund um den Hof. Mein Vater konnte ein bisschen reiten, aber er schien kein Talent für die Arbeit mit Pferden zu haben. Dass er sie misshandelt hätte, wäre zu viel gesagt, jedenfalls nicht die ganze Zeit, aber er hatte kein Gefühl und kein Mitgefühl für Pferde. Er war von der alten Schule, wie viele Leute damals, und im Rückblick scheint mir, dass er nicht viel Ahnung von Pferden hatte. Seine Eltern waren Farmer – er war auf einer Farm in Indiana aufgewachsen –, und deshalb hatte er nie viel über die Arbeit mit Pferden gelernt.

Unsere erste Vorstellung als Trick Roper gaben wir zwei Jahre später auf einer TV-Talentshow in Spokane, Washington. Sie nannte sich *Star-lit Staircase* und wurde von Boyle Heating Oil gesponsert. Ein paar kleine Mädchen trällerten einen Werbesong der Gesellschaft, und ich fand sie schöner als alles, was ich je gesehen hatte. Zugegeben, ich war erst fünf oder sechs, aber ich muss schon damals ein Auge für die Damen gehabt haben. Ich hielt sie für große Stars, weil ich sie jede Woche im Fernsehen sah.

Die Talente kamen aus der Umgebung, Kinder, die steppten, sangen oder Instrumente spielten. Während der Anhörproben war vor uns ein Mädchen dran, das steppte. Sie hatte ihr langes blondes Haar auf Lockenwickler gedreht, und

Mit verbundenen Augen übt Buck seine Seiltricks. Das Foto illustrierte eine Geschichte über Buck und seinen Bruder, die im Montana Standard *erschien.*

während sie ihren kleinen Stepptanz vorführte, fielen ihr die Wickler fast im Gleichtakt mit der Musik aus dem Haar. Ich war nur ein kleiner Junge, und für mich war das eine ganz tolle Sache. Ich konnte mir nicht vorstellen, wie sie diese Lockenwickler so präpariert hatten, dass sie genau zur rechten Zeit herausfielen und genau ausreichten, bis der Tanz zu Ende war. Dem Mädchen war es so peinlich, dass es anfing zu weinen. Ich fragte mich, warum in aller Welt sie nach so einer schönen Vorstellung heulte.

Als Smokie und ich unsere Seiltricks vorführten, musste ich mich auf eine Kiste stellen. Ich war ein ziemlicher Zwerg zu dieser Zeit, und so hatte mein Dad eine Kiste aus Sperrholz gezimmert und sie weiß gestrichen. Darauf stand ich, denn ich war so klein, dass das Lasso sonst am Boden aufgeschlagen wäre, wenn ich es kreisen ließ.

Wir führten Seiltricks wie *Wedding Rings* (Eheringe), *Merry-Go-Round* (Karussell), *Ocean Waves* (Meereswellen) und *Texas Skips* vor. Während der Werbepause diskutierte die Jury darüber, wem sie den ersten Preis verleihen sollte. Unsere Familie saß eng aneinander gedrängt, und ich erinnere mich, dass einer der Juroren sagte: „Geben wir ihn diesen Idaho-Cowboys aus Coeur d'Alene." Und das taten sie auch. Wir wurden Sieger in dieser Talentshow. Wie der Preis aussah, weiß ich nicht mehr, aber der Name „Die Idaho-Cowboys" blieb an uns hängen. Von da an hießen wir „Die Idaho Cowboys Buckshot und Smokie".

Als ich sechs oder sieben war, wurden Smokie und ich Mitglied in der Rodeo Cowboys Association, heute die Professional Rodeo Cowboys Association (PRCA), und traten bei lokalen Rodeos quer durchs Land auf. Die meisten dieser Veranstaltungen waren ziemlich dürftig und ohne große Bedeutung, aber für uns waren sie enorm wichtig.

Mein Dad wechselte in dieser Zeit häufig den Job, aber die meiste Zeit arbeitete er selbstständig in seiner Sattel- und

Stiefel-Reparaturwerkstatt. Er plante seine Arbeit um unsere Rodeo-Karriere herum, damit er uns fahren konnte. Das Geld, das wir verdienten, wanderte alles in seine Tasche, und daher waren die Seiltricks irgendwie auch sein Job, oder jedenfalls sah er es wohl so.

Meine Mom konnte sehr gut nähen. Sie kaufte Stoffe und machte uns prächtige Kostüme, wie sie die singenden Cowboys im Film auf der Bühne trugen. Ein paar davon habe ich heute noch. Außer ein paar Fotos und ein paar wirklich schönen Erinnerungen sind sie alles, was ich noch von ihr habe. Ich wollte, ich hätte sie gekannt, als ich erwachsen war.

1969 traten Smokie und ich erstmals auf einem Hallen-Rodeo auf, einem großen, dem Diamond Spur Rodeo in Spokane, Washington. Wir hatten unser Trick Roping auf einigen Amateur-Rodeos vorgeführt und wurden allmählich im nördlichen Idaho und östlichen Washington recht bekannt, aber anderswo stand unsere Profi-Karriere noch am Anfang.

Das Rodeo begann an einem Donnerstag, und ich schaute vom hinteren Eingang in die Halle hinein und sah achttausend Zuschauer auf den Rängen. So viel Publikum hatte ich noch nie gesehen, und es machte mich ganz schön nervös. Pferde in allen Farben kamen herein und gingen wieder hinaus – auf den ersten Blick reichlich chaotisch, aber alle wussten, wo sie hingehörten. Für einen kleinen Jungen, der kaum aus dem ländlichen Idaho herausgekommen war, ein erstaunliches Spektakel.

An einem Eingang waren die Rodeo-Clowns zugange, an einem anderen kamen die Barrel Racer herein- und herausgepprescht. Dann kündigte der Ansager das Programm für diesen Abend an, und durch das ganze Durcheinander hörte ich: „Ladies and Gentlemen: Die Idaho-Cowboys."

Geplant war, dass Smokie und ich auf unseren Pintos hereingaloppieren und im gestreckten Galopp einmal um die Bahn reiten sollten. Nach einem Sliding Stop in der Mitte soll-

Auf einer Spezialvorstellung in Butte, Montana, sorgt Buck für Wirbel – mit dem Seil und beim Publikum.

ten wir uns in den Sattel stellen und mit unseren Seiltricks beginnen. Als unser großer Auftritt kam, hatte ich keine Zeit mehr für Lampenfieber. Smokie drückte sich den Hut in die Stirn und galoppierte los und ich dicht hinter ihm her. Ich hatte ungefähr ein Viertel der Bahn zurückgelegt, als Ladybird, meine Stute, beschloss, uns eine Menge Zeit zu sparen. Einmal herum kam ihr offenbar ziemlich überflüssig vor, jedenfalls machte sie plötzlich linksum kehrt und sauste in die Mitte der Bahn.

Ich zog so hart an den Zügeln, wie ein Siebenjähriger eben ziehen kann. Mein Bruder starrte mich von der anderen Seite der Halle verwundert an, und ich starrte zurück und fragte mich, was ich jetzt machen sollte. Als wir ungefähr im Mittelpunkt angekommen waren, zog Ladybird die Bremse und katapultierte mich über ihren Kopf. Ich machte einen kompletten Salto in der Luft und landete, ob Sie es glauben oder nicht, auf den Füßen. Und nicht nur das: Ich hatte auch das

Lasso noch in der Hand. Ich stand völlig verdattert da und staunte, dass ich noch am Leben war. Ungefähr zwei Sekunden lang schaute ich hinauf zu den mucksmäuschenstillen Rängen, und dann fing ich an, mein Lasso zu schwingen. Meine Beine schlotterten umeinander wie bei Elvis, wenn er „Blue Suede Shoes" sang.

Das Publikum tobte. Sie wussten ja nicht, dass ich in Sie wissen schon was gefallen war und nicht gerade nach Rosen duftete. Smokie konnte es nicht glauben. Ich bin sicher, als er mich durch die Luft fliegen sah, hatte er sich schon als Alleinerbe des umfangreichen Brannaman-Familienvermögens, bestehend aus neun Milchkühen mit Mitleid erregend kleinen Eutern, gesehen.

Von da ging jeden Abend ein Raunen durch die Zuschauer, wenn dieser brillante Trick Roper angekündigt wurde, gerade sieben Jahre alt, der von einem mit fünfzig Sachen galoppierenden Pferd abspringen, einen Salto in der Luft vollführen, auf den Füßen landen und dann Seiltricks vorführen konnte.

Ich habe diesen kleinen Trick nie wieder gebracht. Ist schon komisch, wie manchmal alles schiefgehen und sich trotzdem am Ende zum Besten wenden kann. Im Laufe meines Lebens habe ich viel angestellt, was sich später trotz allem als Erfolg herausstellte, aber das Diamond Spur Rodeo und dass eine der besten Vorstellungen meines Lebens eigentlich ein Unfall war, das werde ich nie vergessen.

Smokie und ich hatten zuhause unsere Aufgaben, wozu auch gehörte, morgens und abends eine Handvoll Milchkühe zu melken. Wir hatten eine Melkmaschine, was klingt, als hätte es die Arbeit vereinfacht, aber wir konnten den vollen Melkeimer nur zu zweit ins Haus schleppen. Danach ließen wir die Milch durch einen altmodischen Rahm-Trennapparat laufen. Der Apparat bestand aus ca. 200 Einzelteilen, die wir jedes Mal, wenn wir ihn benutzt hatten, wieder sterilisieren mussten. Das war nicht ohne, denn die Kühe wurden jeden Morgen und jeden Abend gemolken. Vielleicht trinke ich deshalb keine Milch mehr – weil ich denke, damit kann ich ein paar armen kleinen Jungen die Mühe sparen, für mich Milch produzieren zu müssen.

Wenn wir abends mit dem Melken fertig waren, übten wir Seiltricks. Smokie war damals der bessere Roper. Ihm gelang der Texas Skip besser, weil er größer war und sich leich-

Mit verbundenen Augen führt Buck auf Ladybird beim Diamond Spur Rodeo in Spokane, Washington, seine Kunststücke vor.

ter tat, durch einen vertikalen Seilring zu springen. Aber er übte nicht so gern wie ich, und wenn er, als wir klein waren, nicht die Spiele spielen wollte, die ich mochte, drohte ich ihm damit, Seiltricks zu üben. Und wenn ich übte und er nicht, dann konnte er Gift darauf nehmen, von Dad eine Tracht Prügel zu beziehen, weil er sich nicht genug anstrengte. Das ist das Geheimnis, wie ich Smokie zu so ziemlich jedem Spiel kriegen konnte, das mir einfiel.

Wir hatten einen kleinen, kompakten Black Angus-Bullen, der unsere Milchkühe deckte. Sampson hieß er. Er mochte menschliche Gesellschaft und wurde ganz anhänglich.

Als Ladybird, die Pinto-Stute, auf der ich meine Seiltricks vorführte, tragend wurde und ich sie nicht mehr reiten konnte, ritt ich Sampson ein. Es war ein Kunststück, dass der Sattel oben blieb, und ein Rindermaul ist auch nicht gerade für ein Trensengebiss geschaffen – jedenfalls streifte sich Sampson immer die Trense ab.

Trotzdem kamen wir gut miteinander zurecht. Ich brachte Sampson bei, in die Knie zu gehen, damit ich hinauf- und hinunterklettern konnte, was wichtig wurde, weil ich noch so klein war und Sampson immer weiter wuchs. Ich ritt mit ihm hinauf in die Berge und ritt ihn auch weiter, nachdem Ladybird ihr Fohlen bekommen hatte.

Ich hatte Sampson fast eineinhalb Jahre geritten, als mein Dad ihn schlachtete.

Dad hatte mich nicht einmal vorgewarnt. Es war, als sähe er keine Notwendigkeit, mit mir darüber zu reden, ob es für mich okay war, wenn er mein Lieblingstier schlachtete. Und mehr als das: Mein Bruder und ich mussten ihm auch noch dabei helfen.

Natürlich traf es mich, aber bei meinem Vater zeigte man besser nicht, wenn man betroffen war. Hätte ich irgendwelche Emotionen gezeigt, hätte sich mein Dad betroffen gefühlt und es an mir ausgelassen.

So mussten wir Dad also helfen, meinen Freund zu schlachten. Und gegessen habe ich Sampson auch noch, weil ich die Folgen fürchtete, wenn ich ihn nicht gegessen hätte.

Kleine Kinder erleben so manches, aber das ist etwas, was man nie vergisst.

Als ich acht war, zogen wir von Cœur d'Alene nach Whitehall, Montana. Dad mietete eine Nissenhütte mit einer Backsteinfront zur Hauptstraße und eröffnete eine Reparaturwerkstatt für Sättel und Boote. Meine Mom arbeitete in einem Restaurant, ca. 80 km weit weg, in einer Kleinstadt namens Ennis.

Smokie und ich kamen jeden Tag zu Fuß von der Schule zum Mittagessen nach Hause. Nach dem Essen nahm Mom uns auf dem Weg zur Arbeit mit zurück. Das bedeutete, dass wir nachmittags zuhause ein paar Stunden mit Dad allein waren, ohne Mom, wenn er aus der Werkstatt nach Hause kam.

Wenn sie uns an der Schule aus dem Auto ließ, sagte ich ihr, wie sehr ich mich davor fürchtete, mit Dad allein zu sein. Ich hatte Angst, etwas falsch zu machen, Angst, durchgeprügelt zu werden. Smokie war ein bisschen zäher und hatte eine dickere Haut, aber ich war Moms Baby. Ich flehte sie an, mich nicht allein zu lassen, und sie weinte jeden Tag.

Ich dachte nie wirklich darüber nach, wie hart es für sie sein musste, aber ich wusste, wie hart es für mich war. Ich hatte entsetzliche Angst. Ich hatte Angst vor dem Mittagessen. Es klingt vielleicht komisch, dass ein kleiner Junge Angst vor dem Mittagessen hat, aber genau das bedeutete Mittagessen für mich, fünf Tage die Woche. Ich hatte Angst, nach Hause zu gehen. Ich hatte Angst vor meinem Vater. Er war immer wütend, ohne dass Smokie und ich je einen Grund dafür herausgefunden hätten. Aus welchem Grund auch immer: Dad war wütend. An manchen Tagen kam er heim und schlug einfach auf uns ein. Er schlug uns mit einem Gürtel oder einer

Reitpeitsche oder was sonst zur Hand war, aber immer, wenn Mom weg war. Sie hätte es nie zugelassen, wenn sie da gewesen wäre. Sie war unsere Beschützerin, aber wir trauten uns nicht, es ihr zu sagen.

Meine Eltern hatten sich eigentlich gern. Dad trank ein bisschen, aber solange Mom am Leben war, war der Alkohol nicht wirklich ein Problem. Er hatte immer eine Art Gemeinheit an sich, und er brauchte nicht zu trinken, damit sie herauskam. Sie war eigentlich immer da. Wir wussten nicht, dass das, was er uns antat, Kindesmisshandlung genannt wurde. Wir wussten es nicht besser. Es war nicht lebensbedrohlich, jedenfalls nicht, bevor Mom starb, aber es war verflucht noch mal ziemlich grausam.

Heute würde Dad für das, was er tat, mit dem Gesetz in Konflikt geraten, aber damals hatte das Gesetz nicht viel mit häuslichen Problemen am Hut. Außerdem wussten die meisten Leute nicht, was bei uns vorging. Wenn ich heute jemanden sehen würde, der seine kleinen Jungen so behandelt, wie Dad uns behandelte, würde ich ihm möglicherweise selbst eine Abreibung verpassen müssen.

Als ich klein war, habe ich mich immer gefragt, warum meine Mutter nicht wegging und uns mitnahm, aber damals war es nicht üblich, aus einer Ehe davonzulaufen. Es widersprach ihrer Erziehung. Ihre Eltern kamen aus Deutschland und hätten nicht viel von ihr gehalten, wenn sie nicht fähig gewesen wäre, ihre Ehe, und sei sie noch so schlecht, durchzuhalten. Es waren andere Zeiten, und sie hätten ihr die Schuld gegeben, nicht Dad.

Ich weiß, dass sie es ebenfalls hasste, wenn es Zeit zum Mittagessen wurde, weil sie dann weg musste, und bis sie im Restaurant aufgeräumt hatte und nach Hause kam, war es spät am Abend. An manchen Tagen war es okay mit Dad. Er nahm uns nicht hart ran. Aber es gab viele Tage, an denen er uns anbrüllte und uns schlug. Nicht, dass Mom es nicht gewusst hätte. Vermutlich wusste sie immer, was für eine Art Mann Dad war.

Irgendwas macht klick, wenn eine Mutter sieht, dass ihre Kinder misshandelt werden. Der Mutterinstinkt macht, dass sie für sie kämpft wie eine Löwin. Aber Mom war in einer schlechten Position. So stark sie auch war, sie saß in der Falle. Sie konnte nicht genug verdienen, um uns alle drei durchzubringen, konnte nirgends hin und war weit weg von ihrer Familie. Ich bin sicher, sie hätte hundert Gründe angeben können, warum sie bei Dad blieb. Vielleicht wollte sie auch vor sich selbst nicht zugeben, dass sie so eine schlechte Wahl getroffen hatte. Es gibt vieles in Moms Vergangenheit, was sie zu dem machte, was sie war, vieles, das ich nicht weiß und nie wissen werde. Wenn sie noch am Leben wäre, hätte ich eine Menge Fragen, die ich ihr gern stellen würde.

Einmal kamen wir nachmittags von der Schule nach Hause, als Mom bei der Arbeit war, und Dad wanderte umher, ging in die Scheune hinein, kam wieder heraus und lief überall rastlos herum. Ich wusste, er war auf hundertachtzig. Es waren nur ca. hundert Meter von der Straße bis zum Haus, und ich wünschte mir, wir könnten die ganze Nacht dafür brauchen. Als er uns sah, fing er sofort an zu brüllen und zu fluchen. Einer von uns hatte ein Tor offen gelassen, als wir am Morgen unsere Arbeit erledigten. Sie wissen ja, wie junge Burschen sind, wie vergesslich sie manchmal sein können. Sie meinen es nicht böse – meistens vergessen sie einfach etwas, oder irgendwas macht, dass sich ihr Gehirn ausschaltet.

Jedenfalls hatten wir ein Tor offen gelassen. Eigentlich war nichts weiter passiert. Eins unserer Pferde geriet zu einem anderen Pferd auf den Paddock, aber da sie beide Wallache waren, kamen sie gut miteinander aus. Es war wirklich keine große Sache: Man musste nur das eine Pferd wieder einfangen und in seinen eigenen Paddock zurückbringen. Aber Dad war so wütend, dass wir vergessen hatten, das Tor zu schließen,

Ace Brannaman sorgte für seine Jungs, so gut er konnte. Hier schleppt er eine gewilderte Antilope nach Hause.

dass er in die Scheune ging und mit der Bullenpeitsche wieder herauskam. Die Peitsche war fast drei Meter lang. Ich wusste, was kommen würde, und meine kleinen Beine zitterten wie Espenlaub.

Er befahl uns, unsere Bücher auf die Eingangstreppe zu legen. Wir befanden uns auf der Ostseite des Hauses im Hinterhof, in der Nähe von Moms Wäscheleine. Ich hatte ein Hemd mit kurzen Ärmeln an und eine dünne Hose, und ich weiß noch, dass ich auf die Wäscheleine starrte und mir wünschte, ich hätte die ganze Wäsche übereinander an, zum Schutz vor dem, was kommen würde.

Wir mussten zur Umzäunung hinübergehen und uns an einer der Querstangen festhalten. Und dann fing er an, uns mit dieser Bullenpeitsche zu verdreschen. Immer mal wieder schlang sie sich um meinen Oberarm und machte ein Geräusch, wie wenn man ein Gewehr abschießt, und es tat auch so weh, als hätte ich einen Schuss abgekriegt. An manchen Stellen schnitt sie sogar durch mein Hemd durch. Zugegeben, das Hemd hielt nicht viel aus, aber wenn man ein Kind so mit der Peitsche traktiert, dass sein Hemd in Fetzen geht, heißt das doch, dass man ziemlich hart zugeschlagen hat.

Dad schlug auf unseren Rücken und die Rückseite der Beine ein, als ich sah, wie ein Nachbar aus seinem Haus zu uns hinüberlugte. Er wusste nicht, was er tun sollte, aber ich weiß noch, dass ich ihn angesehen und mir gewünscht habe, er wäre Manns genug, herüberzukommen und der Sache Einhalt zu gebieten.

Mein Dad war immer noch am Brüllen, Fluchen und Schlagen, als das Telefon läutete. Er befahl uns, uns nicht von der Stelle zu rühren, und lief hinein, um abzunehmen. Als er zurückkam, war seine Laune umgeschlagen. Der Anrufer hatte Smokie und mir einen Auftritt in einem TV-Werbespot für Kellogg's Sugar Pops angeboten, und nun war Dad ganz aufgeregt. Das war eine weitere Gelegenheit, stellvertretend mit uns im Scheinwerferlicht zu stehen. Gerade hatte er uns noch verprügelt, und nun war er so glücklich wie nur möglich. Uns war der TV-Werbespot im Augenblick so egal wie nur etwas, aber wir waren verdammt froh, dass das Telefon gerade jetzt geläutet hatte.

Ich habe oft gedacht, dass es die Gnade Gottes war, die das Telefon damals läuten ließ und die Prügelei unterbrochen hat. Sonst wäre es uns noch eine ganze Portion schlechter ergangen als so. Wir drehten schließlich den Werbespot, und das Komische daran war, dass er in einer Stadt namens Grace (Gnade) in Idaho gedreht wurde. Wissen Sie, es gibt so viele kleine Zufälle im Leben, dass man sich wundert, wie Gott, der über Sie wacht, das alles auf die Reihe kriegt. Jahre später setzen Sie die ganzen Teilchen zusammen, und Sie erkennen den Sinn.

Als ich elf war und wir in Whitehall lebten, fing sich Mom eine böse Erkältung ein. Sie lag zwei oder drei Tage im Bett, und Dad versuchte sie zu versorgen. Er fütterte sie mit Suppe, und keiner von uns kam auf die Idee, dass die Suppe ihren Blutzucker verändern würde. In der Nacht fiel sie ins Koma, aber niemand merkte etwas davon. Am nächsten Morgen machte Dad sich Sorgen. Er weckte uns auf und sagte: „Wir müssen eure Mutter ins Krankenhaus nach Ennis bringen."

Mom war groß, ungefähr 1,80 m, und wir konnten sie nur zu dritt in den Truck verfrachten. Es ging ihr furchtbar schlecht, und sie konnte ihre Blase nicht beherrschen. Dad und Smokie hielten sie am Oberkörper, um sie ins Fahrerhaus zu ziehen, und ich packte ihre Beine und hob sie vorsichtig an. Urin rann mir über die Finger. Das machte mir Angst. Ich wusste, es ging Mom schlecht. Ich wusste, es war ganz schrecklich ernst.

Dad ließ uns zuhause zurück, fuhr mit Mom ins Krankenhaus, und wir gingen in die Schule. Den ganzen Tag und die ganze Nacht machten wir uns Sorgen um unsere Mutter, aber Dad rief nicht an. Mom war drei ganze lange Tage im Krankenhaus, und in der ganzen Zeit hörten wir kein Wort von ihm.

Schließlich, am Morgen des vierten Tages, kam Dad heim. Er kam einfach ins Haus, stand vor uns und sagte: „Jungs, eure Mutter ist von uns gegangen."

Das war's. Es war ein Schock für mich. Mom war wegen ihrer Diabetes so viele Male ins Krankenhaus und wieder zurückgekommen, dass ich mir vorgestellt hatte, sie würde wieder heimkommen und wir würden weitermachen wie bisher. Aber sie kam nicht, und wir mussten weitermachen.

* * *

Für Mom hatte Trick Roping mehr bedeutet als alles andere. Es war der Leim, der unsere Familie zusammenhielt. Sie war begeistert von dem Sugar Pops-Werbespot, in dem Smokie und ich auftraten. Er wurde in allen Staaten gesendet, und wir wurden „Die Sugar Pops Kids" genannt. Mom hatte nur ein einziges Mal im Scheinwerferlicht gestanden, als junge Tanzlehrerin in einer Arthur-Murray-Tanzschule, und sie war stolz darauf, dass wir im ganzen Land im Fernsehen zu sehen waren. Sie saß oft vor dem Fernseher und betete darum, dass der Spot kommen würde.

Als Mom gestorben war, erzählte mir eine der Krankenschwestern, die zu ihrem Begräbnis kam, dass sie die ganze Zeit, während sie im Koma lag, in ihrem Zimmer einen Fernseher eingeschaltet gelassen hatten. Vermutlich hofften sie, dass die ständigen Geräusche und Stimmen sie ins Leben zurückholen würden. Kurz bevor sie starb, lief unser Sugar Pops-Werbespot, und wir führten unsere Seiltricks vor. Als der Spot zu Ende war, starb Mom.

Ich stelle mir immer vor, dass sie unsere Stimmen hörte, und vielleicht war das alles, was sie brauchte. Ihre Babys ein letztes Mal zu hören war vielleicht ihre Art, auf Wiedersehen zu sagen. Ich vermute, wir alle haben unsere eigene Art zu sagen: „Ich liebe dich, auf Wiedersehen." Timing, auch dieses Mal.

Nachdem Mom nicht mehr da war, veränderte sich Dad zum Schlimmeren. Er hatte uns schon immer ganz schön rau angefasst und war deshalb auch schon einige Male mit dem Gesetz in Konflikt geraten, aber solange Mom lebte, waren wir nie in Lebensgefahr gewesen. Als er uns sagte, sie sei tot, wusste ich sofort, dass das Leben nun um einiges härter werden würde.

Innerhalb eines Jahres nach ihrem Tod war Dad ziemlich am Ende. Er hatte Mom wirklich geliebt, und ihr Verlust trieb ihn anscheinend in den Abgrund. Er war ständig betrunken und wollte schlicht nicht mehr leben. Er hatte kein einfaches Leben gehabt. Im Zweiten Weltkrieg war er über ein Jahr in deutscher Kriegsgefangenschaft gewesen. Er sprach nie über seine Erlebnisse, aber offenbar konnte er die Erfahrungen nie verwinden. Zu allem Übel hatte er noch einen beinahe tödlichen Unfall in Alaska, und zwar erhielt er bei der Arbeit einen schweren Stromschlag und lag sechs oder acht Monate im Krankenhaus. Als er heimkam, litt er unter furchtbaren Kopfschmerzen. Sie haben ihn den Rest seines Lebens gequält.

Aus welchem Grund auch immer gab er Smokie und mir die Schuld an seinem Kummer. Vielleicht dachte er, wenn es uns nicht gäbe, wäre sie noch am Leben. Wohlverstanden nicht unsere Mom, sondern seine Frau.

In dieser Zeit sprachen Smokie und ich, während wir zur Bushaltestelle für die Schule gingen, meist darüber, ob wir wohl die kommende Nacht überleben würden, vom ganzen Schuljahr gar nicht zu reden. Wir lebten jeden Tag in Furcht und Schrecken. Wir hatten das Gefühl, nirgends sicher zu sein, auf dem Weg eine Straße hinunter, die kein gutes Ende nehmen konnte.

Dad trank so viel, dass er nicht schlafen konnte. Es kam so weit, dass er uns viele Nächte wach hielt. Er rannte herum, brüllte und schrie uns an, schlug uns und stieß uns herum. Unser Esstisch war aus solider Eiche, ebenso wie die Stühle darum herum. Ich starrte immer die Maserung an, wenn wir wieder mal hier sitzen und uns sein Gebrüll anhören mussten.

Es wurde sehr spät, bis er endlich vollständig betrunken war. Der Holzofen in der Ecke war längst ausgegangen und das Haus ausgekühlt. Dad holte uns dann aus dem Bett, und wir mussten in der Unterwäsche am Tisch sitzen, zitternd vor Kälte und in Erwartung dessen, was geschehen würde. Er merkte nie etwas von unserer Angst, unserem Unbehagen, weil er selbst so voll von seinem eigenen „Frostschutzmittel" war.

* * *

Eines Nachts trieb uns Dad etwa um Mitternacht aus dem Bett. Er hatte seit kurz nach dem Abendessen getrunken. Wir mussten am Tisch sitzen, während er ein paar Stunden auf uns einbrüllte. Es muss zwei oder drei Uhr früh gewesen sein, und wir bettelten darum, wieder ins Bett zu dürfen.

Aber nein. Er ging vom Tisch zum Kühlschrank und holte eine seiner geliebten Wodkaflaschen heraus. Er nahm einen Schluck, und darauf trank er ein Bier. Es war sein Ritual. Wenn er aus der Küche zurückkam, fragte er: „Was schaut ihr so blöd, ihr kleinen Bankerte?" Das war der Anstoß für die nächste Prügelparty, und wir waren die Ehrengäste.

Dad hatte eine Reitgerte mit einem Plastikknauf, mit der er uns gern traktierte (sicher ist das der Grund, warum ich heute noch kein Freund von Reitgerten bin). Wir hatten zu viel Angst, um wegzulaufen, denn Dad sagte uns immer, wir würden es damit nur noch schlimmer machen. Aber in dieser Nacht war er wirklich volltrunken, und wir konnten es nicht mehr aushalten. Wir hatten genug. Wir hatten genug davon, grün und blau geschlagen zu werden und übermüdet in die Schule zu gehen, und so rannten wir davon.

Das Haus war toll geeignet für eine Jagd. In der Mitte war eine Art Insel, und ein Vollkreis führte von der Küche durchs Badezimmer ins Wohn- und Esszimmer und wieder zurück.

Wir rannten durch die Küche, ich voraus, Smokie dicht hinter mir. Dad war auf der anderen Seite des Hauses und versuchte uns einzuholen. Plötzlich hielt Smokie an, zog die Schublade mit dem Besteck heraus und packte ein Steak-Messer. Die Verzweiflung in seinen Augen erschreckte mich, aber ich verstand. Smokie würde sich nicht noch einmal schlagen lassen. Er würde ab jetzt für uns sorgen.

Ich wusste, wenn Dad ihn mit dem Messer sah, würde Smokie es benutzen müssen, denn andernfalls würde Dad es ihm wegnehmen und ihn damit umbringen. Ich nahm alles an innerer Ruhe zusammen, was mir geblieben war, und flüsterte: „Smokie, leg bitte das Messer in die Schublade zurück. Er darf es nicht sehen."

Smokie hielt einen Augenblick inne. Es war fast, als hätte Gott meinen Dad gerade lang genug außer Sicht gehalten, dass Smokie das Messer zurücklegen konnte.

Der Augenblick dauerte vielleicht eine halbe Sekunde, aber keiner von uns wird ihn je vergessen.

Dad fing Smokie und schlug auf ihn ein. „Dad, bitte", flehte ich. „Bitte nicht. Tu ihm bitte nicht weh."

Dad sah mich an und sagte: „Geh du mir vom Arsch."

Ich weiß nicht, warum, aber ich sagte: „Ich bin nicht auf deinem Arsch."

Das war ein großer Fehler. Er ließ von meinem Bruder ab und kam auf mich zu. Ich saß in der Falle, der einzige Ausweg führte durch die Vordertür. Ich stürzte darauf zu, und aus irgendeinem Grund verfolgte Dad mich nicht. Zu blau vermutlich.

Es war mitten im Winter, unter Null Grad, und es lag Schnee. Hier im Freien, in meiner Unterwäsche, hatte ich nur sehr wenige Möglichkeiten.

Die beste Möglichkeit bot mein Bluthund Duke. Duke lebte im Hof, in einem großen liegenden Fass mit einem Bündel Stroh darin. Er wog ungefähr 110 Pfund, einiges mehr als ich, aber ich kroch zu ihm ins Fass und kuschelte mich an ihn. Duke hielt mich warm; sonst wäre ich wahrscheinlich erfroren.

Duke und ich blieben ein paar Stunden im Fass, und dann begann ich, mir Sorgen zu machen. War Smokie da drin okay? War er tot, wenn ich ins Haus kam? Wenn ja, würde Dad mich dann ebenfalls umbringen? Das alles sind kaum Gedanken, wie ein kleiner Junge sie haben sollte. Ich hatte sie. Und ich wusste nicht, was tun.

Schließlich wurde die Kälte trotz Duke allzu grimmig, und ich schlich mich zurück ins Haus. Zum Glück war Dad so voll, dass er, als ich hereinkam, mich nur ansah und fragte: „Kommst 'n du her?" Er hatte schon alles vergessen.

Buck und sein Bruder Smokie vor dem Pferdetransporter, mit dem sie unterwegs waren. Das Haus im Hintergrund ist 3219 North Fourth Street in Coeur d'Alene, Idaho.

Buck und Smokie üben ihre Seiltricks.

Smokie auf Running Doe, seinem ersten Pferd

Ace Brannaman überwacht seine Söhne beim Üben.

III

Der siebenjährige Buck übt zuhause in Whitehall, Montana, seine Seiltricks.

Ace, Eunice Kennedy Shriver, Buck, ein unbekannter Mitstreiter und Smokie bei einer Veranstaltung zugunsten der Paralympics

Buck und sein Kumpel Sampson, der Bulle. Buck brachte Sampson so ziemlich alles bei, was ein Pferd konnte – sogar zum Auftrensen den Kopf zu senken.

Smokie war in Ordnung. Dad hatte inzwischen so viel getrunken, dass er, als wir wieder fragten, ob wir ins Bett gehen dürften, uns einfach gehen ließ.

Wir bekamen nur ein paar Stunden Schlaf, bevor wir in die Schule mussten, aber alles in allem – und ich weiß, das klingt nach ultimativer Verdrängung – war es ganz gut ausgegangen, verglichen mit dem, was hätte passieren können.

Mom war etwa ein Jahr tot, als Dad in der Zeitschrift *Western Horseman* eine Annonce für eine Haushälterin aufgab. Er suchte nicht wirklich eine Haushälterin, er suchte eine Frau für sich. Und er fand eine: Eine Dame namens Norma zog mit ihrem Sohn Tom, einem netten Jungen ungefähr in meinem Alter, aus Indiana zu uns, und es dauerte nicht lang, bis sie und Dad verheiratet waren. Das jedenfalls sagte er uns. Eine Haushälterin war sie keinesfalls, eher eine Bettgenossin für ihn und eine Art Mom-Imitat für Smokie und mich.

Zwei oder drei Monate lang nahm Dad sich zusammen. Norma sollte nicht denken, er wäre so was Ähnliches wie das, was er wirklich war. Dann hatte er immer weniger Hemmungen ihr gegenüber, und die Trinkerei wurde wieder schlimmer.

Eines Nachts spielte Dad verrückt. Schwer zu sagen, warum, weil es meistens nichts war, was ein vernünftiger Mensch verstanden hätte. Er hielt uns wach, fluchte und brüllte herum. Norma ging ins Bett. Ich sah, dass sie sich echt Sorgen um Tom machte und sich fragte, in was sie da hineingeraten war.

Dad hatte uns nicht mehr geschlagen, seit Norma im Haus war, aber in jener Nacht tat er es. Er schlug Smokie erst mit der berüchtigten Reitgerte, dann drehte er sie um, hielt sie wie einen Polizeiknüppel und bearbeitete ihn mit dem Knauf weiter. Anschließend ohrfeigte er mich und boxte auf mich ein. Ich kauerte mich hin, den Kopf in eine Ecke gequetscht. Dad hatte den Absatz auf meiner Kehle und hielt eine Bratpfanne in der Hand. Ich wusste, dass Smokie mir geholfen hätte, aber es war nicht mehr viel von ihm übrig, nachdem ihn Dad bewusstlos geschlagen hatte.

Nie werde ich den Ausdruck auf Dads Gesicht vergessen, als er brüllte: „Ich bring dich um, du beschissener kleiner Hurensohn."

Dad prügelte mich zwar halbtot, aber die Bratpfanne setzte er nicht ein. Er war zu betrunken, um mich hochzuheben. Wahrscheinlich wäre er auf mich gefallen, wenn er es versucht hätte. Das war wahrscheinlich das Einzige, was ihn aufhielt.

Norma hatte alles mit angehört und hatte nicht die Absicht, das Risiko einzugehen, dass Tom von diesem Mann, den sie falsch eingeschätzt hatte, geschlagen oder umgebracht wurde. Sie machte Pläne, ihn bei der ersten sich bietenden Gelegenheit zu verlassen.

Sie sprach außerdem mit Johnny France, einem Hilfssheriff in Madison County, Montana. Nun, ein paar Lehrer an unserer Schule wussten, was vorging. Bob Cleverly, Smokies Turnlehrer, hatte die Wunden und blauen Flecke an ihm gesehen, und als er hörte, was passiert war, ging auch er zu Hilfssheriff France. Zur damaligen Zeit hatte ein Hüter des Gesetzes sich nicht in häusliche Probleme einzumischen, aber Norma versuchte mit den Lehrern zusammen einen Weg zu finden, um uns da herauszuholen.

Dad war außer Haus bei der Arbeit, und Smokie, Tom und ich waren mit Norma zuhause, als sie beschloss, es wäre Zeit. Sie wollte Tom, der mehr Angst hatte als je in seinem Leben, hier wegbringen und uns mitnehmen.

Wir hatten Angst zu bleiben, aber wir hatten genauso viel Angst wegzulaufen. Dad war die einzige Familie, die wir kannten. Aber als Norma uns versicherte: „Ich kümmere mich um euch. Ihr könnt bei mir leben, und ich sorge für euch wie für meinen eigenen Sohn", ließen wir uns überzeugen.

Norma steckte uns ins Auto und fuhr zu einem schäbigen Motel in Ennis. Es war einer von diesen Schuppen, wo man pro Monat zahlt und wo die Kakerlaken wie angenagelt am Boden stehen. Alles schien gut zu gehen, jedenfalls dachten Smokie und ich das, aber am Ende der Woche war die Realität, drei Jungen allein ernähren zu müssen, für Norma zu viel. Sie entschied, sie wolle uns nun doch nicht behalten.

Norma lud uns wieder ins Auto, gab uns bei Hilfssheriff France in Ennis ab und fuhr davon.

Allein und verlassen war gar kein Ausdruck für das, was wir fühlten. Wir hatten wirklich geglaubt, wir könnten bei Norma bleiben. Stattdessen fanden wir uns unter Amtsvormundschaft wieder, unter staatlicher Aufsicht.

Ein paar Wochen blieben wir bei Johnny France in Ennis. Mithilfe eines Sozialarbeiters namens Emery Smith fand sich eine Freundin der Familie, Anne Annis, die in Kalifornien lebte und so etwas wie eine Tante für uns war. Sie und ihr Mann hatten schon ein paar eigene Kinder großgezogen und waren bereit, uns zu sich zu nehmen. Allerdings wollten sie gerade vier Wochen in Urlaub fahren und konnten uns nicht sofort übernehmen.

Johnny France hatte selbst eine schwere Kindheit gehabt. Als er nirgends hin konnte und keine Familie mehr hatte, die sich um ihn gekümmert hätte, hatte ihn ein Ehepaar, Forrest und Betsy Shirley, aufgenommen und ihn auf ihrer Ranch in der Nähe von Norris großgezogen. Johnny rief die Shirleys an und fragte, ob sie uns für vier Wochen nehmen könnten, wenn wir dafür auf der Ranch mitarbeiteten. Sie sagten, das wäre schön.

Am Ende dieses Monats mochten wir, Smokie und ich, die Shirleys richtig gern. Forrest war so, wie ich mir immer meinen Dad gewünscht hatte. Und kurz bevor wir weg mussten, fragten wir sie, ob es irgendeinen Weg gäbe, dass wir bleiben könnten. Wir waren gern auf der Ranch. Anne Annis und ihr Mann lebten in Kalifornien in einer Stadt, und wenn wir bei ihnen lebten, wäre es aus gewesen mit Rindern und Pferden, wir hätten nie wieder reiten oder Seiltricks vorführen und die Cowboys sein können, die wir sein wollten.

Forrest und Betsy sagten, wir könnten bleiben und bei ihnen leben. Sie wurden unsere Pflegeeltern, und ihre Ranch wurde unsere Heimat.

Dad war stocksauer, als wir weg waren, und wir mussten vor Gericht gehen, um die paar Dinge zu bekommen, die uns gehörten: ein paar Pferde, einen Sattel oder zwei und unsere Kleidung. Forrest stand uns im Prozess bei, und das County ernannte einen Anwalt, der uns vertrat. Wir gewannen den Prozess und erhielten unser Eigentum, aber dann – ich weiß nicht, wie das zuging – bekam ich meine erste Lektion darüber, wie das Gesetz arbeitet: Der Anwalt stellte uns eine Rechnung über 1.100 Dollar zu und sagte, er würde unser Eigentum pfänden lassen, wenn wir nicht bezahlten. Der Typ raubte seine eigenen Klienten aus, zwölf und vierzehn Jahre alte Jungen.

Also verkauften wir alles, was wir hatten, die Pferde und die Sättel und alles andere, und zahlten ihn aus. Uns blieb nichts, aber der Anwalt bekam sein Geld.

Die nächsten paar Jahre schickte Dad uns Geburtstagskarten, auf denen stand, er würde uns umbringen, wenn wir achtzehn wären. Warum achtzehn eine so wichtige Zahl war, weiß ich auch nicht, aber er schrieb, wenn wir achtzehn würden, würde es uns nicht mehr geben. In seinen Briefen stand, er habe uns vom Dachfirst aus durch das Visier seines Gewehrs beobachtet, er habe auch unsere Pflegeeltern beobachtet, und er könne uns jederzeit auslöschen, wenn es ihm gefiele.

Forrest brachte diese Drohbriefe und -karten zum Sheriff, und schließlich wurde Dad aus dem Staat ausgewiesen. Der Sheriff erklärte ihm, er werde ihn hinter Gitter bringen, sollte er je zurückkommen. Heute würde die Reaktion vermutlich etwas strenger ausfallen als damals; wahrscheinlich würden sie ihn einsperren und den Schlüssel wegwerfen. So zog Dad nach Oregon, wo er von seiner Militärrente und etwas Geld von seinem Stromunfall lebte.

* * *

Einige Jahre später, nachdem ich als Cowboy bei der Madison River Cattle Company angefangen hatte, schrieb ich Dad einen Brief. Ich schrieb, er sei ja nicht mehr der Jüngste und habe vielleicht nicht mehr lange zu leben, und deshalb wolle ich ihm sagen, dass ich ihn immer noch lieb hatte, weil er mein Vater war, egal, was passiert war oder was er gesagt oder getan hatte. Er sollte nicht das Gefühl haben, ich würde ihn hassen.

In seiner Antwort war Erleichterung zu spüren. Er hatte nicht das Gefühl, dass ich ihn hasste, und das tat ich auch nicht.

Ich würde nicht gerade sagen, dass Dad den Rest seines Lebens ein glücklicher Mensch war. Er hatte all die Jahre verloren, die er mit seinen Jungen hätte verbringen können. Er hätte sie aufwachsen sehen können, hätte miterleben können, wie sie selbst Ehemänner und Väter wurden. Aber das war eben nicht seine Art.

Es war auch nicht die Art, von der Smokies Gefühle waren. Nachdem wir den Gerichtssaal verlassen hatten, sprach Smokie nie wieder ein Wort mit Dad. Ich habe versucht, ihn dazu zu bringen, aber das widersprach Smokies Persönlichkeit. Manchmal war er neugierig, was mit Dad im Laufe der Jahre passierte, aber er war zu sehr verletzt, um selbst Kontakt aufzunehmen. Und ich denke, für Smokie war das richtig so. Vielleicht wären Dad und er auch das zweite Mal nicht miteinander ausgekommen.

Die Wildleder-
handschuhe

Den Pferden, mit denen ich arbeite, versuche ich einen Ort der Sicherheit und ein Gefühl des Friedens zu vermitteln. Manchmal ist das nur ein ruhiger Augenblick, während dessen sie in meiner Nähe stehen. Das Gefühl hält vielleicht nicht lange an, denn Vertrauen passiert nicht einfach so, aber ich weiß, dass die Pferde die Friedlichkeit spüren. Ich spürte sie in der Nacht, als ich mit Duke, meinem Hund, in dem Fass zusammensteckte. Für kurze Zeit war ich, seit meine Mom tot war, wieder an einem sicheren Ort – ein bisschen kalt, aber sicher.

An die Stunden mit Duke muss ich immer denken, wenn es Zeit wird, unsere Fohlen abzusetzen. Bei uns werden sie mit sechs Monaten abgesetzt, aber so viele Jahre ich nun auch schon mit Pferden arbeite, ich bin immer noch voller Mitgefühl mit den Jungpferden. Ich weiß um den Schrecken, der in ihnen aufsteigt, wenn sie von ihren Müttern getrennt werden, und ich versuche, ihnen die Prozedur so leicht wie möglich zu machen.

Bei uns bedeutet das Absetzen einen klaren Schnitt. Ich bringe die Fohlen außer Hörweite der Stuten, damit sie sie nicht rufen hören und durchdrehen. Mütter lieben ihre Babys, und für sie ist es genauso schwer.

Die ersten Lebensmonate sind für Stute und Fohlen eine kostbare Zeit. Die Instinkte der Mutterstute haben sich über Tausende Jahre entwickelt, und sie weiß mehr über die Bedürfnisse und das Wohlgefühl ihres Babys als ich. Das Absetzen endet damit, dass sich die Fohlen in meiner Gegenwart und im Umgang mit mir wohlfühlen.

Die ersten Tage getrennt von den Müttern sind für die Fohlen eine problematische Zeit. Deshalb halte ich es für notwendig, dass sie die Möglichkeit haben, von allein damit klarzukommen. Sehr oft geben sich die Fohlen gegenseitig Halt, denn wir lassen sie als Herde zusammen. Eine weitere Hilfe ist, dass ich ihnen immer einen „Babysitter" mitgebe, meist einen älteren, ausgedienten Wallach, dessen stabile Gemütslage beruhigend auf die Kleinen wirkt. Diese Idee ist nicht auf meinem Mist gewachsen – es wird schon viele Jahre so gemacht, aber weil ich selbst als Kind Ähnliches durchgemacht habe, verstehe ich die Beruhigung und den Trost, die von solch einem stabilisierenden Faktor ausgehen.

Die Fohlen kommen mit dem Wallach gut zurecht. Anfangs wirkt er beruhigend, später sorgt er für Disziplin innerhalb der Gruppe und unterbindet ungehöriges Benehmen.

Zuerst lassen wir die Jungpferde allein. Sie müssen sich ungestört mit den anderen Absetzern und ihrem „Babysitter" zusammenfinden können. Solange sie unsicher und ängstlich sind, kann man ihnen sowieso nicht viel beibringen. Aber wenn sie Zeit haben, sich zu beruhigen, bevor sie erstmals aufgehalftert werden, besteht eine reelle Chance, dass sie weder zu Klebern noch zu Sozialkrüppeln werden. Von Ihnen erhalten sie, wofür Sie verantwortlich sind: Anleitung, Ausbildung und einen Ort der Sicherheit.

Wir fangen an, mit den Fohlen zu arbeiten, wenn sie friedlich sind und sich damit abzufinden beginnen, dass sie nicht mehr gesäugt werden. Unser Geschenk an sie ist Zeit. Das ist etwas, was jedes Baby verdient – Pferde- wie Menschenkind. Es ist der Zeitpunkt, an dem eine lebenslange Beziehung mit den Kleinen ihren Anfang nimmt. Wir ersetzen ihnen die Mütter, und sie legen ihr Leben in unsere Hände. Ich sehe dies als Ehre und Privileg sowie als Verantwortung an.

Der erste Punkt der Geschäftsordnung besteht darin, die schreckliche Leere auszufüllen, die durch die Trennung von der Mutter entstanden ist. Sie ist nicht mehr da als Freundin und, noch wichtiger, als Leitfigur. Was sie zu bieten hatte, war Führung. Es ist zu hoffen, dass das junge Pferd diese von einem fähigen Menschen erhält, aber leider fehlt es genau daran bei vielen.

Nach ein oder zwei Tagen, wenn die Fohlen nicht mehr dauernd nach ihren Müttern rufen, werden sie aufgehalftert. Wir arbeiten sie im Round Pen, am Ende eines Halfterstricks, immer rund herum. Wir helfen ihnen, sich ohne Angst zu bewegen, sich von einem Menschen ebenso führen oder leiten zu lassen, wie es ihre Mutter getan hätte. Anfangs sind Menschen für die Fohlen nicht genauso wie ihre Mütter, aber wenn die Menschen Halt und nicht nur Zuneigung geben, kann es durchaus so weit kommen.

Haben Sie jemals darüber nachgedacht, wie die Mutterstute ihr Fohlen, ob hungrig oder nicht, dazu bringt, ihr zu folgen? Sie verfügt über keinen Strick, kein Halfter, sie zieht es nicht hinter sich her oder zwingt es irgendwie, sich zu unterwerfen. Stattdessen nutzt sie den Herdeninstinkt, den eigenen und den des Fohlens. Sie stellt sich hinter das Fohlen und stupst es am Hinterteil – ein bisschen von links, ein bisschen von rechts, immer mit einem sanften Stoß ihrer Nase. Hat sie das Fohlen in Bewegung gebracht, setzt sie sich davor, um seine Energie „mit sich zu ziehen".

Diese Technik erweist sich in vielen Situationen als nützlich. Sie müssen nicht ziehen oder dominant sein. Sie können Druck ausüben ohne körperliche Dominanz. Sobald Sie die Energie aufgerufen haben, können Sie sie in jede beliebige Richtung ziehen. Subtile Handlungen können eine große Wirkung haben, und ob Sie es glauben oder nicht: Etwas von diesem Herdeninstinkt ist auch bei uns Menschen noch lebendig.

Kleine Kinder haben wenig Einfluss auf das, was mit

ihnen geschieht. Als Erwachsene haben sie jedoch die Gelegenheit, eins und eins zusammenzuzählen und Selbstsicherheit zu entwickeln. Wahrscheinlich haben viele von Ihnen einen dunklen Fleck in der Vergangenheit. Vielleicht hat man Sie misshandelt oder verlassen, aber wenn Ihnen später diese Erfahrung als Ausrede für irgendwelche Unzulänglichkeiten dient, dann haben Sie einen Fehler gemacht und ein paar Gelegenheiten versäumt.

Erwachsene haben die freie Wahl. Wenn Sie erwachsen sind, können Sie Ihre Unzulänglichkeiten nicht Ihrem Vater zur Last legen, weil er gemein zu Ihnen war oder Sie verprügelt hat, oder Ihrer Mutter, weil sie gemein zu Ihnen war, oder die Verantwortung einer Tante, einem Onkel oder den Großeltern zuschieben. Sie müssen die Verantwortung dafür übernehmen, was Sie sind und wohin Ihr Weg Sie führt.

Pferde sind nicht wie Menschen. Wir müssen Verantwortung für sie übernehmen, einfach weil sie immer in unserer Obhut sind. Ohne uns kommen sie nicht durch. Sie sind gezwungen, in unserer Welt zu leben. Deshalb haben die Regeln sich geändert: Auch ein ausgewachsenes Pferd ist in unserer Welt immer noch unsere Verantwortung. Das verdoppelt für uns die Last. Ein Mensch ist verantwortlich für sich selbst und für sein Pferd. Und wenn Sie damit in beiden Bereichen erfolgreich klarkommen, haben Sie ein angenehmes Leben – Sie und alle, die mit Ihnen zu tun haben.

In den vielen Jahren, in denen ich nun schon Kurse gebe, habe ich immer wieder Leute darüber reden hören, wie schlecht es ihren Pferden doch früher ergangen sei. Erst erzählen sie mir des Langen und Breiten, was ihr Pferd alles für sie tut oder nicht tut, und dann erzählen sie, wie sie es gerettet haben. Manchmal hören sie sich an, als ob sie sich für die unvermeidlichen Fehler entschuldigen wollten, die sie bereits für sich allein ausgemacht haben. Es ist fast, als hätten sie das Gefühl, nachdem sie ein misshandeltes Tier gerettet haben, sei es in Ordnung, es mit der Arbeit nicht so genau zu nehmen, weil sie doch, in ihren Augen, zumindest barmherzige Samariter gewesen sind.

Viele dieser Pferde sind aber absolut nicht misshandelt worden. Vernachlässigt, das vielleicht schon, vielleicht haben sie auch nicht sehr viel Klasse oder sind nicht gut genug erzogen, aber misshandelt wurden sie nicht.

Bei einem Pferd, das wirklich misshandelt wurde, müssen Sie sich einiges klarmachen. Sie können das, was bei ihm schiefgegangen ist, nicht einfach dadurch richten, dass Sie Mitgefühl haben. Sie helfen ihm nicht, indem Sie es einfach in Ruhe lassen und nichts tun.

Das trifft auf alle misshandelten Kreaturen zu, wie ich bei mir selbst festgestellt habe.

Manche Leute glauben, dass ein Pflegekind immer zu bedauern ist. Ich darf Ihnen versichern: Das stimmt nicht. Nicht wenige gute Menschen da draußen haben das Leben für eine Menge Kinder wieder in Ordnung gebracht, mit vielen Happy Ends.

Nachdem Mom gestorben war, wurde das Leben mit Dad jeden Tag schlimmer. Ich bin sicher, wären wir noch sechs Monate länger bei ihm gewesen, wäre einer von uns oder wären wir beide tot gewesen, denn Smokie war an dem Punkt angelangt, wo er es einfach nicht mehr aushalten konnte. Von der Schule nach Hause gingen wir immer in einem trockenen Bachbett, das sich ein, zwei Kilometer durch die Weiden bis zu unserem Haus in Whitehall hinzog, und jeden Tag fragten wir uns, ob wir morgen auch noch hier gehen oder von der Hand unseres Vaters sterben würden. Was Johnny France für uns tat, sollte sich als Wendepunkt unseres Lebens herausstellen.

Forrest und Betsy Shirley lebten auf einer Ranch außerhalb von Norris, ganz in der Nähe von Bozeman. Sie hatten nicht nur vier eigene Kinder groß gezogen, sondern auch siebzehn Pflegesöhnen ein Heim gegeben. Manche blieben nur kurz, andere länger. Johnny France war der Erste gewesen, wir waren die Letzten. Nachdem wir weg waren, nahmen sie keine Kinder mehr auf. Entweder dachten sie, sie hätten ihren Job gut gemacht, es könne nichts Besseres mehr nachkommen, oder wir hatten ihnen das Ganze gründlich vermiest.

Als Emery Smith, der Sozialarbeiter, Smokie und mich bei den Shirleys abgab, war uns ziemlich mulmig zumute. Wir hatten genug davon, Fäusten, Gürteln, Reitgerten und Kegeltrophäen ausweichen zu müssen, und waren uns nicht sicher, was das Leben sonst noch für uns parat hielt.

Forrest war für ein, zwei Tage nach Billings gefahren, und nur Betsy war zuhause. Sie war winzig, aber voller Liebe, und sie riss uns mit fort in unser neues Leben. An unserem ersten Abend bei ihr saßen wir alle zusammen im Wohnzimmer und sahen fern. Da waren ein weiteres Pflegekind namens Joe, ein Cowboy namens Royce, der ein Pflegekind gewesen war und jetzt auf der Ranch arbeitete, Betsy und ein paar Freunde und Bekannte. Der Fernseher brüllte, Smokie und Joe redeten, und die Erwachsenen unterhielten sich munter. Ich war so fertig, dass ich mich auf einer alten, holprigen Pinienbank ausstreckte und mir ein paar Navajo-Decken als Kissen unter den Kopf schob. Ich lugte seitwärts hinunter von der Bank und blickte in die Öffnung eines alten Spucknapfs aus Metall. Er wurde von sämtlichen Besuchern eifrig benutzt, und meine kleine Ecke war von einem scheußlichen Gestank erfüllt. Ich setzte mich auf, schob den Spucknapf mit der Fußspitze zu Joe hinüber und legte mich wieder hin.

Ich schloss die Augen und hatte das erste Mal seit langem das Gefühl, dass mir nichts geschehen konnte. So unbequem die kleine Bank auch war, in mir war nichts als Frieden. Niemand würde mich stören. Niemand würde betrunken in mein Zimmer stolpern und mich anschreien, mich aus dem Bett holen, mich in der Unterwäsche am Esstisch sitzen lassen und mir stundenlang wütende Vorträge halten. Trotz Spucknapf und allem war es eine ganz besondere Nacht, und ich trage sie bis heute im Herzen.

Am nächsten Morgen gingen Smokie und ich hinunter, um bei der Stallarbeit zu helfen. Zufällig stand ich auf dem Parkplatz, als Forrest angefahren kam. Den ganzen Morgen hatte ich mich schon gefragt, wie dieser Mann wohl sein und wie er Smokie und mich behandeln würde. Er wusste, was wir durchgemacht hatten, und ich fragte mich, ob er mitfühlend sein würde oder eher verlegen, um Worte ringend. Würde er uns links liegen lassen oder uns so gemein behandeln, wie andere es in der Vergangenheit getan hatten?

Forrest stieg aus und sagte: „Du musst Buck sein."

Ich nickte nur. Ich brachte kein Wort heraus. Meine kurzen Beine zitterten. Ich war mal eben 1,30 m groß und wog – pitschnass – 87 Pfund. Forrest war 1,85 m und hatte die größten Hände, die ich je gesehen hatte. Er war nicht mehr ganz jung und hatte Falten, aber er sah sehr stark aus.

Forrest ging auf mich zu und drehte sich dann wieder um, als hätte er etwas vergessen. Als er etwas vom Vordersitz des Lasters holte, war mir zumute wie einem Pferd, das zu oft die Peitsche gespürt hatte. Was holte er da heraus?

Es war ein Paar Wildlederhandschuhe. Forrest warf sie mir zu und sagte: „Die wirst du brauchen."

Die Handschuhe passten wie angegossen. Sie hatten diesen wunderbaren Geruch nach neuem Leder und waren so weich wie die Samtnase eines Fohlens. Ich konnte Forrest nicht ansehen. Es war mir offenbar unmöglich, diesen einfachen Akt der Freundlichkeit zu verarbeiten. Ich fühlte mich wie ein Fohlen, verwirrt und verunsichert, während ich auf die Handschuhe hinunter sah und die Gabe überdachte.

Forrest zeigte auf einen alten Ranch-Pickup und sagte, ich solle einsteigen. Der Truck war mit Werkzeug zum Zaunbau beladen. Später fand ich heraus, dass Forrest ihn immer so beladen dort stehen hatte, für den Fall, dass jemand kam und eine freie Mahlzeit schnorren wollte – der musste erst einen Tag lang dafür arbeiten.

Ich kroch auf den Beifahrersitz, und los ging's. Irgendwo ziemlich weit weg zeigte mir Forrest, wie man einen Zaun repariert, indem man den Draht nachzieht und Krampen einschlägt. Einen fünfundzwanzig Jahre alten Stacheldraht in Ordnung zu bringen stellte sich als ziemliche Aufgabe heraus. Kaum hatten wir einen Draht angezogen, ging er – ping! – fünf Meter weiter wieder entzwei.

Ich war so stolz auf diese Handschuhe, dass ich kaum zu etwas zu gebrauchen war. Ich hatte Angst, sie an den Stacheln zu zerreißen. Aber gearbeitet habe ich, und dieser Nachmittag auf der Weide bleibt in meinem Gedächtnis eingeätzt. Es war eine seltsam angenehme Zeit, erfüllt vom Duft nach Salbei und Lupinen und gelegentlich einem Wölkchen von Forrests Zigarre.

Wir waren an diesem Tag stundenlang unterwegs und reparierten Zäune, zogen Drähte nach und setzten Pfosten. Forrest sprach nicht wirklich viel davon, wo ich herkam oder was ich erlebt hatte, und ich war so froh darüber. Er gab mir einfach etwas zu tun. Er tat so, als sei ich schon immer da gewesen, und ich war ihm dankbar dafür.

In diesem Alter war mir nicht klar, wie klug er war, aber ich bin sicher, dass Forrest wohlüberlegt handelte. Wir waren ein paar Tage zusammen, bevor er überhaupt etwas mehr zu mir sagte. Und schließlich, als ich mir gerade zu wünschen begann, er würde ein bisschen mehr mit mir reden, tat er genau dies. An diesem Punkt begann sein Einfluss auf mich.

Ich würde etwas darum geben, wenn ich diese Wildlederhandschuhe noch hätte. Ich weiß nicht, was aus ihnen geworden ist, aber ich werde sie nie vergessen und auch nicht, was sie für mich bedeuteten. Heute könnte ich mir hundert Paar kaufen und sie würden mir gar nichts bedeuten, nicht so wie dieses Paar.

Smokie und ich arbeiteten hart für Forrest, und er wusste es zu schätzen. Im Innersten taten wir ihm leid wegen allem, was wir durchgemacht hatten, aber er war nie übertrieben mitfühlend und behandelte uns nie als etwas Besonderes. Er achtete auf Disziplin, aber er brauchte nie handgreiflich zu werden, um sie durchzusetzen. Und es war ihm wichtig, dass wir wussten, wo unser Platz auf der Ranch war. Wir waren keine bezahlten Arbeitskräfte, wir waren Teil der Familie.

Smokie war nur ein paar Jahre bei den Shirleys. Nach der High School zog er aus, aber solange wir dort waren, fühlten wir uns beide sicher. Wir hatten das Gefühl, wir hätten eine Chance, alt zu werden, vielleicht sogar normale Kinder zu werden. Smokie war damals ziemlich introvertiert, sehr viel für sich, sehr still, und so ist er noch heute. Eine Weile war ich auch so, aber als ich ein wenig Zutrauen entwickelte, wurde ich umgänglicher und lernte, mich an meine Umgebung anzupassen.

Nachdem die Shirleys uns als Pflegekinder angenommen hatten, konnten Smokie und ich endlich all die Dinge tun, die wir vorher nie hatten tun können und dürfen. Unser Dad hatte solche Angst gehabt, dass wir uns beim Sport verletzen und unsere Karriere als Trick Roper ruinieren könnten, dass er uns alles verboten hatte. Nun durften wir endlich Basketball spielen und bei Leichtathletik-Wettbewerben mitmachen. Smokie und ich waren beide ziemlich gut in Sport, aber die ganze Schule hatte nicht mehr als vierzig Schüler, das heißt, ziemlich gut hatte nicht wirklich viel zu bedeuten.

Meine Noten verbesserten sich von Schuljahr zu Schuljahr, und auch Smokie war ein guter Schüler. Ihm fiel das Lernen ein bisschen schwerer als mir, aber er gab sich mehr Mühe als ich. So scheint das bei vielen Geschwistern zu gehen. Einer ist gut in der Schule und tut sich leicht, der andere ist gut, weil er sich Mühe gibt. Hätte ich mir wirklich Mühe gegeben, hätte ich vielleicht lauter Einsen gehabt, aber ich hatte nur Basketball, Leichtathletik und Mädchen im Kopf.

Das war Mitte der 1970er, und alle anderen in meinem Alter hörten Rock 'n' Roll. Ich nicht. Ich hörte Country Music und lief als Cowboy herum. Ich tat vieles nicht, was die anderen in meinem Alter taten. Für manches war ich zu erwachsen, ich hatte einiges gesehen, was die anderen nie sehen würden. Trotzdem war ich beliebt. Ich war Schülersprecher und im Basketball-Team der Schule, also kein totaler Außenseiter. In einer kleinen Schule wie unserer durfte man ein bisschen „eigen" sein und gehörte trotzdem dazu.

Was Mädchen anbelangt – ich hatte auch einige Freundinnen. Man musste allerdings vorsichtig sein, denn wenn man es übertrieb, hatte man in Nullkommanichts alle in Frage kommenden Mädchen durch. Es war auch nicht einfach, die Freundin zu wechseln, weil wir uns alle so gut kannten und die Mädchen mehr Schwestern als Freundinnen waren.

Smokie hatte sich nicht sehr viel aus Pferden gemacht. Er interessierte sich mehr für Maschinen, für die Heuernte und die mechanische Seite. Dadurch kam er gleich nach der High School zur Küstenwache. Er praktizierte seine Seiltricks zwar noch eine Weile, nachdem er von der Ranch weg war, er beherrscht immer noch ein paar und sitzt auch ab und zu auf einem Pferd, aber er wurde nie der Pferdemann und Cowboy, der ich wurde. Wenn man auf einer Ranch aufwächst, gibt es anscheinend nur zwei Möglichkeiten: Entweder du gehst weg und hoffst, im ganzen Leben nie wieder eine Kuh oder ein Pferd zu sehen, oder du versuchst für den Rest deines Lebens einen Weg zu finden, deine eigene Ranch zu bekommen. Offenbar gibt es nur diese beiden Extreme.

Smokie hat heute Frau und Kinder und ist glücklich. Wir sehen uns ziemlich oft, aber ich habe nicht das Gefühl, wir müssten an unserer Beziehung arbeiten. Wir haben so viel zusammen durchgemacht. Vermutlich ist es ähnlich, wie wenn man zusammen im Krieg war. Seite an Seite haben wir Angst gehabt und sie geteilt, und wir haben uns gegenseitig Halt gegeben, als wir dachten, es ginge uns an den Kragen. Diese harten Zeiten zusammen durchlebt zu haben hat ein Band geschaffen, das alles bedeutet. Wenn ich Smokie gebraucht habe, war er für mich da. Als meine erste Frau Adrian im Koma lag, verließ er seine Station der Küstenwache und riskierte ziemlichen Ärger mit seinen Vorgesetzten, weil er in solch einer verzweifelten Situation bei seinem kleinen Bruder sein musste.

Smokie ist ein toller Bursche. Wir werden immer die besten Freunde sein, und wir sind uns für immer zutiefst verbunden.

Forrest hat einmal zu mir gesagt: „Mein Sohn, wenn du immer genug zu essen haben willst, lerne ein Pferd einreiten und beschlagen." Ich lernte bei ihm den Hufbeschlag, und glauben Sie mir, da gab es nichts zu lachen. Die einzigen Pferde, die unsere Nachbarn mir zum Beschlagen anvertrauten, waren die, die keiner sonst mehr beschlagen wollte. Sie dachten wohl, es könnte nicht mehr viel schaden, mich einen Versuch machen zu lassen.

Nicht lange, und mir war klar, dass ich meinen Lebensunterhalt lieber auf eine Art verdienen wollte, bei der mein Kopf höher war als mein Hintern, und so lernte ich Pferde einreiten. Forrest züchtete viele Appaloosas und ein paar Quarter Horses auf der Ranch, und er ließ mich die jungen Pferde einreiten. Es ging ganz schön rau zu, und ein paar Dinge, die wir taten, waren nicht sehr nett, aber wir machten es nach bestem Wissen und Gewissen. Um den Sattel aufzulegen, banden wir dem Pferd einen Hinterfuß hoch. Dann stieg ich auf, während Forrest das Tor öffnete, und ab ging die Post. Es war ein hartes Geschäft. Wir arbeiteten die Pferde nicht in einem Round Pen, und uns ging nie auf, dass es auch uns vielleicht das Leben erleichtert hätte, wenn wir es für die Pferde irgendwie angenehmer gemacht hätten.

Die meisten Tage waren lang. Diese Pferde waren keine Ladybirds. Ich wurde nicht auf zahme Schoßtiere gesetzt. Viele

Buck und Smokie auf der Ranch der Shirleys

Bucks Abschluss von der Harrison High School. Links von ihm Smokie und seine Tante Anne Annis, rechts seine Pflegeeltern Forrest und Betsy Shirley

1980 in Three Forks, Montana: Buck und sein Pferd Billy beim Texas Skip

Begegnung mit japanischen Kindern bei einer Friendship Force-Tour durch Japan

Buck bei der Madison River Cattle Company. Hier begann seine Karriere als echter Pferdemann.

Buck arbeitet Bif in der Nähe von Monida Pass, Montana. Nach anfänglich großen Schwierigkeiten entwickelten die beiden eine enge Beziehung zueinander.

VIII

Auch wenn Bucks Ausflug in die Polo-Szene hauptsächlich der Anziehungskraft des warmen Wetters in Florida zu verdanken war, machte er auf dem Polofeld keine schlechte Figur.

Wohin Buck auch kam – überall hatte man von seinen Seiltricks gehört. In West Palm Beach lässt Buck über einer Gruppe von Ehrengästen einschließlich des Autors George Plimpton eine große Schleife kreisen.

waren kaputt, viele wild, viele gingen durch. Damals schien sich alles, was wir taten, in einer Riesenstaubwolke abzuspielen. Ich ritt eine Menge zäher Knochen auf der Ranch und lernte alles über die Realitäten der Reiterei.

Während meiner gesamten High-School-Zeit ritt ich Pferde ein. Ich stand um halb fünf Uhr morgens auf und ritt zwei oder drei Jungpferde, bevor ich den Bus zur Schule nahm. Wenn das Wetter mitspielte, ritt ich abends noch einmal ein oder zwei. Mit achtzehn hatte ich auf diese Weise einiges an Erfahrung gesammelt und auch ein bisschen Geld verdient. Für jeden Jungen, den Forrest und Betsy aufnahmen, bekamen sie vom County hundert Dollar, und so mussten wir Pflegekinder mit für unser Essen, unsere Kleidung und die anderen Unkosten aufkommen. Mit dem Einreiten fremder Pferde verdiente ich genug, um meinen Anteil zu begleichen. Ich konnte sogar noch genug sparen, um mir eine alte Rostlaube von Plymouth Belvedere zu kaufen, und damit kutschierten Smokie und ich zum Basketball-Training.

Es war jedes Mal eine Riesenparty für uns, wenn wir von der Ranch weg konnten. Immer fuhren wir zu einem Rodeo. Keiner von uns konnte sich einen Pferdehänger oder Roping-Pferde leisten, also warfen wir einen Bronc-Sattel in den Kofferraum und verabschiedeten uns fürs Wochenende. Bronc Riding, das Reiten auf bockenden Wildpferden, war mein Fach. Wir hatten nicht viel Geld, aber wir konnten ziemlich billig leben, und wie viele Jugendliche damals fanden wir meistens jemanden, der uns ein paar Flaschen Wein spendierte. Wenn nicht, verzichteten wir aufs Essen, damit wir uns ein paar Flaschen von diesem billigen Zwei-Dollar-Wein leisten konnten.

Und los ging's: Bockende Pferde aussitzen, Tabak kauen, Cowboy-Geschichten erzählen und Mädchen aufreißen – alles, was Jungs so tun und was wir als Eltern hoffen, dass unsere Kinder es nicht tun. Wir haben nie jemanden verletzt; es war ein ziemlich harmloser Spaß.

Ich schaute zu Royce auf, weil ich dachte, er wäre ein cooler Typ. Er war älter als ich, und er war ein Cowboy, was ich auch werden wollte. Ich versuchte ihn nachzuahmen, wozu auch der Kautabak gehörte. Auch all die anderen Cowboys, mit denen ich zusammen war, kauten Tabak, und deshalb fing ich vermutlich ebenfalls damit an. Vor ein paar Jahren habe ich damit aufgehört, und ich bin froh, dass ich nie mit Drogen oder Ähnlichem zu tun hatte, denn es war schon schwer genug, mit dem Kautabak aufzuhören.

In den letzten Jahren in der High School ritt ich kaum noch Broncs, nahm sogar praktisch überhaupt nicht mehr an Rodeos teil. Selbst wenn ich Erfolg hatte, kam unter dem Strich irgendwie immer Null heraus. Bis ich das Benzin für die Fahrerei bezahlt, Essen gekauft und Mädchen freigehalten hatte, blieb zum Schluss nichts mehr übrig.

Bronc Riding machte mir Spaß. Ich war auch nicht schlecht und hatte mich auf einigen ganz tapfer gehalten, aber mir ging bald auf, dass es mich weiterbringen würde zu lernen, wie man ihnen das Bocken abgewöhnt. Um mich selbstständig zu machen, brauchte ich ein paar Reserven, und deshalb blieb ich nach der High School zuhause und ritt den ganzen Sommer Jungpferde ein.

Die schlimmen Erfahrungen, die ich als Kind gemacht habe, sind längst überwunden, und ich habe von den Dingen gelernt, die in die Zukunft wiesen, nicht von denen, die mich in der Vergangenheit gefangen hielten. Manche Leute wissen nicht, wie sie mit einem misshandelten Pferd oder einem, das große Probleme gehabt hat, umgehen sollen. Vor lauter Angst, einen Fehler zu machen, machen sie den größten Fehler von allen, nämlich gar nichts. Hätten die Shirleys immer wieder von den schlimmen Zeiten angefangen, die Smokie und ich durchlebt hatten, anstatt von uns Disziplin zu verlangen und uns eine Richtung zu weisen, wären aus uns wahrscheinlich ein paar verzogene Bürschchen geworden, noch verzogener als

Kinder, die in einem privilegierten Zuhause mit unbegrenztem Zugriff zu Geld und materiellen Besitztümern groß werden. Wenn wir gemerkt hätten, dass Forrest und Betsy gewillt wären, aufgrund unserer Situation Ausnahmen zu machen, hätte uns dies nur verdorben. Zum Glück taten sie das nicht.

Diese Zeit in meinem Leben, vom ersten Tag auf der Ranch der Shirleys an, hat mich Verständnis gelehrt für die Bedürfnisse von Pferden, die schlecht behandelt wurden und in Angst und Schrecken leben. Man bringt nichts in Ordnung, wenn man ihnen nur Liebe zeigt, aber nichts mit ihnen macht. Man muss ihnen eine Richtung, ein Ziel, eine Aufgabe geben. Sie brauchen Beschäftigung, eine Richtung, in die sie gehen sollen, eine Vision der Zukunft, sodass die Vergangenheit allmählich bedeutungslos wird. Ein Pferd, das schlecht behandelt wurde, hat mehr Bedürfnisse als eines, das in angenehmer Umgebung aufgewachsen ist. Sie müssen Verständnis haben und Mitgefühl, aber Sie müssen auch wissen, dass ein Übermaß an Mitgefühl Sie in Schwierigkeiten bringen kann. Sie müssen für Disziplin sorgen, ohne sie erzwingen zu wollen.

Disziplin ist nichts Schlechtes. Ganz und gar nicht. Disziplin ist, was uns von Chaos und Anarchie trennt. Zur Disziplin gehört Timing. Disziplin ist der Vorläufer von gutem Benehmen, und sie kommt nie von schlechtem Benehmen. Wer Disziplin gleichsetzt mit Strafe, ist im Unrecht: Disziplin macht Strafe überflüssig.

Ohne Disziplin kann man leicht zu der Art Mann werden, die mein Dad war.

* * *

Allgemein gesprochen verabscheue ich Unkraut. Nun meinen einige vielleicht, das läge daran, dass Unkraut die Geißel des Westens ist und dass es die Rinder auf unserer Ranch daran hindert, das nahrhafte gute Gras zu fressen, das an seiner Stelle gewachsen wäre. Genau genommen gibt es einige Geißeln des Westens, und obwohl Unkraut durchaus dazugehört, habe ich noch andere Gründe für meine Abneigung.

Als ich ungefähr dreizehn war, begann ich Aktivitäten zu entwickeln, die den Erwachsenen einigermaßen auf den Keks gingen. Auf der Rückseite unseres hölzernen Pferdestalls lag mitten im ausgetrockneten Flussbett eine kleine Weide. Es war ein hübscher, schattiger Platz und das Zuhause unserer Jersey-Milchkuh, die sowohl ihrer Rasse als auch ihrem Geschlecht zur Ehre gereichte. Unter unseren Cowboys allerdings war sie berüchtigt: Sie hassten es, sie zu melken, weil sie so kleine Zitzen hatte.

Die Weide war sonst zu nichts gut, denn sie war voller Kletten. Dieses botanische Wunder, auch Große Klette genannt, wird bis zu zwei Meter hoch, und manche tragen Hunderte von Kletten. Wenn sie sich einem in die Haare hängten, war ein Haarschnitt fällig. Diese Kletten sind mit dem Klettverschluss oder etwas aus einem Sciene-fiction-Film verwandt.

Zwischen den Kälbergeburten und der Heuernte blieb uns immer mal wieder etwas freie Zeit, und dann war ich immer nahe daran, mir Probleme einzuhandeln. Forrest wusste immer genau Bescheid darum. Er wusste schon, was ich im Schilde führte, bevor ich selbst darüber nachgedacht hatte. Jedenfalls: Immer wenn ich kurz davor war, mich mit den anderen Jungen anzulegen oder etwas kaputt zu machen, fand ich mich unten auf der Milchkuh-Weide wieder und kappte Kletten mit einer Schaufel. Forrest schickte mich immer dort hinunter mit nichts als einer Schaufel und der Anweisung, ein paar Kletten auszugraben.

Das war schon eine mühsame Angelegenheit, wenn man über die richtige Kampfausrüstung verfügte, aber mit nichts als einer stumpfen Schaufel war es für einen Knirps wie mich eine Mammutaufgabe. Ich habe es gehasst. So ungefähr einmal im Monat fand ich mich dort unten auf der Weide wieder, wo inzwischen drei Mal mehr Kletten zu stehen schienen als vorher. Die ganze Graberei hatte sie nur noch weiter verbreitet.

Ein paar Jahre lang ging mir der Zusammenhang zwischen schlechtem Benehmen und Unkrautbekämpfung nicht auf. Als ich etwas älter wurde, benahm ich mich auch etwas besser. Vermutlich setzte doch eine gewisse Reife ein. Ich verdiente mein eigenes Geld mit dem Einreiten von Pferden und wurde verantwortungsbewusster, und ich musste nicht mehr so oft Kletten ausgraben.

Kurz vor dem High-School-Abschluss fand ich mich jedoch wieder unten auf der Kuhweide. Ich weiß nicht mehr genau, was ich angestellt hatte, wahrscheinlich hatte es etwas damit zu tun, dass ich zu spät heimgekommen war. Ich hatte schon mit dem Gedanken gespielt auszuziehen und war überzeugt, ich wüsste verdammt noch mal so ziemlich alles, was ein Junge zu wissen brauchte.

Voll von dieser unendlichen Weisheit ging ich endlich hoch zum Haus und sagte: „Forrest, mir scheint, du hast hier kein sehr gutes System. Du verstehst nicht wirklich viel von Unkraut, denn ich habe jetzt fünf Jahre lang hier Unkraut gerodet, und es hat überhaupt nichts gebracht. Es ist höchstens noch mehr geworden. Ich weigere mich, auch nur eine weitere Klette umzuhauen. Wenn du ein Unkrautvernichtungsmittel kaufst, sprühe ich mit Begeisterung jedes Unkraut auf der Welt damit ein, aber Unkraut umzuhauen ist das Doofste, was ich je gehört habe."

Er lachte nur. Er sagte kein Wort – er lachte einfach nur.

Ein paar Monate später zog ich aus und begann mein eigenes Leben zu führen. Komischerweise fuhr Forrest zwei Wochen nach meinem Auszug in die Stadt und kaufte ein Unkrautvernichtungsmittel. In einem einzigen Durchgang waren alle Kletten auf der Kuhweide vernichtet, und sie kamen auch niemals wieder.

Natürlich dachte ich damals, Forrest wollte, dass ich alle Kletten ausrottete. In Wirklichkeit sorgte er dafür, dass sie so lange erhalten blieben, bis er alle seine Jungen groß gezogen hatte, und ich war der Letzte gewesen. Als ich weg war, brauchte er auch keine Kletten mehr. Das Unkraut hatte seinen Zweck erfüllt.

Manchmal hat man mit jungen Pferden zu tun, die vielleicht ein bisschen so sind wie ich damals: auf der Suche nach Abenteuern, sofern machbar. Sie sind nicht bösartig, sie wollen nicht böse sein und haben auch nicht die Absicht, Ihnen das Leben schwer zu machen. Sie brauchen vielleicht nur ein bisschen was zu tun. Sie brauchen keine Prügel, keine Strafpredigten, so wenig wie ich als Kind. Sie müssen nur angeleitet werden, besser noch: umgeleitet. Das, was Sie solchen Pferden zu tun geben, ist ein bisschen so, als würde man sie eine Weile auf die Kletten-Weide stellen. Aber man darf sie nie ganz dort einsperren. Sie müssen die Gelegenheit haben, wieder herauszukommen. Sie werden feststellen, dass sie es mit der Zeit begreifen. Ein Pferd dafür zu strafen, dass es etwas falsch gemacht hat, ist keine Lösung. Mit einem Tritt in den Bauch ist niemand gedient. Weiter kommen Sie, wenn Sie das Pferd in die Richtung anleiten, in die es gehen soll.

Wenn ich an die Kletten zurückdenke, wird mir klar, dass wir alle im Leben unsere Kletten zu beseitigen haben. Mit dieser Schaufel habe ich mehr gelernt, als ich sagen kann. Damals hätte ich mir gewünscht, Forrest hätte den Unkrautvernichter früher gekauft, aber das tat er nicht, und wahrscheinlich hat er mich vor dem Dominoeffekt bewahrt, den schlechtes Benehmen zur Folge haben kann, wenn freie Zeit und Langeweile nicht ausgefüllt werden.

Das war für mich das erste Beispiel dafür, wie man das Falsche schwierig und das Richtige einfach machen kann, im

Gegensatz dazu, das Falsche durch Einschüchterung unmöglich zu machen. Forrest und Betsy gaben mir zu verstehen, was wirkliche Liebe war, was Hingabe bedeutete und wie man eine Lektion teilen statt diktieren kann. Vor allem, denke ich, hat Forrest mir eine klare Vorstellung vom Unterschied zwischen Disziplin und Strafe vermittelt.

Auf eigenen Füßen

Als ich mit der High School fertig war, begann ich auf einer Ranch in der Nähe von Harrison, Montana, zu arbeiten, einem Kälbermastbetrieb, der ca. 500 Kälber im Jahr produzierte. Den größten Teil meines ersten Sommers dort verbrachte ich mit der Reparatur von Zäunen und Bewässerungsgräben.

Der Rancher war nicht sehr reitbegeistert, aber er hatte zwei junge Pferde, die er von mir einreiten lassen wollte. Das war genau mein Ding, deshalb kamen mir zwei vor wie zweihundert. Andererseits war es keine große Sache, aber ich brauchte sie dringend.

Damals hatte mir noch niemand wirklich etwas über das Einreiten junger Pferde beigebracht. Als ich hier damit anfing, ließ ich eines der beiden Pferde satteln, führte es in den Pferch und band es einfach am Zaun an. Man sieht einem Pferd an, wenn ihm zum Bocken zumute ist, und dieser kleine Kerl hatte eindeutig die Absicht. Ich dachte, am besten steige ich ein paar Mal auf und ab, solange er angebunden ist, dann habe ich wenigstens eine faire Chance, wenn er frei ist.

Und das ging nicht ganz nach Plan. Kaum saß ich oben, hängte sich das Pferd ins Halfter und bockte dann nach vorn. Das ging eine Zeitlang so, und dann schälte ich mich wieder herunter. Nach ein paar solchen Durchgängen saß ich oben, genoss den erhöhten Ausblick und dachte, eigentlich liefe doch alles recht gut. Da stemmte sich das Pferd wieder ins Halfter, und der Strick riss ungefähr 10 cm vom Halfter entfernt.

Heute würde mir das nur in einem 2 m hoch eingezäunten Round Pen passieren, aus dem ein Pferd nicht so ohne Weiteres entkommen könnte. Damals aber war um mich herum nur ein ca. 1,20 m hoher Drahtzaun. Die Ranch verfügte nicht über einen Round Pen oder etwas Ähnliches, nur über einen mit Maschendraht eingezäunten Schweinepferch.

Es gibt Augenblicke im Leben, in denen einem komische Gedanken durch den Kopf gehen, und dies war einer davon. Die Sonne war noch nicht ganz aufgegangen, aber der Himmel war leuchtend blau, und ich weiß noch, dass ich dachte, wie hübsch das aussähe. Dann, nach einer Sekunde der Stille, bockte das junge Pferd los, und ich krallte mich fest mit allem, was ich hatte.

Der Wallach sprang über den Drahtzaun und bockte in die Nachbarkoppel. Er rannte und bockte, bockte und rannte, und ich konnte nur versuchen, oben zu bleiben. Wenn ich zu diesem Zeitpunkt abgesprungen wäre, hätte ich mir wehgetan.

Ich weiß nicht, wie lange ich da draußen war. Es war das erste Mal, dass ich ein Pferd ohne Zügel ritt, und mir kam die Zeit vor wie eine Ewigkeit. Manchmal blieb der Wallach stehen und stand wie erstarrt, aber wenn ich ihn in Bewegung zu bringen versuchte, bockte er wieder los. Bis ich ihn so weit hatte, dass er sich ohne Bocksprünge bewegte, waren wir an die zwei Kilometer vom Haus entfernt, aber ohne Halfterstrick konnte ich ihn nicht lenken, also hielt ich ihn einfach in Bewegung.

Mit der Weisheit meiner achtzehn Jahre dachte ich, dass das Pferd irgendwann nach Hause gehen würde. Ich arbeitete also weiter mit Schenkeldruck, und schließlich kamen wir wieder am heimischen Stall an. Ich kippte mehr aus dem Sattel, als dass ich abgestiegen wäre, aber jedenfalls waren wir heil zurückgekommen.

Ich würde gern glauben, dass es mein Geschick war, das mir so manche Verletzung im Leben erspart hat, aber Glück war wohl auch mit im Spiel.

* * *

Eine wichtige Arbeit ist auf einer Ranch das Heumachen. Das Gras wird gemäht, getrocknet, in Ballen gepresst, und dann werden die Ballen gestapelt. Ein echter Sommerspaß im Rinderland.

Eines schönen Tages saß ich auf einer Mähmaschine. Ich hatte immer nur ein Cowboy sein wollen, daher hatte ich keine große Lust, mich mit Maschinen zu beschäftigen oder Heu zu machen. Aber als der Boss auf eine Weide zeigte und sagte: „Mähen!", tat ich natürlich genau dies.

Die Mähmaschine war nicht in der besten Verfassung. Die Treibriemen rutschten immer wieder ab, was sich auf ebenem Boden gerade noch im Rahmen hielt. Probleme gab es, wenn man einen Hügel bearbeiten musste, und davon gab es auf der Ranch mehr als genug. Ich fuhr einen Hügel hinauf, aber niemand hatte mir gesagt, dass diese Wiese nie gemäht wurde, weil sie zu steil war. Der Hügel fiel am Fuß ca. zwei Meter steil ab und endete in einem Sumpf.

Mein Puls beschleunigte sich erheblich, als ich sah, wie der Boden vor mir aussah. Die Maschine war mir nicht ganz geheuer, aber ich dachte, der Boss wüsste schon, was er mir angeschafft hatte, und ließ die Mähmaschine über die höchste Stelle abwärts kippen.

Es folgte einer dieser Augenblicke, in denen die Zeit still zu stehen scheint. Nach einem Augenblick tiefsten Friedens mit kornblumenblauem Himmel ging es abwärts, und zwar immer rasanter.

Ich machte, was ich mit einem durchgehenden Pferd gemacht hätte: Ich versuchte, die Richtung zu ändern. Ich riss einen der Kontrollhebel mit aller Macht zurück, und das Resultat war ein Cartoon-reifer Trümmerhaufen. Die Maschine gab mitten in einem rund laufenden Beregner ihren Geist auf. Es war einfach alles hin: der Beregner und die Mähmaschine. Ein einziges Chaos.

Ich stieg ab und besah mir die Früchte meiner Arbeit an

diesem Morgen. Für einen Moment herrschte gnadenvolle Stille, alles war friedlich. Dann setzte ich mich in Richtung Verwaltungsgebäude in Bewegung.

Als ich am Laden vorbeiging, fragte der Boss, wo ich hin wollte.

„Zum Haus", sagte ich, immer noch im Gehen.

Er fragte, was los sei.

„Na ja, wir hatten einen kleinen Unfall."

Einen Augenblick sah er mich an und fragte dann: „Was hast du gemacht?"

Ich blickte eine Minute zu Boden und sagte dann: „Na, kleiner Unfall passiert."

Sein Gesichtsausdruck veränderte sich. „Wo ist die Mähmaschine?"

„Auf der Weide", sagte ich.

„Was hast du gemacht?" Er wurde allmählich ein wenig empfindlich.

Ich schwieg eine Minute und sah ihm gerade in die Augen. „Ich hab' sie kaputt gemacht."

Er schien in sich zusammenzufallen, als ihm dämmerte, was passiert war, und er sagte: „Schön, du kannst gleich reingehen und deine Sachen ..."

„Bin schon unterwegs", sagte ich.

Ich war gefeuert, und ich kann es ihm nicht verdenken. Ich kostete ihn eine Menge Geld für die ruinierten Maschinen. Aber vielleicht hätte ich sowieso gekündigt. Irgendwie hatte ich gewusst, dass die Sache damit zu Ende war.

Außerdem war auch der Sommer zu Ende und die Arbeit fast erledigt. Ich hatte mich schon mit einem Betrieb bei Three Forks, Montana, in Verbindung gesetzt, der Madison River Cattle Company. Sie hatten eine Menge Rinder und eine Pferdezucht. Das war das Richtige für mich. Ich war entschieden auf dem Weg, ein Cowboy zu werden.

Als ich mit dem Manager der Ranch über einen Job sprechen wollte, war er auf einem Ray Hunt-Kurs in der Stadt. Auf der High School hatte mir ein Lehrer von Hunt erzählt und von den wunderbaren Sachen, die er mit einem Pferd anstellen konnte. Ich hielt die Geschichte für erfunden und sagte: „Pah, der kann mir nichts beibringen."

Die Antwort des Lehrers war gewesen: „Wenn du je wissen willst, wie die Profis es machen, musst du ihm zusehen." Mr. Jackson hatte keine Lust, mit mir zu diskutieren. Ich war in dem Alter, in dem man über alles und jedes Bescheid weiß, und der Lehrer war klug genug zu wissen, dass jedes weitere Wort vergeudet gewesen wäre.

Ich fuhr in die Stadt, um mit dem Manager zu sprechen und mir anzusehen, was es mit diesem Ray Hunt auf sich hatte. In der Arena setzte ich mich ganz oben auf die Tribüne, aber es war nicht viel los. Es war Mittagszeit, und ich konnte den Manager nicht finden.

Ich wollte gerade wieder gehen, als Ray Hunt und Tom Dorrance, eine weitere Legende in der Pferdeszene, hereinkamen. Sie fingen an, ihre Pferde zu arbeiten, und plötzlich fiel mir auf, dass Ray Hunts Pferd Dinge tat, von denen ich gar nicht gewusst hatte, dass Pferde sie überhaupt tun konnten. Es bewegte sich seitwärts, bog sich und ging rückwärts, ohne dass der Reiter viel dazuzutun schien.

Ich ging näher hin, noch näher, bis ich schließlich genau an der Umzäunung des Round Pen stand. Ich peilte durch die Stangen und beobachtete jede seiner Bewegungen. Es war einfach nicht zu glauben. Ich hatte nie gewusst, dass ein Pferdemann derartig gut sein konnte. Und dann war da natürlich noch Tom Dorrance, der Ray bei dem Kurs zur Hand ging, und auch er tat Dinge, die mir schlicht vorkamen wie Zauberei.

Ray fing mit einem jungen, ziemlich bockigen Pferd an, das dazu neigte, mit den Vorderbeinen zu schlagen. Meiner Erfahrung gemäß band man solch einem Pferd ein Hinterbein hoch, damit es sich nicht mehr bewegen und man ihm den Sattel auflegen konnte. Aber Ray arbeitete das junge Pferd an einem Strick, verschob die Hinterhand nach rechts und links, die Vorhand nach rechts und links und brachte ihm praktisch das Tanzen bei. Ray kannte bereits die Theorie, die diesem Tanz zugrunde lag: Wenn du die Kontrolle über die Füße des Pferdes hast, hast du auch die Kontrolle darüber, dass es so lange still steht, bis es ein anderes Kommando erhält.

Als Ray das junge Pferd schließlich fertig gesattelt hatte, sagte ich zu mir: „Da ist wirklich was dran." Ich wusste, dass ich mich schwer getan hätte, dieses Pferd zu satteln, und ich hatte ein Händchen für Pferde.

Das war das erste Mal, dass ich jemanden so hatte arbeiten sehen: dass er sein Verständnis für die geistige Verfassung und den Körper des Pferdes dazu nutzte, es mit Freundlichkeit ausbilden zu können, und damit schlussendlich die schärfsten Wendungen und geschliffensten Stops erzielte, die ich je gesehen hatte. Und alles auf einfache Trense gezäumt. Und mehr als das: Das Pferd sah glücklich aus, als ob es ihm Freude machte, mit diesem Mann zusammen zu sein. Seine Augen drückten Zufriedenheit aus.

Es war nur ein kurzes Zusammentreffen, aber ich war zutiefst beeindruckt.

Der Ranch Manager sah mich und kam herüber. „Sie wollen wohl über den Cowboy-Job auf der Ranch mit mir reden?" fragte er. „Ja, Sir, wollte ich", sagte ich. „Aber wenn es Ihnen nichts ausmacht, würde ich gern noch zusehen, wie dieser Gentleman mit Pferden arbeitet. Könnten wir uns vielleicht etwas später unterhalten?"

Das verblüffte ihn einigermaßen. Wir trafen uns an diesem Nachmittag nicht mehr, aber es boten sich noch mehr Gelegenheiten, weil ich mir den Rest des Ray Hunt-Kurses ansah. Ich hatte angebissen. Bis zum heutigen Tag strebe ich dem Zauber nach, den ich bei diesem Mann erleben durfte.

Ich bekam die Stelle bei der Madison River Cattle Company. Der Manager war an mir interessiert und schickte mich auf Ray Hunt-Kurse. Der erste Eindruck von Ray Hunt ist der einer seiner selbstsicheren und absolut uneitlen Persönlichkeit. Was er mir über Pferde und über mich selbst beibrachte, hat mein Leben verändert. Wie er an die Arbeit mit Pferden heranging, hatte ich nie zuvor gesehen und werde es vermutlich auch nie mehr sehen. Er ist ein großer Pferdemann und ein feiner Mensch, ein Gentleman. Meine Bewunderung für ihn war so groß, dass ich nur noch sein wollte wie er. Er und

Buck mit Mike Thomas, dem Manager der Madison River Cattle Company, in Costa Rica.

seine Frau Carolyn waren wie Eltern für mich. Sie haben mich lange Jahre als Familienmitglied behandelt, und dafür stehe ich für immer in ihrer Schuld.

Als ich ein paar Tage nach dem Kurs auf der Ranch auftauchte, zeigte mir Mel, der Boss über die Rinder, die Schlaf- und die Küchenbaracke. Als wir uns zum Abendessen hinsetzten, sagte er: „Morgen treiben wir Rinder zusammen. Wenn du willst, kannst du den Roan, das Stichelhaar da draußen für dich einfangen. Er ist eines von deinen Pferden. Die ganze Herde steht uns zur Verfügung. Ein paar von den anderen Jungs hatten mit diesem ein bisschen Probleme, aber du wirst schon klarkommen. Vielleicht reitest du ihn aber zuerst ein bisschen im Corral und treibst ihm ein paar Macken aus, bevor wir losreiten. Das Gelände ist ziemlich rau."

Klar, dachte ich, kein Problem.

Also trieb ich nach dem Essen den kleinen Stichelhaarigen in den Round Pen. Ich musste ihm das Lasso überwerfen, weil er ein bisschen bockig war, aber ich dachte: Kein Grund zur Aufregung. Satteln konnte ich ihn ohne Probleme. Von Bodenarbeit oder davon, wie man ein Pferd aufwärmt und locker macht, hatte ich keine Ahnung. Ich gedachte einfach aufzusitzen.

Nun, dieses Pferd bockte derartig gemein, dass mein Hut aus dem Round Pen herausflog. Ich blieb oben, aber als er aufhörte zu bocken, hatte ich das Gefühl, einen epileptischen Anfall überstanden zu haben. „Was habe ich mir da bloß eingebrockt?", fragte ich mich, als ich aufhörte zu zittern.

Am nächsten Morgen sattelten wir die Pferde im Stall und fuhren sie im Transporter sechzig Kilometer in die Hügel, wo die Rinder waren. Bei unserer Ankunft sagte Mel: „Hier, ich helfe dir, das Stichelhaar fertig zu machen."

Damals wusste Mel gerade genug über Ray Hunts Methoden, um gefährlich zu sein. Er hielt das Pferd vom Sattel aus am Halfterstrick und sagte: „Mach schon, Buck, steig auf.

Ich hab' ihn am Bändel, er wird dir keinen Ärger mit Bocken machen. Ich binde ihn ans Sattelhorn, dann kann er nichts anstellen."

„Nichts" stimmte nicht ganz. Kaum war ich oben, fing Roany an zu bocken. Fühlte sich an, als ob er in alle vier Himmelsrichtungen gleichzeitig bockte. Jedes Mal, wenn ich mich auf gerader Linie gerade in seine Bocksprünge hineinzufühlen begann, ritt Mel an und riss ihm den Kopf herum. Er änderte die Richtung, und das machte es mir zehn Mal schwerer, oben zu bleiben. Für mich wäre es besser gewesen, wenn das Halfter gerissen und Roany durchgegangen wäre. Dann hätte er wenigstens geradeaus gebockt.

Als Roany beschloss, mit dem Bocken aufzuhören, hing ich im Sattel wie ein nasser Lappen.

Mel trabte los, einen lang gezogenen Hügel hinauf. Meine Erfahrung sagte mir, dass ich den Tag nur überleben würde, wenn ich es schaffte, Roany außer Atem zu bringen. Wir trabten schätzungsweise 10 Kilometer bergauf, aber als wir oben ankamen, hatte Roany noch kein nasses Haar.

Mel hielt an und ließ sein Pferd verschnaufen. Mit dem Feldstecher hielt er Ausschau nach Rindern und genoss die kleine Pause. Mir wurde ein bisschen mulmig, dass Roany so herumstand und wieder zu Atem kam, und ich dachte: Komm schon, Mel, bleiben wir in Bewegung.

An einem normalen Tag hätten Sie vielleicht gedacht: Ah, der süße Duft von Salbei an einem frostig klaren Morgen. Von wegen. Alles, was ich in der Nase hatte, war Angstschweiß. Und je langsamer Roanys Atem wurde, desto schneller wurde meiner in Erwartung der nächsten Bewegung in unserem Paartanz. Mel schaute und schaute. Da ich neu war, traute ich mich nicht zu sagen: „Mel, machen wir, dass wir weiterkommen. Ich muss in Bewegung bleiben." Ich saß ganz still da und versuchte Roany weiszumachen, dass er niemanden im Sattel hätte.

Schließlich, als Mel gerade bereit war weiterzureiten, holte Roany einmal ganz tief Luft. Er atmete wieder normal, seine Batterien waren aufgeladen. Wir ritten an und waren noch keine zwei Schritte abwärts geritten, als Roany anfing zu bocken – und ich meine: wirklich zu bocken. Der Hang war so steil, dass ihn jeder Galoppsprung ungefähr fünfzehn Meter weiter brachte. Unter Mels anfeuerndem Geschrei bockten wir beide den ganzen Hügel hinunter.

Roany war eine Aufgabe für mich. Die ersten hundert Tage bockte er jedes Mal, wenn ich aufstieg. Nach ein paar Monaten wurde ich endlich klüger und verbrachte einige Zeit mit Ray Hunt. Dank der Techniken, die ich lernte – wie man eine Bindung mit einem Pferd eingeht und wie man es dazu bringt, seine Füße zu bewegen –, wurde es mit Roany allmählich besser. Schließlich hatte ich ihn so weit, dass ich vom Sattel aus das Lasso werfen und ihn zur Rancharbeit einsetzen konnte.

Eines schönen Tages waren wir wieder im selben Gelände, wo wir damals die Rinder zusammengetrieben hatten. Roany bockte nicht mehr und nahm seine Arbeit ernst, aber unausgegoren wie ich war, war mir gut nicht gut genug.

Mir war langweilig, weil es im Augenblick keine Rinder einzufangen gab. Ich wollte irgendetwas mit dem Lasso fangen, also warf ich das Seil um ein kleines Beifußgewächs, nicht größer als eine Topfpflanze. Ich ritt an und riss es aus dem Boden, ohne auch nur zu ahnen, dass diese winzige Pflanze etwa 10 Meter lange Wurzeln hatte. Ich zog und zog, und das Seil hatte sich schon zur doppelten Länge gedehnt, als der Beifuß endlich losriss und Roany genau unter den Schweif schnellte.

Roany klemmte derartig den Schweif ein, dass man den Beifuß nicht einmal mit dem Traktor hätte herausziehen können. Und ab ging die Post. Heruntergebockt hat er mich nicht, aber ich war fix und fertig. Und einen Rückschlag von einigen Wochen in seiner Ausbildung hat mir das kleine Bravourstück zusätzlich eingebracht. Ich hatte wirklich Fortschritte gemacht, und dann so ein Blödsinn. An diesem Tag lernte ich eine weitere wertvolle Lektion, diesmal über mich.

Es kam der Tag, an dem Roany verkauft wurde. Ich hatte gewusst, dass er kommen würde. Wir zogen Pferde auf für den Verkauf, aber Roany und ich hatten so viel zusammen durchgestanden – es war ein Trauertag für mich. Und ich musste immer daran denken, wie ich auf dem Weg zum Stall gedacht hatte: „Lieber Gott, nur noch einen Ritt auf Roany. Mach, dass er mich heute nicht umbringt." Und am nächsten Tag: „Lieber Gott, ich weiß, ich habe gestern gesagt, ich würde nie mehr um etwas bitten, aber da bin ich wieder." Dann wurden wir Partner, und als ich ihm im Verkaufsring meinen Sattel abnahm und er mit einem neuen Besitzer hinausging in ein neues Leben, war ich sehr traurig.

Gekauft hat Roany ein alter Mann aus der Nähe von Deer Lodge, Montana. Er fing von seinem Rücken aus Stiere mit dem Lasso und setzte ihn den Rest seines Lebens zur Rancharbeit ein. Sie kamen glänzend miteinander aus. Roany hatte ein gutes Zuhause, und das macht mich froh, denn Roany war ein wichtiger Meilenstein in meiner Karriere: Mit ihm bin ich durch die Hölle gegangen, ungefähr zu der Zeit, als ich mich erstmals mit der Art Reiterei auseinandersetzte, die ich heute praktiziere.

* * *

Eine weitere denkwürdige Lektion erhielt ich während meiner Zeit bei der Madison River Cattle Company, als ich mit einem ziemlich gestörten Pferd namens Ayatollah arbeitete. Er machte seinem Namen alle Ehre: Er war ein kleiner Terrorist und hatte ein paar echte Rodeos veranstaltet. Man brauchte sich nur zu räuspern, damit er in die Luft ging; es war also nicht allzu schwer, mit ihm Ärger zu bekommen.

Ich hatte versucht, ihm eine Hinterhandwendung beizubringen, also mit der Vorhand herumzuschwenken, während er sich um einen Hinterfuß drehte. Damit kommt man schnell und effizient weg von einer Gefahrenquelle, und für ein Pferd in Freiheit ist es eine ganz natürliche Bewegung. Ein Pferd dazu zu bewegen, während man auf seinem Rücken sitzt, kann allerdings ein wenig trickreich sein.

Seiltricks etwa um die Zeit, als Buck sich nach Arbeit auf Rodeos umsah

Eines Tages sah ich zu, wie Ray Hunt in der Arena der Montana State University eine Demonstration gab. Ein paar Typen hatten ihm ein junges Pferd gebracht, eine abgekartete Sache, um ihn schlecht dastehen zu lassen. Er war damals nämlich noch ziemlich umstritten. Die Leute hielten die Vorstellung, mit einem Pferd auszukommen, mit einem Pferd zu kommunizieren oder gar, Gott steh mir bei, gut Freund mit einem Pferd zu sein, für unvereinbar mit dem Image eines Western Cowboys.

Herein kam das Pferd, ein fünfjähriger schwarzer Deckhengst. Beide Ohren waren abgefroren, und Mähne und

Schweif waren voller Kletten. Er sah Mitleid erregend aus, und empfindlich war er auch. Die beiden alten Knaben sammelten ihre Pferde in dem Round Pen, der innerhalb der Halle aufgebaut worden war, und warteten dann grinsend ab. Sie wussten, sie würden diesen alten Mann – Ray war in den Fünfzigern – am Boden zerstört sehen.

Ray wusste, dass er hereingelegt werden sollte, und sagte zu den Besitzern: „Wie ich sehe, sind Sie sehr stolz auf Ihre Pferde. Dieser junge Hengst hat sicher eine glänzende Zukunft vor sich, deshalb bringe ich ihm besser bei, sich führen zu lassen." Ray mit seinem angeborenen Klumpfuß hinkte in den Pferch. Nach ein paar Minuten war ihm klar, dass er zu Fuß nicht sicher war, und setzte sich auf ein ausgebildetes Reitpferd.

Mit Geduld und Geschick schaffte es Ray in weniger als zehn Minuten, dass der Hengst sich führen ließ und sich neben Rays Pferd aufstellte, sodass Ray ihn mit den Seilschlingen abreiben konnte.

Nach weiteren fünf Minuten hatte Ray ihn gesattelt. Aber als er ihn losließ, brach alles zusammen. Der Hengst schlug und bockte, und bei jedem Sprung schlugen ihm die Steigbügel auf den Rücken.

Ray, nun zu Fuß in der Arena, hielt ihn im Kreis in Bewegung. Er warf ihm das Lasso um den Hals, holte ihn zu sich heran und strich ihm über die Stirn. Zu den Besitzern gewandt sagte er: „Ich will euch beide nicht zu lange aufhalten, also reite ich ihn wohl besser."

Inzwischen hatten die Typen den Verdacht, sich den Falschen ausgesucht zu haben, aber sie waren immer noch halbwegs zufrieden, weil Ray den Hengst ja noch nicht geritten hatte.

Der Hengst hatte das Seil um den Hals. Ray schlang ein Stück um die Pferdenase, damit er ihn zu sich her biegen konnte, zog den Sturmriemen unter dem Kinn fest und stieg auf.

Ray trug einen Daunenmantel von der Art, die mehr Geräusch macht, als auf einem jungen, empfindlichen Pferd gut tut. Er zog den Reißverschluss auf und schlüpfte heraus. Mit dem Seil in der einen und dem Mantel in der anderen Hand lehnte Ray sich zurück und tippte ihn an beiden Hüften an.

Alle warteten auf die Explosion, aber der Hengst galoppierte ganz gemütlich an, wie das sanftmütigste Schaukelpferd, das einer je unter dem Sattel hatte.

Ray ließ das Pferd anhalten und sagte dann zu den Besitzern: „Nun, in Anbetracht der großen Pläne, die Sie mit diesem Pferd haben, würden Sie sicher gern ein paar Wendungen sehen." Damit streckte Ray den Mantel nach vorn, und das Pferd wendete.

Wendete? Das Pferd wirbelte so schnell herum, dass er vor den Augen verschwamm. Ich weiß nicht, wie Ray den Hut aufbehielt, selbst mit dem Sturmriemen unterm Kinn.

Dann schüttelte Ray das Seil in der anderen Hand, und der Hengst wirbelte in die andere Richtung. Daraufhin galoppierte Ray gemütlich im Lope um den Pferch, durch das Tor und weiter um die Reithalle. Wo er gerade dabei war, verlangte er von dem jungen Pferd drei oder vier fliegende Wechsel. Gehorsam sprang der Hengst ein paar wunderschöne, saubere Wechsel.

Nun galoppierte Ray hinunter zu dem Platz, wo die Besitzer standen – und ich meine: im gestreckten Galopp –, und brachte den Hengst mit dem schönsten Sliding Stop aller Zeiten zum Stehen.

Ray schnippte die Seilschlinge von der Pferdenase, glitt aus dem Sattel und hielt den Besitzern das Seil hin. „So, Jungs, ich denke, ich habe ihn euch gut vorbereitet", sagte er.

Einer machte Anstalten, das Seil zu ergreifen, zuckte dann aber zurück, als hätte er sich verbrannt. „Nö, Ray", sagte er. „Ich glaube, das Pferd hat für heute genug."

Ray schaute ihnen in die Augen und antwortete: „Na, Jungs, ich weiß nicht, ob ihr bekommen habt, was ihr wolltet, das Pferd jedenfalls schon."

Ich konnte es kaum erwarten, diese neue Art der Wendung bei Ayatollah auszuprobieren. Als ich zuhause ankam, hängte ich meinen Mantel über die oberste Stange des Round Pen, wo ich ihn vom Pferd aus erreichen konnte, und dann fing ich Ayatollah.

Beim Aufsatteln war er schon in höchster Alarmbereitschaft, und im Corral ging er praktisch auf Zehenspitzen. Näher und näher kamen wir dem Mantel, und als wir nahe genug waren, packte ich ihn. Ayatollah explodierte nicht, aber er machte solch einen Katzenbuckel, dass es aussah, als hätte ich mein Mittagessen unter der Satteldecke vergessen.

Schließlich war es Zeit, an der Wendung zu arbeiten. Ich hielt Ayatollah meinen Mantel ins Gesicht, und er wendete so schnell, dass mir alles vor den Augen verschwamm. Dass die zentrifugalen Kräfte beim Drehen derartig stark sein konnten, hatte ich mir nicht vorgestellt. Ich verlor allmählich den Überblick über die Anzahl unserer Drehungen, als ich plötzlich aus dem Sattel flog. Ich wäre über Kopf zu Boden gegangen, wenn sich mein linker Sporn nicht am Sattelkranz verfangen hätte.

So schaute ich ihm direkt in die Augen, und er war genauso entsetzt wie ich. Nicht einen Augenblick kam ich auf die Idee, den Mantel fallen zu lassen. Vor Schreck war ich wie gelähmt, meine Hände zu Fäusten geballt. Je länger ich den Mantel festhielt, desto schneller drehte er sich im Kreis.

Ayatollah drehte und drehte sich und hörte nicht auf. Mir war klar, dass er mir, sollte ich es irgendwie schaffen loszukommen, einen Tritt verpassen würde, bevor ich noch den Boden berührte, aber trotzdem versuchte ich, meinen Sporn loszuhaken, und hoffte das Beste.

Als ich endlich frei kam, trieb mir Ayatollah mit gefühlten 150 Sachen den Kopf in den Sand. Mein Unterkiefer pflügte ca.

Bei einer Benefiz-Veranstaltung zugunsten des Sheridan Inn in Sheridan, Wyoming, führt Buck, immer hilfsbereit, den Texas Skip vor.

ein Kilo Dreck und Mist auf, und was darin keinen Platz mehr hatte, schaufelte ich mir mit der Gürtelschnalle in die Hose.

Gerade als ich auf dem Boden aufschlug, trat Ayatollah tatsächlich nach mir. Sein rechter Hinterfuß landete auf meinem Ohr. Er trat mir nicht gegen den Kopf, aber mein Ohr schwoll an wie ein Ballon.

Als ich am Boden lag und Ayatollah um mich herum buckelte, fiel mir ein kleines Detail ein (der Schlag hatte anscheinend eine Erinnerung ausgelöst, die mir besser eingefallen wäre, bevor ich mich auf Ayatollah setzte): Als Ray Hunt seine Spins machte, hatte er mit der Hand, die nicht den Mantel hielt, nach hinten gegriffen und sich an der Cheyenne Roll am Sattelkranz festgehalten. Deshalb war er nicht koppheister gegangen, als das Pferd anfing zu drehen.

Das war ein wichtiger Punkt, und ich merkte ihn mir gut. Als ich das nächste Mal versuchte, Ayatollah mithilfe meines Mantels zu wenden, gab ich ihm eine genau bemessene, sehr kleine Portion Mantel und mir eine sehr große Portion Cheyenne Roll zum Festhalten. Die Spins gelangen erheblich besser, und ich habe mich seither nie mehr an die Folgen schneller Drehungen erinnern müssen.

* * *

Die Madison River Cattle Company verließ ich 1982 und arbeitete dann für eine Pferdefarm in der Nähe von Bozeman. Ich hatte getan, was mir meine Lehrer beigebracht hatten, aber ich hatte auch gemerkt, dass es gegen die sanfte Art, mit Pferden umzugehen, noch ziemliche Widerstände gab. Die Leute hingen an ihren alten Methoden und hatten wenig Lust, etwas Neues auszuprobieren. Heute ist das, was ich mit Pferden mache, sehr populär, aber das war es damals gewiss nicht.

Morgens nahm ich an der Montana State University Unterricht, und am Nachmittag ritt ich Pferde an, allerdings nicht die des Ranch-Besitzers. Dafür hatte er andere Leute angeheuert, und die hatten ihre eigenen Vorstellungen.

Eines Tages sah ich nach dem Unterricht, wie der Besitzer und einer seiner Trainer ein Stutfohlen halfterführig machen wollten. Sie hatten die Stute und das Fohlen in den

Stall geführt, das Fohlen in eine Ecke gequetscht und ihm das Halfter irgendwie über den Kopf gewurstelt. Dann führten sie die Stute hinaus zu einem Zaun, und als das Stutfohlen folgte, banden sie es an einem Pfosten fest und führten die Mutter weg.

Sie können sich vorstellen, was nun folgte. Das kleine Stütchen war auf das Anbinden nicht im Geringsten vorbereitet, und natürlich stemmte es sich gegen den Strick und kämpfte. Sie schlug nach dem Strick und fiel hin. Als ich dazukam, war sie schon wer weiß wie oft umgefallen, und nun traten ihr zwei ausgewachsene Männer gegen den Kopf und in den Bauch und schlugen mit Karabinerhaken-bewehrten Stricken auf sie ein. Als das nichts half, goss ihr einer einen Eimer Wasser in die Ohren, um sie auf die Füße zu bringen. Das Fohlen kam auf die Füße, aber es kämpfte weiter und fiel wieder um.

Das Stütchen war verrückt vor Angst. Sie sprang auf, aber sobald sie den Zug des Stricks spürte, fiel sie wieder um und blieb auf dem Rücken liegen, den Kopf angebunden. Wenn Sie je den jämmerlichen, verzweifelten Laut gehört haben, den Pferde in Todesnot von sich geben – genau diesen Laut gab sie nun von sich. Mir wurde schlecht bei der Vorstellung, was es für die Mutterstute bedeuten musste, dies aus der Ferne mit anhören zu müssen und nichts tun zu können.

Das Nächste, was ich sah, war, wie diese zwei Gehirnamputierten einen Wasserschlauch heranschleppten. Der harte Wasserstrahl sollte sie wohl auf die Beine bringen und auf den Beinen halten.

Bisher war ich ihnen aus dem Weg gegangen. Über meine Arbeit mit Pferden hatten sie sich lustig gemacht. Obwohl ich ihnen mehr als einmal beim Verladen aus der Bredouille geholfen hatte, hatten sie alles mit einem Achselzucken abgetan. Aber als ich sah, dass sie dem Fohlen mit dem Schlauch Wasser in die Ohren spritzen wollten, hielt ich es nicht mehr aus. Ich klinkte den Führstrick aus, sodass das Fohlen den

Kopf frei hatte, und hakte einen zweiten Führstrick am Halfter ein.

Nur ein paar Sekunden freundliches Zureden, und sie stand auf. Ich rieb ihr ein oder zwei Mal über die Stirn, und in weniger als fünf Minuten konnte ich sie führen, wohin ich wollte.

Es hätte diesen zwei vorgeblichen Pferdeausbildern eigentlich peinlich sein müssen, aber vor lauter Wut konnten oder wollten sie nicht sehen, was sie dem Fohlen angetan hatten. Und mein Erfolg stank ihnen gewaltig.

Ich führte das Fohlen zurück zu dem Mann, dem die Ranch gehörte, und händigte ihm den Führstrick aus. Ohne ein Wort sah ich ihm gerade in die Augen. Ich brauchte auch nichts zu sagen. Mein Groll und Zorn waren offensichtlich.

Ich rollte meine Matratze zusammen, und als er am nächsten Morgen aufwachte, war ich längst fort. Was ich auch tat oder sagte, er würde sich mit Sicherheit nicht ändern, und ich war nicht gewillt, mir diese Art Umgang mit Pferden mit anzusehen. Ich ging zu Gallatin Gateway, einer gedeckten Arena oben am Gallatin Canyon in Spanish Creek.

Ich verdiente zwar meinen Lebensunterhalt mit dem Anreiten junger Pferde, hatte das Roping aber deshalb nicht aufgegeben. Mit dem Einzug bei den Shirleys war unsere Karriere als Trick Roper zu Ende gegangen. Betsy und Forrest hatten keine Ahnung vom Rodeogeschäft, schon gar nicht von der Art Förderung, die Dad uns hatte angedeihen lassen. In meinem ersten High-School-Jahr fragte mich ein Lehrer, ob ich Santa Claus spielen und in der Weihnachtsvorstellung ein paar Seiltricks vorführen könnte. Ich hatte schon lange kein Lasso mehr geworfen, jedenfalls nicht in einer Vorstellung, aber ich sagte zu und fing an zu üben. Alle Einwohner von Harrison waren an diesem Abend in der Schulturnhalle, und als ich fertig war, feierten sie mich mit einer Standing Ovation.

Ich übte wenigstens drei Stunden am Tag, sieben Tage

die Woche, auch als ich schon längst die High School hinter mir hatte. Drei Jahre später, nachdem meine Mitgliedschaft bei der Professional Rodeo Cowboys Association erneuert worden war (sie war in der Zwischenzeit erloschen), war ich so gut im Texas Skip, dass ich mit 980 Sprüngen hinein und hinaus einen Weltrekord aufstellte. Dieser Rekord wurde später gebrochen von meinem Freund Vince Bruce, einem Engländer, der zwei- oder dreitausend Sprünge schaffte.

Dank der Vorstellung als Santa Claus besaß das Show Business nach wie vor seine Anziehungskraft für mich, und ungefähr um die Zeit, als ich wieder in die PRCA eintrat, kam ich in Verbindung mit der Friendship Force des State Department. Ich reiste als Goodwill-Teilzeit-Botschafter viel herum, um den Tourismus in den Staaten anzukurbeln. Meine erste Reise führte mich nach Japan, als Teil einer Gruppe, zu der einige indianische Tänzer, ein paar Country-and-Western-Musiker und Wendy Holton, die Schönheitskönigin von Montana 1980, gehörten. Die Japaner liebten Cowboys, und da war ich nun, achtzehn Jahre alt, sehr groß und blond, umgeben von wunderschönen Japanerinnen und in Gesellschaft einer Schönheitskönigin. Ich war so dicht an meinem Vorbild John Wayne, wie ich nur sein konnte, und als die Tour zu Ende war, wollte ich gar nicht weg.

Mein Kurztrip mit der Friendship Force hatte mich davon überzeugt, dass ich wohl auch mit Seiltricks meinen Lebensunterhalt würde verdienen können. Ich nahm alles verfügbare Geld und machte mich auf nach Denver, zur großen jährlichen Viehausstellung.

Die Rodeo-Veranstalter versammelten sich im Brown Palace Hotel, und dort ging man hin, um sich Jobs fürs ganze Jahr zu sichern. Zur Eigenreklame mietete man einen Stand und machte eine Ausstellung seiner Künste. Da sich um diesen Teil des Geschäfts immer mein Dad gekümmert hatte, verstand ich sehr wenig davon. Mir war nicht klar, dass mehr dazu gehörte, als ein guter Trick Roper zu sein, und deshalb war ich nicht im Geringsten vorbereitet.

Der größte Teil meiner knappen Geldmittel ging für das Hotelzimmer drauf und der Rest größtenteils für den Stand, aber ich hatte nichts, was ich darin hätte zeigen können. Ein Freund namens Doug Deter half mir, draußen im Schnee ein paar Fotos zu machen, die wir auf eine Schautafel klebten. Außerdem hatte ich noch ein paar Aufnahmen in einem Fotoalbum, die ein paar meiner Seiltricks zeigten, aber insgesamt war es eine ziemlich klägliche Präsentation.

Drei Tage lang saß ich da, und die Rodeo-Veranstalter defilierten vorbei und blieben an den anderen Ständen stehen. Jeder Veranstalter hatte ein kleines Buch für Abschlüsse, und ich sah, wie rechts und links Verträge abgeschlossen wurden. Anscheinend unterschrieb jeder andauernd irgendwelche Verträge, nur ich hatte am dritten und letzten Tag immer noch keinen einzigen unterzeichnet. Mein Erspartes war weg, und ich hatte nichts in Aussicht. Ich war ein wirklich guter Trick Roper, vielleicht der Beste dort, aber das wusste keiner.

Jeden Tag um vier Uhr nachmittags war Happy Hour mit freien Getränken, und alle lachten, machten Witze und erzählten Geschichten. Am letzten Tag ging während der Happy Hour ein sehr wichtiger Veranstalter an meinem Stand vorbei.

Ich nahm meinen ganzen Mut zusammen und sprach ihn an. „Sir", sagte ich, „hätten Sie vielleicht einen Augenblick Zeit, sich ein paar Fotos anzusehen, falls Sie mal jemanden brauchen, der bei Ihren Rodeos Trick Roping vorführt?"

Er sah mich nur an und sagte: „Mann, ich habe mir heute schon so viele Fotos angesehen, da kommt es auf ein paar mehr auch nicht an."

Jetzt gibt es kein Zurück mehr, sagte ich mir und bettelte praktisch darum, dass er sich mein Album ansah.

Der Veranstalter setzte sich nicht hin. Stattdessen schlug er mein Album auf einem Tisch im nächsten Stand auf und blätterte darin herum. Er sah sich kein einziges Foto an, sondern grüßte Bekannte quer durch den Raum, lachte und machte Witze.

Als er mitten im Album seinen Drink verschüttete, nahm ich es ihm weg, schlug es zu und sagte: „Vielen Dank für Ihre Zeit."

Er sah mich nur an, ohne ein Wort. Ich war ihm vollständig egal. Sie können sich vorstellen, dass die Happy Hour für mich nicht so happy war. Ich ging nach oben in mein Zimmer, warf das Album hin, legte mich aufs Bett und heulte. Es kümmerte keinen.

Ich ging zurück zur Ranch-Arbeit und dachte wirklich daran, das Trick Roping ganz aufzugeben. Ich hatte einen guten Job als Cowboy, aber keinen für Trick Roping und auch keine Aussichten.

* * *

Im Spätsommer rief mich ein Rodeo-Veranstalter namens Roy Hunnicut aus Colorado an. „Hey, Mann", sagte er. „Ich würde dich gern als Trick Roper für ein paar Rodeos engagieren. Einer meiner Jungs, der Kunststücke zu Pferd vorführt, hat sich das Bein gebrochen, und du bist der Einzige, der nicht auftritt. Ich lasse es auf einen Versuch mit dir ankommen, in Rock Springs, Wyoming. Wenn mir gefällt, was du machst, kannst du in allen anderen Rodeos von mir auftreten."

Der Manager meiner Ranch freute sich für mich. „Solange du rechtzeitig zurück bist, um die jungen Pferde für die Herbstauktion fertig zu machen", meinte er, „geh nur und amüsier' dich auf ein paar Rodeos."

Ich fuhr die Nacht durch, um rechtzeitig zum Red Desert Roundup Rodeo in Rock Springs zu kommen. Mit meinem Pickup, meinem Anhänger und meinen Pferden war nicht viel Staat zu machen. Als Dekoration dienten an meinem alten Pferdehänger hauptsächlich die Roststellen. Aber ich hatte ein paar verdammt gute Rope Tricks auf Lager.

Es waren fünf- oder sechstausend Zuschauer da. Ich zeigte meine besten Tricks, und das Haus tobte. Ich bekam eine Standing Ovation.

Da ich mir nicht sicher gewesen war, ob Hunnicut mich für die restliche Saison engagieren würde, hatte ich einige Sachen in Montana zurückgelassen. Bob Donaldson, ein Freund, bat mich, ihn auf dem Weg zurück bis Douglas, Wyoming, mitzunehmen und wollte mich dem Veranstalter des dortigen High-School-Rodeos vorstellen, bei dem er selbst ebenfalls auftrat. Er sagte: „Ich glaube, er würde dich wirklich gern kennenlernen. Er hat gehört, dass deine Seiltricks echt gut sind, und würde dich gern engagieren. Er könnte dir in vielerlei Hinsicht nützlich sein." Ich wusste, wer der Mann war, aber ich sagte kein Wort.

Als wir früh am nächsten Morgen in Douglas eintrafen, saß dieser aufgeblasene Veranstalter herum und trank Kaffee mit seinen Kumpels. Bob stellte mich vor, aber der Veranstalter erkannte mich nicht wieder. Klar erkannte er mich nicht – er war an dem Nachmittag in Denver viel zu sehr von sich selbst eingenommen gewesen.

Er sagte: „Hey, ich bin So-und-so und habe eine Menge wichtiger Shows, mit die größten Rodeos im Geschäft, und ich hab' gehört, deine Vorstellung ist verdammt gut. Ich würde dir gern ein bisschen Arbeit geben, mein Junge."

Meine Antwort war: „Nun, Sir, ich weiß, Sie erinnern sich nicht an mich, aber ich erinnere mich umso besser an Sie. Nicht, dass ich keine Arbeit bräuchte – ich kann wirklich welche brauchen. Aber für Sie zu arbeiten und zu diesen großen Rodeos zu gehen würde mir nicht halb so viel bedeuten wie das Vergnügen, Ihnen zu sagen, Sie können mich am Arsch lecken. Sie wissen immer noch nicht, wer ich bin, und das macht auch nichts. Aber ich werde Sie nie vergessen wegen dem, was Sie an einem wirklichen Tiefpunkt meines Lebens mit mir gemacht haben. Eines Tages werde ich Erfolg haben, und das verdanke ich dann Leuten wie Ihnen."

Dank Roy Hunnicut hatte ich mit meinen Seiltricks eine Menge Erfolg, wenn man es so nennen will. Ich war gut darin, aber es war sowas wie eine Sackgasse. Wenn es gut ging, brachte mir eine Vorstellung 200 Dollar ein, und wenn ich die Unkosten abzog, hatte ich weniger verdient als mit meinen 60 Dollar im Monat als Cowboy. Außerdem ging es mir auf der Ranch erheblich besser als bei den Rodeos – immer auf Achse zu sein macht einsam, und so kehrte ich nach ein paar Jahren auf die Ranch zurück.

Aber ich habe nie den Eindruck vergessen, den dieser „wichtige" Rodeo-Veranstalter auf mich machte. Er hatte keine Zeit für mich, weil er dachte, es würde für ihn nichts dabei herausspringen. Er respektierte mich nicht als Menschen. Das war eine gute Lektion, die ich nie vergessen habe.

Heute, nachdem ich einen gewissen Einfluss gewonnen habe, gebe ich mir große Mühe, mir auch für Leute Zeit zu nehmen, die sich selbst für eher unbedeutend halten. Wenn mir jemand schreibt oder mit mir reden will, sehe ich, welchen Mut ihn das vielleicht gekostet hat, und ich versuche, auf ihn einzugehen. Ich versuche, ihre Namen zu behalten.

Es ist noch nicht lange her, dass ich in ihrer Lage war.

Zuhören lernen

Anfang der 1980er hatte ich schon viel Zeit mit bedeutenden Pferdeleuten verbracht. Mir wurde langsam klar, wie wenig ich über Pferde wusste und wie viel mehr ich noch zu lernen hatte. Ich ritt den ganzen Tag die verschiedensten Pferde, und nachts, vor dem Einschlafen, ließ ich die Ereignisse Revue passieren. Meine Gedanken wirbelten durcheinander, aber allmählich kristallisierten sich Lösungen heraus.

Als ich nach Gallatin Gateway, Montana, zog, hatte ich keine Kunden, aber ich hatte ein, zwei eigene Pferde. Ich pachtete oben im Gallatin Canyon bei der Spanish Creek Ranch eine Reithalle und nahm mir ein Apartment im alten Gallatin Gateway Inn.

Das Gasthaus ist inzwischen renoviert worden und ist heute ein wunderschönes Jahrhundertwende-Hotel, aber damals war es ziemlich heruntergekommen. Der Besitzer hatte versucht, es umzumodeln, aber dann war ihm, wie schon einigen Besitzern vor ihm, das Geld ausgegangen. Von den zwei Apartments neben der Bar im Erdgeschoss nahm ich das mit den zerbrochenen Fensterscheiben, weil es billiger war. Auf dem Boden lagen ein paar Teppichreste, aber das war auch schon so ziemlich alles. Im Vergleich war die Schlafbaracke am Madison River das Tadsch Mahal. Die Bar hatte noch die Lizenz für Alkoholausschank, deshalb kamen abends die Schnapsdrosseln der Gegend auf einen Drink oder zwei vorbei, ansonsten stand das Gebäude leer.

Nachdem ich die Miete für die Halle und das Apartment bezahlt hatte, blieben mir nur noch ein paar Münzen, die ich mit Anrufen vom Münzfernsprecher vor der Bar aufbrauchte.

Ich rief jeden an, der ein Pferd hatte und jemanden kennen könnte, der junge Pferde zum Anreiten hatte. Es kamen ein paar zusammen, aber Geld würde ich erst bekommen, wenn ich sie angeritten hatte und die Besitzer zufrieden waren. Ich war also mindestens einen Monat entfernt vom nächsten Zahltag.

In meinem Küchenschrank standen nur ein Paket Pfannkuchenmischung und eine große Schachtel Margarine. Davon habe ich die nächsten paar Wochen mehr oder weniger gelebt. Und selbst als ich Geld bekam, musste ich immer noch Rechnungen bezahlen und lebte weiter von Pfannkuchenmischung und Dosen-Chili.

Vom Gasthaus bis zur Halle an der Spanish Creek Ranch waren es ungefähr acht Kilometer den Canyon hinauf. Ich war so knapp bei Kasse, dass ich mir kein Benzin leisten konnte, was bedeutete, dass ich den Hin- und Rückweg zu Pferd neben einem ziemlich befahrenen Highway zurücklegte. Abends trabte ich im Dunkeln entlang, und die riesigen Laster mit Holzstämmen aus den Bergen röhrten an mir vorbei. Das Pferd stellte ich gehobbelt in das tiefe Gras hinter dem Gasthaus und ließ es dort die ganze Nacht grasen. Am Morgen stand ich vor Tagesanbruch auf und ritt hinauf zur Halle. Der Besitzer des Gasthauses hätte mich hinausgeworfen, wenn er gewusst hätte, dass ich im Hinterhof ein Pferd hielt, aber er hat nie was gemerkt.

Erst nach einem weiteren Monat konnte ich mir ein bisschen Benzin leisten und hin und zurück mit meinem Pickup fahren.

Die Spanish Creek war ganz in der Nähe von The Flying D. Ich wurde angeheuert, ein paar ihrer Pferde einzureiten, und so lernte ich meinen Kumpel Jeff Griffith kennen. Jeffs Vater Bud war der Manager der Flying D, und Jeff lebte noch zuhause. Wir zwei waren viel zusammen auf der Spanish Creek und ritten Pferde an. Die Woche über half ich ihm mit den jungen Pferden seines Vaters und der Cowboy-Arbeit. An den Wochenenden machten wir die lokalen Bars unsicher. Das meiste Geld ging für Mädchen und Getränke drauf, und den Rest verschleuderten wir.

Damals verlangte ich für das Anreiten $ 125 im Monat. Wie auch immer: Es kam auf einen Dollar pro Ritt hinaus. Ich versuchte immer noch, mich selbstständig zu machen, und übte auch noch meine Seiltricks, weil ich auf ein paar Auftritte in TV-Werbespots hoffte. Ich hatte keinen Agenten, aber ich kannte einen Werbefachmann namens Marcus Stevens in Bozeman. Marcus und ich lernten uns in Gallatin Gateway kennen, und im Laufe der Jahre verschaffte er mir immer wieder Jobs. Manchmal riefen auch Leute an, die über die PRCA von meinen Seiltricks gehört hatten. U. a. habe ich Werbung für Visa, Best Western-Hotels und Busch-Bier gemacht. Es dauerte ein bisschen, bis die Spots gesendet wurden, aber dann halfen sie, die Rechnungen zu bezahlen.

Im Gallatin Gateway Inn habe ich ungefähr ein Jahr gewohnt, dann zog ich in einen Wohnwagen auf der Flying D-Ranch. Er war nicht viel besser als das Zimmer im Gasthaus, aber ich war näher bei meinen Pferden und konnte mir die Fahrerei sparen.

Nachdem ich bei Forrest und Betsy ausgezogen war, übernahm ihr Schwiegersohn Roland – verheiratet mit ihrer Tochter Elaine – die Ranch. Forrest ging nach Arizona in den Ruhestand, Betsy blieb – sie konnte ihre Kinder und die Ranch nicht allein lassen. Roland, Elaine und Betsy lebten noch viele Jahre auf der Ranch.

Forrest starb im Winter 1984. Ich schaffte es nicht zu seiner Beerdigung. Es war mitten im Winter, und ich konnte nicht weg. Zum Glück hatte ich ihn vierzehn Tage zuvor noch gesehen. Ich war mit meinem Pflegebruder Stuart Shirley und dessen Frau Annie in Mexiko gewesen, und wir legten einen Stopp ein und besuchten Forrest ein paar Tage. Er hatte gerade einen Gesundheitscheck mit ausgezeichneten Werten hinter sich, und niemand kam auf die Idee, dass es ihn nicht mehr lange geben könnte.

Es war ein echter Schock, als Stuart mich mitten in der Nacht anrief und sagte, dass Forrest gestorben war, und zwar an einem Aneurysma in der Lunge. Ich kann gar nicht beschreiben, wie mir zumute war. Gleichzeitig fühlte ich mich schuldig: Mein Dad war noch am Leben, und ich hätte sein Leben nur zu gern gegen das von Forrest eingetauscht. Daran musste etwas falsch sein, aber ich konnte trotzdem nicht anders. Zu viel hatte ich Forrest zu verdanken.

* * *

Oft findet sich für Probleme eine Lösung, wenn man nur weiß, wann man besser um Hilfe bittet.

In der Zeit, in der ich auf der Spanish Creek Pferde für Privatleute ausbildete, hatte ich Probleme mit einem jungen Stichelhaar. Ich hatte schon einige Zeit an Wendungen gearbeitet und wollte ihn ausbalancieren. Damit meine ich, dass er in beide Richtungen gleich gut abwenden sollte. Zu diesem Zeitpunkt *war* er in beide Richtungen gleich – aber nur gleich zäh.

Es war früher Morgen an einem schönen Sommertag. Ich schaute über die oberste Stange des Round Pen. Nichts war zu hören als die Atemzüge meines Pferdes, und mir wurde bewusst, mit welcher Verzweiflung ich an der Lösung dieses Problems arbeitete. Nichts schien zu wirken. Ich hatte alles versucht, was ich für richtig hielt, beispielsweise mit dem rechten Zügel den Weg zu weisen, den linken am Halsansatz anzulegen und ihm den linken Absatz in die Seite zu drücken. Keine Reaktion. Ich brachte das Pferd einfach nicht zum Mitmachen. Wenn ich ihn aufforderte, bei der Rinderarbeit mit Schwung abzuwenden, wurde er kein bisschen schneller.

Er bewegte sich im Zeitlupentempo, und je mehr ich trieb und zog, desto schlimmer wurde es.

Mir war zum Heulen zumute. Von Fortschritten war weit und breit nichts zu sehen.

Nun mag Montana spärlich besiedelt sein, aber es ist reich an Sprichwörtern. „Wenn du nicht 'reinkommst, bell weiter das Loch an", ist eines davon. Will heißen: Nicht aufgeben, weiter versuchen.

Ich wusste, ich brauchte Anleitung, und da Ray Hunt zu einem Kurs unterwegs war und ich ihn nicht erreichen konnte, dachte ich, es wäre einen Versuch wert, Bill Dorrance anzurufen.

Bill war der Bruder von Tom Dorrance. Wir hatten uns noch nicht kennengelernt, aber seit Jahren hatte mir Mike Beck, ein guter Freund aus den Madison-River-Tagen, davon vorgeschwärmt, was für ein grandioser Pferdemann er sei. Sie hatten ziemlich viel Zeit zusammen auf Bills Ranch in der Nähe von Salinas, Kalifornien, verbracht, und Mike zufolge waren Bills Geschick mit Reitpferden und sein Umgang mit dem Lasso legendär. Wenn ich je ein Jedi sein wollte, brauchte ich einen Obi-Wan, also holte ich einmal tief Luft und rief ihn an.

„Bill, Sie wissen nicht, wer ich bin", stammelte ich, „aber ich brauche ein bisschen Hilfe mit einem Pferd. Mike Beck hat mir von Ihnen erzählt, was Sie für ein großartiger Pferdemann sind, und ich bewundere Sie sehr. Ich hoffe, Sie können mir helfen."

Bill sagte nichts, also redete ich weiter: „Mein Pferd wendet ganz gut, aber ich kann es irgendwie nicht dazu bringen, dass es mit Schwung wendet." Ich erzählte ihm, was ich alles versucht hatte, wie frustriert ich langsam war und dass ich befürchtete, das nette kleine Pferd härter anzufassen, als es verdiente.

Als Bill endlich etwas sagte, schien er kein Wort von dem gehört zu haben, was ich ihm erzählt hatte. Er fing an, über die

Hinterhand zu reden. „Wissen Sie, Buck, wenn Sie die Hinterhand nach rechts und links verschieben können, können Sie den ganzen Pferdekörper so einstellen, dass das Pferd Dinge tun kann, die Sie sich vorher nicht mal vorstellen konnten."

Hier bringt Buck einem Pferd bei, die Hinterhand zu verschieben. Dies hilft bei Pferden mit schleppender Hinterhand und macht es ihnen leichter, sich in jede gewünschte Richtung mit Schwung in Bewegung zu setzen.

Ich saß da und dachte: Wie schade, der gute Bill ist leider schon so alt, dass er nicht gehört hat, was ich ihn gefragt habe. Vermutlich hatte ich gehofft, Bill würde sagen, ich solle dem Pferd mit dem Zügelende eins über die Schulter geben oder den Fuß nach außen drehen und den Sporn einsetzen, um die Vorhand herumzuschieben. Ich hatte keine Ahnung, warum er davon redete, die Hinterhand nach links und rechts zu verschieben.

Ich fragte ihn noch einmal: „Wie bringe ich mein Pferd dazu, mit mehr Schwung zu wenden oder mit mehr Begeisterung am Rind zu arbeiten?"

Wieder sagte er: „Wissen Sie, es hilft weiter, wenn man ein Pferd ein bisschen auf die Hinterhand setzen kann. Kaum zu glauben, wie viel die Hinterhand mit all dem zu tun hat, was man mit einem Pferd anstellt, damit es seinen Job macht."

Schon wieder, dachte ich. Er redet über die Hinterhand und mogelt sich um mein Problem herum. Es war, als hätte er kein Wort von dem gehört, was ich gesagt hatte.

Noch einmal fragte ich Bill, wie ich mein Problem mit der Vorhand angehen sollte, denn dort, dessen war ich mir sicher, lag das Problem. Wieder landeten wir bei der Hinterhand, und ich fand, er wäre wohl einfach nicht in der Lage, mein Problem zu verstehen, was ich auch sagen und erklären mochte.

Ich beschloss, es für heute gut sein zu lassen, und wir redeten noch ein bisschen über Pferde, die wir geritten und Leute, die wir beide gekannt hatten. War irgendwie schon ein nettes Gespräch gewesen, fand ich; wenigstens hatte ich Gelegenheit gehabt, mit dem legendären Bill Dorrance zu sprechen, und das bedeutete mir viel. Der andere Teil blieb eben außen vor.

Am Tag darauf ging ich in den Stall zu meinem Pferd. Ich stand da und sah ihm in die Augen, während es fraß. Er tat mir leid, und ich tat mir auch leid. Mir gefiel selbst nicht, wie ich ihn behandelt hatte, denn ich hatte ihn die letzten paar Tage richtig hart angefasst, nur um diese schnelle Wendung herauszuholen, und das war nicht fair von mir. Also beschloss ich, nur ein bisschen spazieren zu reiten und mich nicht mit ihm anzulegen. Heute würden wir uns nur einen schönen Tag zusammen machen. Wir würden in die Berge reiten, und ich würde nichts von ihm verlangen, was irgendwie schwierig war oder was er nicht bewältigen konnte.

Es war Herbst, und die Espen hatten schon die Blätter aufgestellt. Ich spürte die Dringlichkeit, die dem Wechsel der Jahreszeiten innewohnt, und ich grübelte über andere Veränderungen nach. Vielleicht war diese Pferdesache etwas, was mir gar nicht so sehr lag, vielleicht sollte ich besser meine Karriere als Trick Roper weiterverfolgen, denn darin war ich schließlich ziemlich erfolgreich gewesen.

Die ganze Zeit hatte ich versucht, das Pferd nur in Ruhe zu lassen, aber auf dem Heimweg hielt ich an. Was Bill gesagt hatte, ging mir nicht aus dem Kopf. Einen Versuch war es wohl wert. Vielleicht konnte ich das Pferd, wenn ich es mit einem Zügel anhielt und die Hinterhand ein wenig zur Seite verschob, dazu bringen, hinten ein kleines bisschen überzutreten.

Als ich zu tun versuchte, was Bill so subtil vorgeschlagen hatte, fühlte sich der Zügel an, als ob er an einem Felsblock oder an der Rückseite eines Trucks angebunden wäre, der in die andere Richtung fuhr. Ich brachte das Pferd nicht dazu, auch nur andeutungsweise in die gewünschte Richtung nachzugeben. Er bog sich so gut wie überhaupt nicht. Ich brachte es nicht fertig, dass er hinten übertrat (die Hinterhand nach rechts oder links verschob), und das überraschte mich einigermaßen.

Also arbeitete ich an diesem Übertreten. So frustriert, wie ich von mir selbst war, dachte ich, so viel könnte ich doch wohl wenigstens fertigbringen. Ein klein wenig Biegung musste doch drin sein.

Mit viel Schenkeldruck brachte ich das Pferd dazu, die Hinterhand ein wenig zu verschieben, hinten überzutreten und sich in den Rippen und in der Lende ein bisschen zu biegen. Der Zügelkontakt wurde ein wenig weicher, und seine Bewegungen wurden ein wenig geschmeidiger. Er wurde leichter im Maul.

Nachdem ich dies erreicht hatte, wollte ich mein Versprechen halten, ihn nicht zu ärgern, und ritt am losen Zügel zurück zum Stall. Aber irgendetwas nagte noch an mir. Ich gab die Hilfen für eine Wendung auf der Hinterhand, und zu meiner Riesenüberraschung wendete er so schnell, dass es mich an Ayatollahs Hochgeschwindigkeitsumdrehungen erinnerte. Und dabei blieb er total entspannt.

Nach diesem ersten Versuch dachte ich an das andere Stichelhaar und das Beifußgewächs in seinen Hinterbacken und sagte mir: „Du lässt dieses Pferd jetzt besser in Ruhe, denn besser als jetzt kann es gar nicht mehr werden. So wie du die letzten Tage geritten bist, machst du wahrscheinlich in den nächsten paar Minuten alles wieder kaputt." Also ließ ich ihn im energischen Schritt nach Hause gehen und sattelte ihn ab, bevor ich kaputt machte, was ich zu erreichen versucht hatte.

Während ich mein Sattelzeug aufräumte, ging ich in Gedanken die Ereignisse noch einmal durch. Ich würde aus diesem Pferd keine spritzigeren Wendungen herausholen, wenn ich sein hinteres Ende nicht frei machte. Irgendwo, irgendwann war mir seine Hinterhand abhanden gekommen. Ich hatte sie schon einmal unter Kontrolle gehabt, aber dann war ich so mit „Ausbilden" beschäftigt – und das sage ich voller Zorn auf mich selbst –, dass ich die Grundlagen vergessen hatte, die ein Pferd zur Vorbereitung braucht.

Auch meine eigene Haltung hielt der Überprüfung nicht stand. „Verflucht noch mal", sagte ich mir, „Bill hat versucht, mir beizubringen, welches Ende des Pferdes gearbeitet werden muss, aber ich habe nicht zugehört."

Nach ein paar Tagen rief ich Bill wieder an, weil ich ihm von meinen Fortschritten mit dem Stichelhaar berichten wollte. Wir redeten von diesem und jenem, und nach ein paar Minuten fragte er: „Was ist bei dem Stichelhaar herausgekommen, von dem du mir erzählt hast?"

Ich sagte: „Na ja, Bill, ich habe festgestellt, dass seine Hinterhand nicht richtig in Form war. Irgendwie war die Hüfte im Weg, nicht unter ihm, und in Anbetracht seiner Vorbereitung drehte er wahrscheinlich so schnell, wie er eben konnte. Jetzt ist er in der richtigen Form und wendet mit wahrer Begeisterung. Wir kommen wieder prima miteinander aus."

Wie ich oft gesagt habe: Selbst wenn man von der Tatsache absah, dass er ein Künstler mit dem Lasso und ein genialer Pferdemann war, blieb immer noch ein wirklich wunderbarer Mensch übrig. In Anbetracht dessen, dass ich ihm das erste Mal gar nicht richtig zugehört hatte, hätte er mir einiges antworten können, zum Beispiel: „Na, hab' ich dir doch gesagt", oder: „Wenn du gleich auf mich gehört hättest ..."

Nicht Bill. Er rieb es mir nicht unter die Nase. Es ging nicht um falsch oder richtig, und er behandelte die Sache wie ein Gentleman. Er sagte nur: „Oh, das freut mich, Buck, dass es so gut funktioniert hat. Schön, dass ihr, du und dein Pferd, wieder miteinander zurechtkommt." Das war typisch für die Haltung von Bill Dorrance. Er kannte die Antwort, aber er versuchte nie, sie mir mit Gewalt einzutrichtern. Bei mir war das anders: Ich dachte, ich hätte die Antwort, und hatte versucht, sie dem Pferd mit Gewalt einzutrichtern.

Dieses erste Telefongespräch mit Bill veränderte mein Leben, und zwar zum Besseren. Aber obwohl ich begeistert war von dieser Entdeckung, die meinen Pferden in Zukunft helfen würde, war ich deprimiert von meiner eigenen Dummheit und von all den Pferden, denen ich hätte helfen können. Ich hatte eine Stinkwut auf mich und brauchte Tage, bis ich darüber hinweg kam.

Jahre später gab ich einen Kurs zum Thema Rinderarbeit zu Pferd ohne Gewaltanwendung. Viele der Teilnehmer in Watsonville, Kalifornien, waren echte Anfänger, deshalb musste ich die ganze Arbeit mit dem Lasso allein machen. Ich warf einem Rind das Seil um den Hals, beruhigte es, und die Kursteilnehmer kamen herangeritten und versuchten, das Seil um die Hinterbeine zu werfen. Nun waren eine Menge der Pferde im Hinterhof groß geworden und hatten noch nie eine Kuh gesehen. Sie waren der Meinung, Pferde wären so etwas wie das Lieblingsfutter von Rindern.

Ich hatte keine Ahnung, dass Bill da war. Einer meiner Cowboy-Freunde hatte ihn im Auto mitgenommen, und er saß im Publikum und sah mir zu.

Normalerweise habe ich ein gutes Auge für gutmütige Rinder, die leicht zu fangen sind. Ich suchte mir eines aus, aber das Seil ging daneben. Es wäre eigentlich ein leichter Wurf gewesen, aber wie auch immer – er ging daneben. Schließlich gelang mir ein guter Wurf, aber er traf das falsche Tier. Statt des gutmütigen Rinds fing ich einen wilden Stier. Er stellte sich sofort zum Kampf und ging auf mein Pferd los. Ich hätte mir unter den Reitern, die mit mir in der Arena waren, einen guten Roper gewünscht, der dem Stier das Seil um die Hinterbeine werfen und ihn am Boden festhalten konnte, damit ich mein Seil zurückholen, so tun könnte, als sei nichts passiert, und mit einem anderen Rind weitermachen könnte.

Es war aber keiner da. Ich kriegte mein Seil nicht zurück. Der Stier sprang herum und spielte total verrückt, und ich kämpfte und kämpfte. Schließlich wurde er langsamer, aber eigentlich hätte alles von vornherein glattgehen sollen. Das war schließlich das Thema meiner Kurse, und dies hier war alles andere als glatt.

Als ob das nicht schon schlimm genug wäre, war es auch das erste Mal, dass Bill Dorrance einen Kurs von mir gesehen hatte, das erste Mal, dass er mich ein Rind hatte einfangen sehen, und ich hatte ein paar einfache Würfe vermasselt.

Wir aßen zusammen zu Abend, und ich konnte es mir nicht verkneifen, das Thema auf den Tisch zu bringen. „Bill", fing ich an, „es ist mir so peinlich, dass du mich heute so schlecht werfen gesehen hast. Endlich kommt jemand, den ich so sehr bewundere, zum Zuschauen, und ich gebe eine derartig miserable Vorstellung."

Bill war wie immer ganz Gentleman. „Ach, mach' dir nichts daraus", beruhigte er mich. „Ich weiß, dass du besser bist mit dem Lasso, schließlich habe ich deine Videos gesehen." Er wusste, ich hatte einen schlechten Tag gehabt, und er wollte keinesfalls lügen und behaupten, ich sei gut gewesen, denn das war ich nicht. Aber er fand einen Weg, etwas Nettes zu sagen, und so war er immer.

Gentleman ist das Schlüsselwort. Einmal sah ich zu, wie er einer Dame beibrachte, das Lasso zu werfen. Er saß auf dem Pferd und hielt das Kalb mit dem Seil am Hals fest, und sie warf mit ihrem Seil nach den Hinterfüßen. Es war ein schrecklicher Wurf, so miserabel wie nur möglich, und die Dame wusste das auch.

Aber Bill sah sie an und sagte: „Junge, Junge, hat eigentlich nach viel mehr ausgesehen."

Die Dame war so dankbar für seinen freundlichen Kommentar, dass es mich nicht überraschen würde, wenn sie ihn für immer und ewig ins Herz geschlossen hätte. Und natürlich wurde es unter uns Cowboys zum Sprichwort. Jedes Mal, wenn einer schlecht geworfen hatte, sagten wir: „Junge, Junge, hat eigentlich nach viel mehr ausgesehen."

Unter den Pferdeleuten, mit denen ich arbeiten durfte und die ich mir als Vorbild zu nehmen versuchte, waren natürlich Ray Hunt, Bill Dorrance und sein Bruder Tom, und aus der englischen Reiterei ist es der Springreiter George Morris, Gewinner einer Olympia-Medaille und heute einer der besten Springausbilder. Auf seinem Gebiet ist auch er ein echter Pferdemann.

Viele andere Cowboys und Einzelpersonen haben mich im Laufe der Jahre auf die eine oder andere Weise beeinflusst, auch wenn sie keinen bekannten Namen trugen. Von ihnen habe ich gelernt, die Dinge zu durchdenken, besonders die Vorbereitung und den späteren Ablauf.

Und sie haben mir beigebracht zuzuhören, nicht nur ihnen und anderen Menschen, sondern auch den Pferden, denen ich helfen möchte und die möchten, dass ich ihnen helfe.

Der Sturz

Während ich in Spanish Creek noch an meiner Karriere bastelte, lebte eine alte Bekanntschaft wieder auf, die mein Leben sehr verändern sollte. Begonnen hatte alles 1981, als ich auf der Three Forks Ranch als Cowboy arbeitete. Ich bekam einen Anruf von einer Bekannten namens Cathy Tamke, die in einem Hotel in der Nähe von Helena eine Modenschau für Skibekleidung veranstalten sollte. Sie bot mir 150 Dollar für ein paar Seiltricks als Schaueinlage.

Einhundertfünfzig Dollar für eine Viertelstunde Seiltricks war viel Geld, wohl wert die eineinhalb Stunden Fahrt zum Hotel. Als ich Cathy im Hotel traf, machte sie mich mit ihrer Freundin Adrian Logan bekannt. Adrian war bildschön.

Sie zeigten mir hinter der Bühne eine Garderobe, wo ich mein blau-weiß-rotes Tom-Mix-Kostüm anziehen konnte, das ich für das Trick Roping immer trug. Der Raum war voller wundervoller Models, und falls auch noch andere Männer anwesend gewesen sein sollten, sind sie mir zumindest nicht aufgefallen. Ich war neunzehn und umringt von schönen Mädchen, die in BH und Höschen herumrannten; ein paar auch mit gar nichts. Ich versuchte, mich wie ein Gentleman zu benehmen und nicht hinzusehen, aber schließlich war ich erst neunzehn. Noch nie habe ich so lange zum Umziehen gebraucht.

Cathy kam und holte mich, und ich führte meine üblichen Seiltricks vor, den Texas Skip, den One Hand Stand und den Pop Over und außerdem den Double Merry-Go-Round, zu dem man zwei Seile braucht. Man muss die rechte Schleife in die linke und die linke Schleife in die rechte Hand wechseln und das Ganze dann hinterm Rücken wiederholen. In der Geschichte des Trick Roping gab es damals nur zwei Leute, die diesen Trick beherrschten, Will Rogers und ich. Das Publikum applaudierte und pfiff und schrie, und das fand ich ganz schön aufregend.

Später gingen Cathy, Adrian und ich etwas essen. Adrian war blond, drei Jahre älter als ich. Außerdem war sie wirklich witzig und schlagfertig, sie hatte auf alles eine passende Antwort. Und ihr Vater war Pete Logan, ein berühmter Rodeo-Ansager, und sie war auf Ranches und im Rodeo-Geschäft groß geworden. Ich tat alles, um Eindruck auf Adrian zu machen. Sie wusste zwar, dass ich mich für sie interessierte, aber sie wusste auch, dass Cathy sich von mir angezogen fühlte, und deshalb blieb sie ziemlich unnahbar.

Ich sah Adrian erst im Herbst 1984 wieder, als sie eines Tages einfach in Gallatin Gateway in die Arena marschiert kam, wo ich Pferde zuritt. Die Überraschung hätte nicht größer sein können. Sie studierte an der Montana State und suchte einen Platz, wo sie ihr Pferd hinstellen konnte. Außerdem interessierte sie sich für meine Ausbildungsmethoden. Zu dieser Zeit war sie mit einem Weltmeister im Bronc-Reiten, Clint Johnson, verlobt, der diese Methoden bei seinen Reitpferden ebenfalls anwandte. Kevin Stallings, ein guter Reiter und Freund von Clint, hatte Adrian gegenüber erwähnt, dass ich mit dem Trick Roping aufgehört hatte und ebenfalls die neuen Methoden anwandte. Da hatte Adrian beschlossen, mich aufzusuchen.

Es war ein kalter Tag, aber im Stall war es warm, und wir saßen dort und redeten stundenlang. Wir verstanden uns auf Anhieb. Dass sie so lange blieb, machte mir Hoffnung, dass ich vielleicht doch eine Chance bei ihr hätte. Ich war verblüfft. Nie hätte ich gedacht, dass ein Mädchen wie sie einen Gedanken an mich verschwenden würde.

Ich hatte einen Kurs in Buchführung an der Montana

State belegt und war ab und zu hingegangen. Das Wintersemester hatte ich schon ins Auge gefasst, und dass Adrian dort studierte, gab den Ausschlag.

Wir wurden gute Freunde in der Schule und verbrachten ziemlich viel Zeit miteinander. Wir hatten viel Spaß, und ich half ihr mit ihrem Pferd. Adrian ritt sehr gern. Sie hatte ein gutes Gefühl für Gleichgewicht und ein ziemlich gutes Gespür für Pferde. Sie mochte Pferde wirklich, und das bedeutete mir sehr viel.

Adrian löste die Verlobung, und wir wurden ein Liebespaar. Kurz nachdem es ernst geworden war, nahm sie mich mit nach Hause und stellte mich ihren Eltern Pete und Audrey Logan vor. Pete war nicht besonders freundlich, aber ich sagte, es sei mir eine Ehre, ihn kennenzulernen, und dass ich immer in einem seiner Rodeos hätte auftreten wollen. Pete war in den ganz großen Rodeos, und auch wenn mein Trick Roping Spitze war, hatte es doch noch nie zu einem Rodeo dieser Größenordnung gereicht. Ich erklärte, wenn ich es je geschafft hätte, in einem Rodeo aufzutreten, bei dem er ansagte, hätte ich gewusst, dass ich ganz oben gewesen wäre.

Daraufhin beschloss Pete, ich sei in Ordnung. Er war eine Legende im Rodeo-Geschäft gewesen, aber nun machten jüngere, witzigere Ansager Furore. Alle Legenden müssen irgendwann abtreten und Platz für die Jüngeren machen, und an diesem Punkt war Pete angekommen. Es schmeckte ihm nicht sehr.

Die Logans hatten zwei Söhne und noch eine Tochter, aber Adrian war so etwas wie der Sohn, den Pete sich erhofft hatte. Zu ihr hatte er eine engere Beziehung als zu seinen anderen Kindern. Sie waren sich so nah, dass sie kaum etwas unternahm, ohne es vorher mit ihm zu besprechen. Pete hatte nie gewollt, dass Adrian wegzog, und Audrey ebenso wenig. Ich nehme an, Adrian war eine Art Verkörperung ihrer eigenen Jugend. Ihre Besitz ergreifende Art hatte schon vor mir verschiedene Beziehungen Adrians zu guten Männern ruiniert, aber ich dachte, ich könnte so ziemlich mit allem fertig werden, und ließ nicht locker.

Nichtsdestotrotz gab es Zeiten, wo Adrians Eltern ihr zuredeten, mit anderen Männern auszugehen. Vermutlich hätte mir das frühzeitig zu denken geben sollen. Adrian sagte mir, wie sehr sie mich liebte, aber gleichzeitig traf sie sich – ausgerechnet – mit meinem Kumpel Jeff.

Wir waren alle drei an der Montana State eingeschrieben. Eine Nacht verbrachte Adrian mit mir, die nächste mit Jeff. Keiner von uns beiden wusste davon, bis ich eines Nachts unangekündigt bei ihr auftauchte. Sie wohnte in einem Apartment in der Grand Street in Bozeman, und ich wollte sie zum Essen ausführen. Als ich vorfuhr, sah ich Jeffs Pickup vor dem Haus stehen. Ich stieg nicht einmal aus, sondern fuhr sofort wieder weg.

Als ich eine Weile weg blieb, rief Adrian schließlich an und fragte, warum ich nichts mehr von mir hören ließ. Ich sagte ihr das von Jeffs Pickup, aber sie entschuldigte sich nicht einmal richtig. Sie mochte uns beide und fühlte sich hin und her gerissen. Sie wollte keinem von uns wehtun, was in meinen Ohren nach einer reichlich schwachen Ausrede klang.

Ein alter Freund hat mir mal gesagt: „Eine Frau, die zulässt, dass zwei Männer um sie kämpfen, spielt beide Enden gegen die Mitte aus und tut keinem von beiden gut." Er hatte Recht, aber Jeff und ich waren wie zwei junge Stiere. Als wir merkten, dass wir um dieselbe Frau kämpften, war es eine Katastrophe und für eine lange Weile das Ende unserer Freundschaft. Zum Schluss allerdings ging unsere Freundschaft neu gestärkt daraus hervor.

Würde mir das Gleiche noch einmal passieren, würde ich machen, dass ich fortkomme, so schnell wie möglich. Aber damals ließ ich nicht locker, und anscheinend habe ich den Wettbewerb gewonnen, denn Adrian brach mit Jeff und ging weiter mit mir aus. Jeff und ich waren die besten Freunde gewesen; nun wurden wir Feinde.

Ich zog weg von Spanish Creek und pachtete eine andere Halle auf der anderen Talseite. Außerdem mietete ich ein kleines Apartment in Belgrade, etwas außerhalb von Bozeman, in der Nähe der neuen Halle. Es war eine bessere Baracke, mit einer Herdplatte, einem Bett und einem Badezimmer, das ich selbst gebaut hatte. Ziemlich bescheiden, alles in allem.

Trotzdem zog Adrian bei mir ein. Ihre Eltern sollten nicht wissen, dass wir zusammen lebten, deshalb behielt sie ihr eigenes Apartment und bewahrte dort ein paar Kleider auf. Sie machte sich immer Sorgen, was ihre Eltern wohl denken würden. Das war zwar irgendwie verständlich, aber als unsere Beziehung immer enger wurde, merkte ich, dass sie und ihre Eltern sich nicht nur nahe waren, sondern dass sie von ihnen total manipuliert und beherrscht wurde.

Adrian und ich sprachen vom Heiraten, aber sie schob die Verlobung immer wieder hinaus. Normalerweise sind es die Männer, die sich so verhalten, aber bei uns war es anders. Es tat weh, weil ich sie wirklich liebte und mit ihr verheiratet sein wollte.

Eines schönen Tages ritt ich meine jungen Pferde, als der Prediger Dave Edwards vorbeikam. Prediger Dave hatte in Bozeman eine kleine Baptistenkirche gegründet, die sich besonders an die Cowboys wandte, und Adrian und ich hatten uns mit ihm angefreundet. Er wollte mit mir und Adrian über unser Zusammenleben sprechen. Wie er sagte, mochte er uns beide, und deshalb fand er, wir sollten ans Heiraten denken, weil das Zusammenleben ohne Ehering nicht in Ordnung sei. Er wusste, dass wir beide anders erzogen waren.

Prediger Dave muss Recht gehabt haben, denn nachdem er uns auf die Spur gebracht hatte, fingen Adrian und ich an, über Heirat zu sprechen. Die nächsten paar Tage sprachen wir weiter darüber. Adrian wollte keine reguläre Hochzeit, sie wollte keine große Sache daraus machen. Ich vermutete eher, dass sie Angst hatte, ihre Leute würden wütend sein und nicht kommen. Sie wollte nicht einmal von Prediger Dave getraut werden. Ein Friedensrichter wäre ihr am liebsten, sagte sie.

Ich war sehr enttäuscht. Mir hatte eine große Hochzeit mit allem Drum und Dran vorgeschwebt. Ich war so stolz auf sie, alle meine Freunde sollten kommen und mein Glück mit mir teilen. Andererseits – wenn es mit der Hochzeit überhaupt klappen sollte, dann nur so, wie sie es wollte.

Wir besorgten uns die amtliche Heiratserlaubnis, und eines Tages beschlossen wir, ins Broadwater County zu fahren, in die Nähe ihrer Eltern, und uns vom dortigen Friedensrichter trauen zu lassen.

Adrian rief ihre Eltern an und sagte: „Wir wollen uns jetzt trauen lassen und würden uns freuen, wenn ihr dabei wärt." Mit dem Auto wären sie in einer Viertelstunde beim Friedensrichter gewesen, aber sie weigerten sich zu kommen. Das traf Adrian tief. Wir fuhren in die Stadt, und Adrian weinte die ganze Zeit. Ich sagte: „Adrian, wenn du nicht willst, kehren wir um und vergessen das Ganze. Wir fahren einfach wieder zurück und heiraten nicht."

Sie schüttelte den Kopf. „Nein, fahr weiter. Wir müssen es tun. Fahr weiter."

Der Himmel mag wissen, warum ich nicht umkehrte. Vielleicht weil ich den Eindruck hatte, dass Adrian mit siebenundzwanzig endlich beschlossen hatte, ihr Leben selbst in die Hand zu nehmen und eine Entscheidung ohne ihre Eltern zu treffen.

Adrian weinte immer noch. Ich fühlte mich ebenfalls scheußlich, aber wir standen die Zeremonie durch. Der Friedensrichter waltete seines Amtes, und ein paar völlig Fremde fungierten als Trauzeugen.

Auch von meiner Familie war keiner da. Betsy Shirley, meine Pflegemutter, die mit mir einige harte Zeiten erlebt hatte, war sehr enttäuscht. Als ich sie anrief und berichtete, was geschehen war, sagte sie, dass sie Verständnis dafür hätte, dass es für sie aber etwas Besonderes gewesen wäre, bei der Hochzeit dabei zu sein.

Danach wollte Adrian zu ihren Eltern fahren und eine Minute mit ihnen reden. Es war so ungefähr das Letzte, was ich mir gewünscht hätte, aber ich wollte meine Braut glücklich sehen.

Man hätte meinen können, ich hätte einen Mord begangen. Die Logans behandelten mich wie einen Verbrecher. Anstatt sich für ihre Tochter zu freuen, benahmen sie sich, als ob jemand gestorben wäre. Es war wie ein Begräbnis, totenstill.

Ich war selbstständig und auf dem Weg zum Erfolg. Ich war nichts und niemandem etwas schuldig, und ich liebte ihre Tochter bis zum Wahnsinn, aber das war ihnen nicht genug. Sie hatten ihre eigenen Pläne mit ihr.

Adrian war einmal eine Zeitlang mit dem Staatssekretär von Montana zusammen gewesen, der als der kommende Gouverneur gehandelt wurde, bis er bei einem Flugzeugunglück ums Leben kam. Adrian hatte schon vorher mit ihm Schluss gemacht, aber das änderte nichts an der Enttäuschung ihrer Eltern, dass ihre Tochter nun einen Cowboy geheiratet hatte. Vermutlich sahen sie Adrian immer noch als zukünftige First Lady von Montana.

Als Adrian hinausging zum Wagen, hielt Pete mich zurück. Mit einem eher widerwilligen Handschlag sagte er: „Du machst das besser richtig, oder ich bring' dich um."

Der Besuch bei ihren Eltern hatte seinen Zweck erfüllt. Zehn Minuten nach unserer Trauung hatte Adrian schon das Gefühl, einen Fehler gemacht zu haben. Ich meinerseits glaubte, wenn sie erst einmal verstehen würde, wie sehr ich sie liebte, und dass sie im biblischen Sinn ihr Elternhaus verlassen und jemand anderem angehören sollte, dann würde schon alles in Ordnung kommen.

Aber es kam nie in Ordnung. Adrian und ich kamen gut miteinander aus. Wir stritten uns nicht, aber es wurde nicht wirklich besser. Ich habe den Verdacht, dass Adrian immer daran dachte, mich zu verlassen. Tatsache war, dass ihre Eltern dies wollten. Viele Jahre später fand ich heraus, dass sie selbst nach unserer Heirat Adrian zugeredet hatten, sich mit einem anderen Mann zu treffen.

Soweit ich weiß, ist sie nicht mit ihm ausgegangen, aber versucht hatten sie es auf jeden Fall. Wir verbrachten immer Urlaubstage in ihrem Haus, und an einem Ostermorgen erwähnte Leslie, Adrians Schwester, die aus Texas zu Besuch gekommen war, den Namen des Mannes. Sämtliche Logans fingen an, über seine Aussichten als nächster Gouverneur von Montana zu reden, was sie auf weitere Freunde in Adrians Vergangenheit brachte. Ich versuchte, gute Miene zum bösen Spiel zu machen, aber ich fand das Thema unpassend in meiner Gegenwart.

Als Pete sagte, man könne mich nicht mit dem Politiker vergleichen, ging mir der Gaul durch. „Na schön", sagte ich wütend. „Eines sage ich euch: Ich halte den Vergleich mit ihm und jedem anderen aus, denn ich bin ein guter Mann. Ich versuche, anderen ein gutes Beispiel zu geben, und ich denke, ich bin ein guter Mensch, und ihr könnt zur Hölle fahren." Das war das erste Mal, dass ich Front gegen Adrians Vater gemacht hatte. Ich stand auf und sagte zu Adrian, sie könne dableiben, wenn sie wolle, ich jedenfalls ginge jetzt nach Hause.

Die Logans entschuldigten sich zwar nicht gerade, aber sie baten mich zu bleiben, und ich beruhigte mich so weit, dass ich fertig frühstücken konnte. Es wurde nicht mehr viel gesprochen, aber als wir fertig waren, fuhr ich ab. Ohne Adrian. Sie sagte, sie würde in ein paar Tagen nachkommen, und so war ein für allemal klar, wem ihre Loyalität galt.

Adrian kam tatsächlich zwei oder drei Tage später zurück. Wir stolperten durch die nächsten paar Jahre und hatten durchaus auch unsere guten Zeiten. Adrian machte es Spaß, junge Pferde zu reiten und mir zu helfen, und das Geschäft ging immer besser. Ich gab regelmäßig Kurse und hatte eine Menge Pferde zum Anreiten und Ausbilden da. Wir kauften zwanzig Acre Land und einen extrabreiten Wohnwagen, der an einem hübschen Platz in der Nähe von Belgrade stand. Es war das erste Mal in meinem Leben, dass mir etwas Nennenswertes gehörte. Zugegeben, es war nur ein Wohnwagen, aber er war brandneu und verglichen mit den Baracken, in denen ich vorher gelebt hatte, das reinste Luxushotel.

Monatelang ritt ich Pferde an wie ein Verrückter. Ich ritt jeden Tag fünfzehn Stück, bis unser kleiner Besitz abbezahlt war.

* * *

Nur eine Woche nach dieser letzten Ratenzahlung galoppierten Adrian und ich gemächlich im ruhigen Galopp um eine Bahn, die wir rund um unser kleines Stück Himmelreich angelegt hatten. Es war der 18. Oktober 1987. Ich hatte mein Pferd für eine Verschnaufpause angehalten und genoss den orangeroten Sonnenuntergang über den Tobacco Root Mountains. Später wollten Adrian und ich mit Allan und Jood, Besuch aus Kalifornien, zu Abend essen. Ich wollte mein Pferd gerade wegstellen und mit der Abendfütterung anfangen.

Wenn man Hunderte von Pferden geritten hat, kennt man das Geräusch der Hufschläge. Ich wusste, wie sie sich anzuhören hatten, und die hinter mir hörten sich nicht so an, wie es sich gehörte. Ich drehte mich um und sah gerade noch, wie Adrian und ihr Wallach Rooster zu Boden gingen. Sie fielen wie in Zeitlupe, und ich war schon am Laufen, bevor Adrian am Boden aufprallte.

Aus irgendeinem Grund streckte sie nicht die Arme aus, um den Sturz abzufangen. Sie schlug hart mit dem Kopf auf.

Als ich sie erreichte, war sie bewusstlos. Sie atmete nicht, und ihr Herz hatte aufgehört zu schlagen.

Ich schrie um Hilfe, und Jood kam aus dem Stall gelaufen. Sie kannte sich zum Glück mit Erster Hilfe aus, und während sie sich um Adrian bemühte, rannte ich ins Haus und rief den Notarzt.

Das örtliche Krankenhaus arrangierte einen Flug zum Traumazentrum in Billings, aber die Ärzte hatten kaum Hoffnung, dass Adrian dort lebend ankommen würde. Sie hatte Blutungen in neunzig Prozent ihres Gehirns, und selbst wenn sie den Flug überlebte, würden sie die Schwellungen wahrscheinlich innerhalb von ein, zwei Tagen umbringen.

Adrian lag in tiefem Koma und wurde künstlich beatmet. Sie war auf Ebene acht, wie die Ärzte sagen, das heißt, sie zeigte keinerlei Reaktionen. Der Neurologe nahm kein Blatt vor den Mund. Mehrfach erklärte er mir: „Ich kann Ihnen nichts Gutes sagen. Ich kann Ihnen nicht mal sagen, ob sie es überleben wird. Genau genommen bin ich überrascht, dass sie es so lange geschafft hat."

Die nächsten sieben Wochen verbrachte ich an Adrians Bett. In der ersten Zeit schlief ich in meinen Kleidern in ihrem Krankenzimmer und dann in Billings auf der Wohnzimmercouch der Tochter eines Freundes aus Belgrade.

Meine Versicherung reichte nicht aus, um all die Arztrechnungen zu bezahlen. Dazu hatte ich noch andere Ausgaben. Da ich nicht arbeitete, kam auch nichts herein. Als mir das Geld ausging, veranstalteten Tom Dorrance und ein paar meiner kalifornischen Freunde in Malibu einen Benefiz-Kurs zu meinen Gunsten. Mit diesem Geld bestritt ich meinen Lebensunterhalt, während ich bei Adrian im Krankenhaus war.

Es war ein furchtbares Gefühl. Adrian fehlte mir ganz schrecklich, aber ich konnte nicht mit ihr sprechen. Es gab nichts, was ich für sie tun konnte. Es war das gleiche Gefühl der Hilflosigkeit wie damals, als meine Mutter starb, und es erlaubte mir eine leise Ahnung davon, wie mein Vater sich gefühlt haben mochte.

Auch die Logans verbrachten sehr viel Zeit im Krankenhaus. Ihre wunderbare Tochter war verletzt, und da ihr Zorn wohl irgendeine Zielscheibe brauchte, richtete er sich gegen mich. Mir war nicht ganz klar, ob sie mir die Schuld an dem Unfall gaben oder mich einfach dafür hassten, dass ich Adrian geheiratet und ihnen weggenommen hatte.

Sie machten aus ihrem Herzen keine Mördergrube. Wenn ich ins Zimmer kam, sah Audrey auf und sagte: „Was willst du denn hier? Sie wollte nie mit dir verheiratet sein."

Das war natürlich nicht wahr, aber mir war das damals egal. Alles, was zählte, war, dass Adrian gesund wurde.

Wochen vergingen, und ich saß jeden Tag bei Adrian. Wenn ich nicht neben ihrem Bett saß, mit ihr redete und versuchte, einen Kontakt herzustellen, war ich in der Krankenhaus-Kapelle und betete, wie ich nie zuvor gebetet hatte. Verzweiflung macht religiös. Sieben Wochen vergingen ohne das leiseste Zeichen einer Besserung. Es schien keine Hoffnung mehr zu geben.

Die ganze Zeit kamen Leute vorbei, um mir zu sagen, wie gern sie mich hatten und wie sehr sie sich um mich sorgten. Sie waren mir eine große Stütze. Allan und Jood und Prediger Dave waren da. Chas Weldon, der Sattelmacher, kam, ebenso wie Bob Mulkey und meine Freunde Bob Potts und Greg Eliel. Caroline Hunt rief an, die Familie Dorrance rief an. Ich war nicht allein, aber sehr einsam.

Ich war im Wartezimmer des Krankenhauses, als ein Anruf von Jeff kam. Als wir uns zuletzt gesehen hatten, hätte ich ihm am liebsten die Seele aus dem Leib geprügelt, weil er in meinen Augen unsere Freundschaft verraten hatte. Wahrscheinlich war es ihm ähnlich ergangen. Ich kann nur vermuten, was ihn der Entschluss gekostet haben mag, mich anzurufen, nachdem er von Adrians Unfall gehört hatte. Er rief an, und ich war dankbar dafür. Wir sprachen ein bisschen, und ein paar Tage später besuchte er mich im Krankenhaus. Eine Menge von dem, was früher so wichtig gewesen war, bedeutete nun gar nichts mehr. Es war sinnlos, Bitterkeit und Groll weiter zu pflegen. Jeff und ich verbrachten viel Zeit miteinander und erneuerten unsere Freundschaft. Uns war beiden bewusst, dass der Grund, warum unsere Freundschaft zerbrochen war, nun der Grund war, warum wir wieder Freunde waren.

Betsy ging selten zu Adrian hinein. Sie hatte das Gefühl, dass Petes und Audreys Zorn sich auch gegen sie richtete, und sei es nur, weil sie meine Pflegemutter war. Sie wartete in der Eingangshalle oder im Wartezimmer auf mich. Wenn ich zum Atemholen ein paar Minuten herauskam, nahm sie mich tröstend in die Arme. Betsy war damals fast siebzig, und die Tage im Krankenhaus zehrten auch an ihr.

In der achten Woche kam Jood um neun Uhr abends, um mich abzulösen. Ich hatte alle Kraft und Hoffnung verloren, und während Jood bei Adrian blieb, ging ich in die Kapelle. Ich kniete nieder und sagte: „Gott, du hast mir lange zugehört, und ich habe alles gegeben, was ich hatte. Ich glaube, ich bin aufgebraucht. Es ist nichts mehr übrig. Ich bitte dich nur um eines: dass du ihr – uns – eine Chance gibst, unser früheres Leben wieder aufzunehmen und dass ich mit meiner Frau – meiner Freundin – wieder reden kann. Ich weiß nicht, ob du wirklich Zeichen gibst, aber jetzt brauche ich eines."

Lange saß ich da, bedauerte mich selbst und fühlte mich einsam. Etwas schuldbewusst, weil ich versucht hatte, Gott vorzuschreiben, was er meiner Meinung nach tun sollte, ging ich dann wieder zurück in Adrians Zimmer.

Als ich hereinkam, sah Jood auf und fragte: „Wo warst du vor zwei Minuten?"

„Unten in der Kapelle", antwortete ich. „Ich habe gebetet und Gott angefleht, uns eine Chance zu geben."

„Na, da hast du deine Chance", sagte Jood. „Vor zwei Minuten hat Adrian die Augen aufgemacht und meine Hand gedrückt. Sie hat mich nicht angesehen, aber ihre Augen waren offen."

* * *

Adrian kam langsam wieder zu sich. Sie nahm einiges wahr, aber auf einer sehr niedrigen Ebene. Mich erkannte sie anfangs nicht. Eine Ärztin namens Morstad schlug vor, ich solle nach Hause gehen und ihren Trauring holen. Vielleicht würde es Adrian helfen, sich zu erinnern, dass sie mit mir verheiratet war. Ich wollte das Krankenhaus nicht verlassen, deshalb bat ich einen Freund, den Ring zu holen, und steckte ihn Adrian an den Finger.

Wenn die Logans kamen, ließ ich sie mit ihrer Tochter allein, damit sie ungestört mit ihr reden konnten. Sie sagten ihr, dass sie mich nicht liebe und es ein Fehler gewesen sei, mich zu heiraten.

Und weil Adrians Eltern in ihrem Langzeitgedächtnis verankert waren, erkannte sie sie viel früher als mich. Für sie war ich der freundliche junge Mann, der sie im Krankenhaus zu den verschiedenen Therapien begleitete, sie aufmunterte, ihr in den Rollstuhl half und wieder heraus und sie jeden Abend ins Bett brachte. Dass ich ihr Mann war, wusste sie immer noch nicht, deshalb war ich keine große Konkurrenz für ihre Eltern.

Die Ärzte hatten uns angewiesen, Adrian nicht in die Situation einer erwachsenen Frau zu bringen oder von ihr das Denkvermögen einer Erwachsenen zu erwarten. Für mich hieß dies kurz gesagt, dass ich keinerlei Anforderungen an unsere Beziehung stellen sollte. Sie wussten sehr gut, dass Pete und Audrey versuchten, Adrian gegen mich einzunehmen, und obwohl die Ärzte davon abrieten, hörten die Logans nicht auf sie. Als Adrian aus dem Koma erwachte, war sie wie ein kleines Kind, was den Logans zu gefallen schien. Ihr kleines Mädchen zu manipulieren war viel einfacher, als die erwachsene Frau, die beschlossen hatte, einen Cowboy wie mich zu heiraten, von ihrem Weg abzubringen. Sie wollten ihre Tochter wieder zuhause haben, und dies war die Gelegenheit, sie von mir loszubringen.

Vor dem Unfall hatte Adrian nie geflucht, nie obszöne Ausdrücke benutzt, aber als sie aus dem Koma zu sich kam, konnte sie jedem Trucker die Schamröte ins Gesicht treiben. Ihr Heilprozess war nicht wie im Film, wo jemand aus dem Koma erwacht und den oder die Liebste innig umarmt, kurz bevor die Liste der Schauspieler und sonstigen Beteiligten abrollt. Wenn Adrian nicht kreischte und fluchte, war sie wie ein wildes Tier, unsinnige Worte brüllend. Es hörte sich an, als ob mehrere Tonbänder gleichzeitig abgespielt würden, als ob Tausende Wörter gleichzeitig aus ihrem Mund sprudelten. So ungefähr alle dreißig Sekunden konnte ich ein Wort erkennen. Adrian war im Kopf so verwirrt, dass es schien, als sei sie vom Teufel besessen.

Schmerz und Verzweiflung darüber, dass ich, der Ehepartner, unverletzt geblieben war, ließen mich an meiner eigenen geistigen Gesundheit zweifeln. Ich wäre lieber tot gewesen als zusehen zu müssen, was Adrian durchmachte. Nur zu gern hätte ich mit ihr getauscht. Und ich wusste, wenn es mir möglich gewesen wäre zu tauschen, wäre ich nicht allein gewesen. Meine Freunde und meine Familie wären für mich da gewesen.

Adrian verbrachte fast drei Monate in der Reha. Minute für Minute, Tag für Tag wurde es besser. Sie hatte ein volles Programm. Jeden Tag ging sie von der Beschäftigungstherapie zur Physiotherapie und zur Sprachtherapie. Ich schob sie im Rollstuhl zu jeder Sitzung. Wenn ich den Therapeuten irgendwie behilflich sein konnte, machte ich mit. Manchmal gab ich den Clown und manchmal den Therapeuten. Die Ärzte wollten, dass ich mich so viel wie möglich beteiligte, damit sie sich wieder an mich erinnern konnte und an das, was wir waren.

Es war nicht leicht. Wenn Sie jemanden ansehen, den Sie sehr lieben, die beste Freundin, und sie kann schließlich wieder sprechen, und ihre Stimme klingt wie früher, als sei nichts geschehen, und Sie sehen ihr in die Augen und sehen Hass, und wenn sie Sie ansieht und sagt: „Ich hasse dich, ich wollte, du kämst nie, nie mehr wieder", dann ist das hart. Und wenn sie einen Augenblick später sagt: „Ich liebe dich so sehr. Gott sei Dank, dass du hier bist. Ohne dich könnte ich nicht leben", dann ist auch das hart.

Während der ganzen Zeit in der Reha versuchten ihre Eltern, Adrian zu überzeugen, dass sie mit ihnen nach Hause gehen sollte statt mit mir. Sie wussten, warum der Trauring wieder an ihrem Finger steckte, und wollten verhindern, dass sie sich an die Heirat mit mir erinnerte. Und da der Ring den Logans nichts bedeutete, überredeten sie Adrians Schwester Leslie, ihn abzuziehen.

Als ich bemerkte, dass der Ring fehlte, waren Leslie und ihre Eltern bereits wieder zurück in das Apartment gegangen, das sie in Billings gemietet hatten. Ich wusste, was geschehen war. Ich ging zum Apartment, und als Leslie an die Tür kam, fragte ich: „Wo ist Adrians Ring?"

Sie sagte: „Ich habe keine Ahnung, wovon du sprichst."

„Ich will ihren Ring haben, und zwar jetzt", sagte ich. Ich wusste, dass sie log.

Leslie wusste, dass sie in der Falle saß. „Ich gebe ihn dir aber nicht."

Pete und Audrey kamen an die Tür. Ich wusste, dass Pete eine Pistole in der Jackentasche hatte; er hatte es mir selbst gesagt. Er hatte nun die Hand daran.

Ich sah ihn an, und der Zorn überwältigte mich. „Du ziehst diese Pistole besser nicht aus der Tasche, wenn du sie nicht auch benutzen willst, weil ich sie dir sonst in den Hintern stecke."

Audrey sprang vor ihren Mann und schob ihn zurück in den Gang. „Pete, nicht!"

„Besser nicht, Pete", sagte auch ich. Dann drehte ich mich zu Leslie um. „Das ist nicht das Ende", sagte ich und ging.

Ein paar Tage später verließ Adrian das Krankenhaus. Sie verließ auch mich. Am Tag des Unfalls waren wir uns so nahe gewesen wie nur je, aber der Mensch, der sie vor dem Sturz gewesen war, existierte nicht mehr. Während ihrer langsamen Erholung hatten wir uns aneinander geklammert und alles gemeinsam durchgestanden, all die schweren und die noch schwereren Zeiten. Sie hatte sich großartig gehalten, aber es war nicht genug.

Trotzdem sagte sie, als ich ihr ins Auto ihrer Eltern half: „Ich geh nur nach Hause, um ganz gesund zu werden."

Vielleicht glaubte sie wirklich, sie würde zu mir zurückkommen, aber ich erwiderte: „Adrian, du bist nicht für das verantwortlich, was du jetzt sagst. Du verstehst es gar nicht. Ich weiß, dass deine Eltern dich nie weglassen werden. In ein paar Tagen haben sie dich davon überzeugt, dass ich eine Art Ungeheuer bin. Das ist wahrscheinlich das letzte Mal, dass ich dir sagen kann: Ich liebe dich, und es ist wahrscheinlich auch das letzte Mal, dass wir uns überhaupt sehen."

Eine Woche später reichte sie die Scheidung ein. Ich verlor alles. Unser Haus und die zwanzig Acre, der Stall und die Pferche, die ich gebaut hatte – alles weg. Meine paar Aktivposten wurden den Logans zugeschlagen.

Ich hatte kein Geld, aber meine Rechnungen waren bezahlt, und mir blieb ein wenig Zeit, bevor die Scheidung durch war und ich aus dem Haus musste. Meine Reaktion bestand darin, dass ich mich verkroch. Ich blieb im Haus, die Tür verschlossen, die Jalousien heruntergelassen, sah fern und trank Kaffee. Ich redete mit niemandem.

Nach zwei Monaten dieser Trauerarbeit wachte ich eines Morgens auf und sah einen Sonnenaufgang in denselben Farben wie der Sonnenuntergang an jenem 18. Oktober. Ich stand auf, ging ein letztes Mal zu meinem Round Pen und setzte mich auf ein Pferd. Mit der Sonne stiegen auch meine Lebensgeister. Es war Zeit, wieder zu leben.

Ich verließ diesen Teil meines Lebens in einem Pickup mit Pferdeanhänger. Den Frühling verbrachte ich zum größten Teil mit Jeff und seinem Dad und einigen meiner Freunde von der Flying D Ranch, mit Herumhängen und mit Rinder sortieren und brennen. Ich gab ein paar Kurse, was mich einen Teil der Zeit auf Trab hielt, aber ich hatte kein wirkliches Ziel vor Augen, bis ich im Spätsommer im Pologestüt von Jorie Butler Kent anfing.

Später in diesem Jahr erhielt ich einen Brief von Adrian. Sie klang, als sei nicht das Geringste geschehen. Als hätte die Scheidung von ihr mich nicht finanziell ruiniert, hätte mir nicht alles genommen, für das ich je gearbeitet hatte. Sie sagte es nicht ausdrücklich, aber zwischen den Zeilen war zu lesen, dass sie die Dinge wieder ins Lot bringen wollte. Sie schrieb, sie würde sich freuen, von mir zu hören, aber es war zu spät. Dieses Kapitel meines Lebens war endgültig abgeschlossen.

Sozialhilfe

Eines der interessantesten und wichtigsten Pferde meines Lebens war Bif.

Er trat im Sommer 1988 in mein Leben. Das Ende meiner ersten Ehe hatte mich in tiefe Verzweiflung gestürzt, und ich war seit Monaten auf der Suche nach etwas, das mich retten könnte. Als ich jedoch mit Bif zu arbeiten begann, hellten sich die Dinge auf. Er war ein wichtiger Wendepunkt in meinem Leben und ich todsicher in seinem.

Bif war gefährlich im Umgang – seine Hufe waren tödlich –, und deshalb musste ich in die Arbeit mit ihm sehr viel einbringen, nicht um Erfolg zu haben, sondern um zu überleben. Damals war es schwer vorstellbar, aber Bif war tatsächlich ein Geschenk für mich, alles Teil des Heilungsprozesses. Außerdem galt es, die Gültigkeit der Trainingsmethode, für die ich allmählich stand, zu beweisen.

Ich nannte ihn Bif nach dem Racheengel in *Zurück in die Zukunft*, einem damals sehr bekannten Film. Der Bif im Film war groß, stark und brutal (Bif war außerdem eine Abkürzung für *Big Ignorant Fool*, großer, dummer Tölpel, was meine Freunde aufbrachten, als ich mit ihm zu arbeiten begann).

Bif kam aus einem Zucht- und Aufzuchtstall am Madison River in Montana, bekannt für besonders starrköpfige Pferde, mit denen nicht leicht umzugehen war. Pferde mit diesem Brand galten unter den Leuten, die sie kannten und Pferde für Rodeos suchten, als ziemlich sichere Aspiranten für wildes Bocken, so etwas wie ein todsicherer Gewinn bei einem Rodeo.

Ich arbeitete damals auf der anderen Seite des Flusses

und hatte die Herden des Gestüts mehrere Wochen beobachtet. Bif fiel aus dem üblichen Rahmen. Er war ein großer Fuchswallach, ein Quarter Horse, aber im Vollbluttyp, und er schien schon etwas älter zu sein – vier, vielleicht fünf Jahre alt. Ich brauchte einen guten Wallach für meine Seminare, also ritt ich eines Tages hinüber, um ihn mir aus der Nähe anzusehen.

Das Pferd hatte einen Kopf, den nur eine Mutter schön finden konnte, und das auch nur, wenn sie sich Mühe gab. Ich konnte sehen, dass er ganz schön verschreckt war und ziemliche Angst hatte. Und ich wusste auch, warum.

Die Leute, denen er gehörte, hatten ihre eigene Methode, Pferde halfterzahm zu machen. Sie stellten sie in eine enge Box und streiften ihnen irgendwie ein Halfter über. Solange es Fohlen waren, war dies nicht allzu schwierig, besonders in Boxen, die nur 3 × 3 m groß waren. Darin blieben sie ohne Wasser und Futter manchmal über längere Zeit angebunden stehen. Kein Wunder, dass sich die jungen Pferde bereitwillig zur Tränke oder zum Fluss führen ließen, wenn man sie endlich losband.

Die Leute hatten die besten Absichten, aber es war eine rohe Aktion, und was dann kam, war noch schlimmer. Anstatt dem Pferd beizubringen, auf Druck zu weichen, zog einer am Kopf und ein anderer prügelte von hinten auf das Pferd ein. Sie dachten, auf diese Weise würde das Pferd Wasser mit Führen in Verbindung bringen. Keine Ahnung, wer sich das ausgedacht hatte, die Logik war jedenfalls nicht ganz ersichtlich, ganz abgesehen davon, dass es äußerst unfreundlich war.

Sie können sich vorstellen, was dabei herauskam. Manche Pferde hielten den Druck nicht aus, und wenn sie sich loszureißen versuchten, überschlugen sie sich nach hinten. Mit angelegten Ohren schlugen und bissen sie nach dem Strick.

Leider ist diese primitive Methode immer noch üblich. Die Pferde werden brutal geknechtet, daher rührt die schlechte Reputation von „Cowboys".

Buck und Bif

Auch Bif hatte das Führen auf diese Weise „gelernt". Außerdem war er in dieser Zeit auch gebrannt und kastriert worden. Alles, was man mit ihm gemacht hatte, war negativ gewesen, und was ihn betraf, waren die Menschen seine Feinde. Aber Bif war ein Überlebenskünstler. Er gab nicht nach, und statt mit ihm zu arbeiten, stellten die Pferdehändler ihn einfach für lange Zeit auf die Koppel. Das war eine ganz schlechte Idee, denn nun konnten sich die negativen Erfahrungen, die Bif mit Menschen gemacht hatte, so richtig festsetzen.

In dieser Verfassung kam Bif von der Koppel, als ich ihn kennenlernte. Man konnte ihm leicht ansehen, dass er wild entschlossen war, so etwas wie in der Vergangenheit nicht noch einmal mitzumachen. Aber mir gefiel er, und nach einigem Grübeln fasste ich mir ein Herz und kaufte ihn. Ich bezahlte praktisch den Schlachtpreis, die Summe, die er als Hundefutter gebracht hätte.

Bif wurde in einen großen Pferch getrieben, und ich ritt auf meinem Reitpferd hinein und warf ihm das Lasso um den Hals. Ich dachte, ich könnte ihn so in den Anhänger führen, aber da war mir auch noch nicht bewusst, wie wenig halfterführig er in Wirklichkeit war.

Es gab ein geschäftiges Hin und Her, als wir den Anhänger in Position brachten, und ich hielt Bif an dem Seil um den Hals fest. Dann musste ich etwas am Pickup nachsehen und bat jemanden, Bif so lange zu halten. „Nicht ziehen", schärfte ich ihm ein. „Nur das Seil halten, damit es nicht im Dreck hängt." Die Pferche dort waren wirklich sehr schmutzig, knöcheltief Mist und Dreck.

Kaum war ich weg, spürte Bif Druck vom Seil und fiel innerhalb von ungefähr sechzig Sekunden vier Mal nach hinten um. Es war schrecklich. Ich lief zurück und nahm ihm das Seil um den Hals ab. Und dann trieben wir ihn wie eine Kuh ohne Seil in den Anhänger.

Auf der Heimfahrt dachte ich darüber nach, was ich doch für ein Idiot war, mich wieder in ein „Projekt" zu verstricken. Ich konnte mir natürlich kein nettes, einfaches Pferd aussuchen. O nein, ich musste mir mal wieder etwas beweisen.

Zuhause trieb ich Bif in einen Round Pen in der Halle. Für meine Art Arbeit ist ein Round Pen unumgänglich, weil er keine Ecken hat, in denen ein Pferd Schutz und Deckung suchen kann. In einem Round Pen sieht das Pferd, dass es keine Stelle gibt, von der aus es nicht vorwärts gehen kann, keine Stelle, wo es anhalten und Schwung verlieren kann.

Bif blieb unten am westlichen Ende und spazierte in die Lichtbahnen der Abendsonne hinein und wieder hinaus. Ich holte ein Mal tief Luft und ging zu ihm hinein. Ganz harmlos warf ich, ohne den Strick ganz loszulassen, ein Halfter hinter ihm zu Boden, in der Hoffnung, er würde sich in Bewegung setzen und weggehen, was ein Anfang gewesen wäre. Ein in die Enge getriebenes Pferd dreht instinktiv die Hinterhand dem zu, was seine Sicherheit bedroht. Es bleibt stehen und droht auszuschlagen (Hengste machen manchmal auch Front, damit sie beißen und im Steigen mit den Vorderbeinen schlagen können).

Damit ein Pferd diesen Instinkt überwindet, muss man ihm zeigen, dass es sich vorwärtsbewegen kann, ohne gleich einen seiner Verteidigungsmechanismen aufgeben zu müssen. Es muss wissen, dass es den Kopf drehen und mit jedem Auge hinter sich sehen kann. Das Pferd muss Sie sehen können, ohne das Gefühl zu haben, dass Sie ihm nach dem Leben trachten.

Dann geht es darum, dass Ihnen das Pferd die Vorderseite zuwendet. Der erste Schritt besteht darin, dass es den Kopf dreht und Sie ansieht, denn damit driftet die Hinterhand zur Seite, sodass sich die Vorhand Ihnen zuwendet (was wir die Hinterhand verschieben nennen).

Wenn das Pferd Sie ansieht, ist das gleichbedeutend mit einem Motor im Leerlauf. Es präsentiert sich so, dass sein Kopf mögliche Gefahren erkennen kann. Noch haben Sie es nicht auf Ihrer Seite. Es toleriert Sie, hat Sie aber noch nicht angenommen. Ein bisschen, als hätte es immer noch eine Pistole in der Hand, aber sie ist nicht mehr geradewegs auf Sie gerichtet, sondern zielt mehr zu Boden. Sie haben, mit anderen Worten, einen kleinen Hügel erklommen. Das Gebirge liegt noch vor Ihnen, aber für den Anfang war es nicht schlecht.

An diesem Punkt unterschied ich mich für Bif nicht von allen übrigen Menschen. In seinen Augen trachtete ich ihm nach dem Leben, und er war eisern entschlossen, es nicht so weit kommen zu lassen, auch wenn es dafür mich das Leben kosten sollte. Statt von dem Halfter wegzugehen, fing er an, danach auszuschlagen. Dann fing er an, nach mir zu schlagen. Er lief tatsächlich rückwärts auf mich zu und schlug mit beiden Hinterbeinen aus. Ein eindrucksvoller Anblick, besonders so aus der Nähe.

Er schlug nach mir, traf mich nicht und kickte ein paar Latten aus der Umzäunung. Nach einer Weile lagen überall Splitter herum, wie Feuerholz.

Die nächsten neunzig Minuten verbrachte ich damit, das Halfter einzuholen und wieder in Richtung von Bifs Hinterhand zu werfen. Ich wollte, dass er sich vorwärtsbewegte, statt in der Defensive zu verharren. Es dauerte neunzig Minuten, bis er einen einzigen Schritt nach vorn machte.

Nach weiteren eineinhalb Stunden ging Bif ein paar Schritte vorwärts, dann noch ein paar, und dann dauerte es nicht mehr lang, bis ich ihn rundherum treiben konnte. Das soll nicht heißen, dass ich mich ihm nähern konnte. Wenn ich dazu Anstalten machte, versuchte er, mir einen Vorderhuf auf den Kopf zu donnern oder nach mir auszuschlagen. Ein Schmusekätzchen war er immer noch nicht.

Bei der Arbeit mit einem Pferd, besonders mit einem traumatisierten Pferd, werden Sie immer wieder feststellen, dass es einen Gutteil der Zeit darauf verwendet, jeden Kontakt, sowohl körperlich wie mental, zu vermeiden. Wenn Sie es in Bewegung bringen und sich dann mit ihm im Gleichklang bewegen, entsteht allmählich eine Verbindung, wie bei einem Tanz auf Distanz. Trotzdem kann das Pferd misstrauisch bleiben. Wenn die Distanz zwischen Ihnen für das Pferd akzeptabel wird, fangen Sie an, es zu sich her zu ziehen. Das heißt, Sie entfernen sich von ihm, wenn es anfängt, Sie mit den Augen, den Ohren und dem konkaven Rumpf (die Rippenmitte ist von Ihnen weggebogen) anzuerkennen. In diesem Augenblick sind Sie und das Pferd „eins". Je weiter Sie weggehen, desto näher kommt es. Wir nennen es anhaken, an die Angel nehmen, und es ist ein überwältigendes Gefühl. Es ist, als ob Sie das Pferd an einem unsichtbaren Faden führten, und dieser Faden ist unzerreißbar.

An diesem ersten Nachmittag ging ich nach ungefähr vier Stunden im Round Pen tatsächlich zu Bif hin. Damit schaffte ich es, dass er bei mir „anhakte". Er drehte sich zu mir um und ging dann mit gespitzten Ohren auf mich zu. Wir stellten einen positiven körperlichen Kontakt her. Was ich mit Bif machte, war so ähnlich wie das, was Forrest bei unserer ersten Begegnung mit mir gemacht hatte, an dem Tag, als er mir die Wildlederhandschuhe gab. Er drängte mir seine Freundschaft nicht auf. Er behielt eine angenehme Distanz bei, bis ich bereit war, zu ihm zu kommen.

Die Erfahrung erinnerte mich außerdem daran, wie viel Vorbereitung und Bodenarbeit nötig ist, um Pferden – und ihren Besitzern – eine gute Basis zu geben. Die Besitzer müssen lernen, das Ende des Führstricks so zu handhaben, dass sie Vor- und Hinterhand des Pferdes separat verschieben können, ob das Pferd nun vorwärts, rückwärts, nach rechts oder nach links geht. Das Pferd braucht eine gute Längsbiegung, damit es sich auch in der Bewegung nach links oder rechts biegen kann. Wie ausgebildete Tänzer, die sich der Führung des Partners anvertrauen und seine Bewegungen mitmachen, müssen auch Pferde in der Lage sein, sich nach Wunsch zu biegen, mitzugehen und nachzugeben.

Wenn man ein Pferd am Führstrick arbeitet, stellt man vielleicht eine Verspannung oder ein Zögern fest, wenn man eine bestimmte Bewegung, ein bestimmtes Tempo, ein Verschieben der Vor- oder Hinterhand fordert. Dann muss man sich sofort auf diesen Bereich konzentrieren und daran arbeiten, bis es dem Pferd angenehm ist. Dann geht man zu etwas anderem über. Ebenso wichtig: Dadurch, dass Sie dem Pferd mit dem Ende des Führstricks die Richtung weisen, können Sie ihm zeigen, dass es sich nicht angegriffen zu fühlen braucht, dass es sich unbesorgt bewegen kann, ohne das Gefühl, auf der Flucht zu sein. Anstatt von Ihnen wegzugehen, kann es mit Ihnen gehen, mit Ihnen gemeinsam tanzen. Manchmal spielt die Musik schnell, manchmal langsam, aber immer müssen Sie zusammen tanzen.

Solange ich so vorging, wie es Bif angenehm war – das heißt, sehr, sehr behutsam –, konnte ich ihn berühren und streicheln. Eine winzige falsche Bewegung von mir, und er hätte mir den Kopf weggeschlagen oder mich in den Bauch getreten. Aber ich musste ihn anfassen, denn dadurch entsteht die unabdingbare physische und emotionale Bindung zwischen Pferd und Mensch. Ich strich ihm mit der Hand und dem zusammengelegten Strick über den Hals, rubbelte kräftig, wie es Pferde untereinander auf der Koppel tun, und besonders auf die tröstliche, beruhigende Art, wie Stuten die Beziehung zu ihren Fohlen festigen.

Ich rieb ihm auch mit der Hand und mit dem Strick über Rücken und Flanken, was ihm nicht nur guttat, sondern ihn auch auf den Druck vorbereitete, den Sattel und angezogener Gurt ausüben würden.

Als ich Bif später an diesem Abend sattelte, zog er eine Rodeo-Schau ab, wie Sie noch keine gesehen haben. Bei jedem Luftsprung schlugen die Steigbügel über dem Sattel zusammen. Mir war klar, dass ich nicht die geringste Chance hatte, solche Bocksprünge auszusitzen, also versuchte ich erst gar nicht, ihn zu reiten. Ich versuchte nur, ihn ein bisschen an das Gefühl des Sattels zu gewöhnen, bis er ihn einigermaßen duldete; dann sattelte ich ihn ab und brachte ihn in den Stall. Wir hörten mit einem positiven Gefühl auf, und ich wollte, dass er das Ganze erst einmal überschlief.

Die ganze Nacht lag ich wach und grübelte darüber nach, wie ich dem Pferd helfen konnte. Am nächsten Tag machte ich genau das Gleiche. Bif verhielt sich immer noch ziemlich defensiv, aber wir kamen schneller vorwärts, sodass ich schließlich aufsitzen und reiten konnte.

Bif hat unter mir nie gebuckelt. Im Umgang war er eines der tückischsten Pferde, die ich je erlebt habe, aber das kam nur davon, dass ihn diese behaarten Macho-Cowboys am Anfang falsch angefasst hatten. Bei Pferden wie bei Menschen gibt es nur eine Gelegenheit, einen guten ersten Eindruck zu machen, und ihre hatten sie gründlich vermasselt.

Die nächsten paar Jahre nahm ich Bif mit zu meinen Kursen, aber ich musste immer aufpassen, dass niemand meinem Pferdehänger zu nahe kam. Er hätte nach jedem geschlagen, bevor dieser überhaupt realisiert hätte, dass er in Reichweite war. Selbst wenn ich im Sattel saß, mussten andere Menschen auf Distanz bleiben. Bif vertraute mir, aber sonst niemandem. Ich konnte ihn reiten, aber das hatte nichts mit allgemeiner Gutmütigkeit zu tun.

Wenn ich Bif allein oder in einer fremden Umgebung ließ, wieherte er nach mir. Nicht wie ein Pferd, das sich auf sein Futter oder einen Leckerbissen freut, sondern wie ein Pferd, das sich fürchtet und nach seiner Herde, seinem Hort der Sicherheit, ruft. Bif wollte einfach nicht ohne mich sein. Er blubberte mich immer an, und das wurde zu etwas ganz Besonderem zwischen uns.

Viele Meilen zusammen können Dinge verändern, und mit der Zeit kam Bif mit anderen Menschen besser zurecht. Heute, zehn Jahre später, ist er so freundlich, dass niemand ihm seine Vergangenheit mehr ansieht. Er ist mehr oder weniger in Rente. Gelegentlich verwende ich ihn zur Rancharbeit, und manchmal reiten meine fünfjährige Tochter Reata und ich mit ihm aus. Er hat ein gutes Leben gehabt und wird bei uns immer ein Zuhause haben. Er hat ein Herz so groß wie ein Kirchenschiff.

Was ich von Bif über die Arbeit mit Pferden gelernt habe, ist unbezahlbar. Er verkörpert viele Pferde und auch Menschen, die einfach einen schlechten Start ins Leben hatten. Für mich ist er der Beweis, dass man nie aufgeben darf, dass man, selbst wenn man glaubt, sein Leben hinter sich zu haben, immer noch eine Zukunft haben kann.

* * *

Ich reise durchs ganze Land und habe die Gelegenheit, viele verschiedene Menschen zu treffen und viele verschiedene Lebensweisen und Lebensarten zu sehen. Im großen Ganzen bin ich im Augenblick eigentlich recht optimistisch, was Lebensbedingungen angeht. Ich denke an all die Menschen, die Pech haben, keine gute Arbeit finden oder auf Sozialhilfe

Buck demonstriert auf der Verkaufsschau der Dead Horse Ranch in New Mexico, wie ruhig ein Verkaufspferd bleibt, während er sein Lasso schwingt.

angewiesen sind. Zugegeben, manche sind einfach faul und arbeiten nicht, obwohl sie arbeiten könnten. Vielleicht waren die Umstände, unter denen sie aufgewachsen sind, nicht richtig, oder sie gerieten unter den falschen Einfluss. Aber es gibt auch andere Menschen, die nicht faul sind und gern eine gute Arbeit hätten, und für die ist Sozialhilfe ein Segen. Manche hatten einen schlechten Start, beißen sich aber trotzdem durch und haben Erfolg im Leben. Bifs gibt es überall.

Oft werde ich gefragt, was ich von einem Hilfsprogramm für Wildpferde halte, das *Adopt-a-Horse* heißt. Das Thema wurde im Westen, wo viele Leute auf beiden Seiten das Richtige zu tun versuchen, heiß diskutiert.

Niemand will, dass die Wildpferde aus dem Wilden Westen verschwinden. Die Tierschützer, für die sie Teil der Landschaft sind und die sie alle unter Schutz stellen wollen, mit Sicherheit nicht. Auch die meisten Rancher nicht, von denen einige die Pferde einfach für Wildtiere halten. In den Medien wird der Rancher gern als Satan persönlich dargestellt, weil er für die Dezimierung der wilden Herden ist, aber er ist kein schlechter Mensch. Ihm geht es um das Problem der Überweidung; er möchte, dass alle Tiere, seine Kühe eingeschlossen, genug zu fressen haben. Die meisten echten Rancher lieben Pferde, und sie lieben die Freiheit, die die Wildpferde verkörpern. Sie wollen nur nicht, dass die Population so groß wird, dass die Tiere schlussendlich verhungern.

In seiner unendlichen Weisheit und in einem Versuch, das Problem zu lösen, hat das Department of the Interior's Bureau of Land Management (BLM) das Adopt-a-Horse-Programm geschaffen. Regierungsbeamte haben wilde Pferde eingefangen und sie in Einrichtungen gesteckt, die an Konzentrationslager erinnern, wo jeder, der will, hingehen und solch ein Pferd „adoptieren" kann.

Das BLM dachte, damit wären sowohl die Rancher, die eine Lösung für die Überpopulation und die Überweidung suchten, als auch die Aktivisten, meistens Stadtleute, die die Pferde vor dem Schlachter retten wollten, zufrieden gestellt.

Das Programm funktionierte nicht. Wenn unqualifizierte Leute sich ein Pferd, dazu noch ein Wildpferd, kaufen können, bedeutet dies akute Lebensgefahr. Damit ist dem Pferd wie dem Besitzer Unrecht getan. Verletzt das Pferd seinen Besitzer, gibt man dem Tier die Schuld.

Das BLM hat außerdem ein Programm geschaffen, das Häftlingen Gelegenheit gibt, mit gefangenen Wildpferden zu arbeiten. Sie machen sie handzahm und trainieren sie so weit, dass sie reitbar sind. Das ist eine hervorragende Idee. Menschen, die ein Pferd haben wollen, besonders solche ohne Erfahrung mit Pferden, sind so sehr viel sicherer. Die Pferde enden nicht als Hundefutter in Dosen, und die Häftlinge lernen Fähigkeiten, die ihnen nützlich sein können, wenn sie entlassen werden. Auf jeden Fall tun sie etwas, das ihnen ein gutes Gefühl gibt.

Ich habe Hoffnung für diese Wildpferde. Sie sind ein Teil des amerikanischen Westens, den die meisten Menschen nicht missen wollen.

Unterwegs

Meinen ersten Kurs gab ich 1983 in Four Corners, Montana, in einer Reithalle im Besitz von Barbara Parkening, der Frau von Christopher Parkening, dem berühmten klassischen Gitarristen. Sie hatte vier oder fünf ihrer Freundinnen versammelt, die alle zusammen ritten. Ich hatte für Barbaras Schwager Perry ein paar junge Pferde angeritten, und er hatte versucht, mich zu einem Kurs über Horsemanship zu überreden.

Damals machte es mich verlegen, in der Öffentlichkeit Vorträge zu halten. Eine Vorstellung geben war etwas anderes – das bewies meine Karriere als Trick Roper –, aber ich fühlte mich unwohl, wenn ich vor anderen Leuten sprechen sollte. Ich mochte es auch nicht, wenn mir jemand zusah, während ich junge Pferde ritt. Zuschauer machten mich nervös. Soziale Interaktion machte mir Angst. Ich wollte nichts als mit einem Stall voll Pferden allein sein.

Perry machte mir Mut und meinte, ich hätte eine Menge zu geben und würde in der Öffentlichkeit ein gutes Bild abgeben. Ich hatte ihn kennen- und schätzen gelernt und vertraute ihm, deshalb bot ich ihm schließlich einen Handel an: „Also gut", sagte ich. „Ich brauche ungefähr ein Dutzend Leute, damit es sich rentiert. Wenn du alles in die Wege leitest, das Geld einsammelst und die Halle mietest, gebe ich den Kurs." Ich dachte, wenn ich Perry die ganze Verantwortung zuschiebe und mich selbst total heraushalte, verliert er mit Sicherheit die Lust.

Aber so war es nicht. Eine Woche später kam Perry zurück und erklärte, er hätte genügend Kursteilnehmer, hätte das Geld eingesammelt und die Halle gemietet, die ich gewollt hätte.

Nachdem Perry getan hatte, was ich von ihm wollte, musste ich wohl oder übel mein Wort halten. Ich kreuzte also auf und hielt den Kurs ab, aber ehrlich gesagt weiß ich nicht, ob irgendjemand dabei etwas gelernt hat. Ich machte, was viele Leute machen, wenn sie ins Lehrfach gehen: Ich versuchte, möglichst genauso zu klingen wie die Lehrer, die ich gehabt hatte, und ich plapperte Dinge nach, die ich im Verlauf der Jahre gehört hatte.

Ich hatte eben mehr Vertrauen zu meinen Lehrern als zu mir selbst. Wie konnte ich mich selbst als Autorität betrachten, als jemanden, der etwas zu bieten hatte, wenn ich so etwas nie zuvor gemacht hatte?

Als der Kurs vorbei war, stand ein kleiner Araberschimmel immer noch in seinem Hänger. Eine der Teilnehmerinnen hatte ihn mitgebracht, weil sie ihn hier reiten wollte, aber sie bekam ihn nicht aus dem Hänger heraus.

Ich sage den Leuten oft, dass ein Pferd zuerst lernen muss,

Am meisten freut sich Buck, wenn er Kurse mit den Menschen geben kann, die am Anfang seiner Karriere für ihn da waren. Hier fasziniert er die Zuschauer bei einem Kurs in Billings, Montana, der von seinem Freund und Sattler Chas Weldon (rechts) gesponsert wurde.

am Ende eines Führstricks im Freien willig rückwärtszugehen, bevor sie erwarten können, dass sie es ohne Probleme rückwärts aus dem Hänger führen können. Viele Pferde überschlagen sich lieber nach hinten, bevor sie einen Schritt ins Ungewisse wagen. (In den USA werden Western-Pferde in die – niedrigeren – Hänger meist ohne Rampe verladen. Anm. d. Übers.)

Der Araberwallach hatte Angst auszusteigen. Ich tat mein Bestes, damit er zehn Zentimeter zurücktrat, dann dreißig oder vierzig Zentimeter vor und wieder dreißig zurück. Er sollte sich zuerst vertrauensvoll im Hänger vor und zurück bewegen, bevor er hinunterstieg.

Leicht war es nicht, aber schließlich bekam ich ihn aus dem Hänger heraus. Er hatte sich nicht verletzt, aber es hätte leicht etwas passieren können. Dann erklärte ich der Besitzerin, was sie grundlegend falsch gemacht hatte. Statt ihn in den Hänger zu verladen, ohne zu wissen, wie sie ihn wieder heraus bekommen würde, hätte sie ihn zuerst vorsichtig dazu bringen müssen, nur mit den Vorderbeinen ein- und wieder auszusteigen, während die Hinterbeine auf dem Boden blieben. Hätte sie dies einige Male wiederholt, hätte er genügend Vertrauen gehabt, um am Ende der Fahrt auch wieder auszusteigen.

Falls Ihnen jemals der Fehler unterlaufen sollte, ein Pferd zu verladen, das nicht gelernt hat rückwärtszutreten, stellen Sie das Gespann oder den Lkw am besten auf einer Weide ab, lassen die Tür des Hängers offen, schließen das Weidetor und gehen ins Bett. Im Laufe der Nacht kriegt das Pferd den Dreh heraus. Es wird herauskommen. So gehen Sie das geringste Risiko ein.

Oder Sie können, falls Sie nur ein Pferd in einem Zweipferde-Hänger haben, die Zwischenwand herausnehmen. Das ist immer noch ziemlich eng, aber manchmal kann man ein nicht allzu großes Pferd dazu bewegen, sich im Hänger umzudrehen.

* * *

Für viele Leute ist das Verladen von Pferden in einen Hänger so etwas wie eine Operation am offenen Herzen. Sie wissen, es muss sein, aber sie tun alles Erdenkliche, um sich darum zu drücken – nur weil sie nicht verstehen, worum es beim Verladen wirklich geht. Dabei ist es eigentlich ganz einfach: Wenn sich ein Pferd gut führen lässt, wenn es mit Ihnen überall hingeht, lässt es sich auch gut verladen. Es ist ein Akt des Vertrauens zwischen zwei Lebewesen.

Es gibt keine Problempferde, nur Problemmenschen. Buck hat in seinen Kursen mehr als zehntausend Pferde angeritten, und nie ist etwas schief gegangen. Hier arbeitet er in Malibu, Kalifornien, mit einem großen Warmblut.

Vor ein paar Jahren gab mir eine Dame in Kalifornien den Auftrag, mit ihrem Pferd das richtige Verladen zu demonstrieren. Das Pferd wurde von ein paar Leuten in die Arena geführt, wo ich wartete. Dann fuhr jemand den Lkw herein. Ein paar Minuten später tauchte auch die Dame auf, am Steuer eines Rolls-Royce. Sie stieg aus und sagte: „Mr. Brannaman, ich bin die Besitzerin dieses Pferdes, und ich bezahle Sie dafür, dass Sie ihm das Verladen beibringen. Wie ich gehört habe, beträgt Ihr Honorar dafür einhundert Dollar. Aber wenn sich das Pferd ohne größere Schwierigkeiten verladen lässt, kann ich doch wohl einen Rabatt erwarten."

Mir sträubten sich die Nackenhaare. Da fährt diese Frau in einem Zweihunderttausend-Dollar-Auto vor und hat Angst, nicht den vollen Gegenwert für ihre hundert Dollar zu bekommen! (Wenn die Geschichten, die ich über ihre eigenen Verlade-Versuche gehört hatte, stimmten, würde sie nie einen Tierarzt finden, der ihr Pferd für auch nur einen Dollar weniger wieder zusammengeflickt hätte.)

„Ma'am", sagte ich, „wenn Sie am Ende nicht das Gefühl haben, dass es das Geld wert war, brauchen Sie mir gar nichts zu bezahlen."

Ich nahm das Pferd an den Führstrick und schüttelte den Strick gerade so viel, dass es seine Füße ein wenig zurück bewegen sollte. Ich ging so behutsam wie möglich zu Werk und versuchte, ihm das Geschäft schmackhaft zu machen. Als das Pferd nicht wie gewünscht reagierte, setzte ich den Strick etwas heftiger in Bewegung, bis die Schaukelbewegung ihm so unangenehm wurde, dass es zurücktrat. Der Strick hatte ungefähr die Wirkung einer großen Pferdebremse, die ihm um den Kopf schwirrte: Es senkte den Kopf und trat zurück.

Nachdem ich die Grundlage dafür, dass er die Füße bewegte, gelegt hatte, konnte ich ihn so ziemlich überall, wo ich wollte, rückwärts richten. Nach kurzer Zeit trat er am Ende eines 20 m langen Stricks schon sehr nett zurück. Dann ließ ich ihn an der vollen Länge des Stricks rückwärts die Rampe hinauf in den Hänger gehen. Mit dem Hinterteil saß er praktisch auf der Krippe, der Kopf hing zur Hintertür heraus. Zum Schluss brachte ich ihn so weit, dass er mit dem Zurücktreten auf der Höhe des Fahrersitzes im Pickup begann, rückwärts am Pickup und dem Hänger entlang und dann um die Ecke ging und sich selbst – rückwärts – allein in den Hänger verlud.

An diesem Punkt drückte ich der Besitzerin den Führstrick wieder in die Hand. „Jetzt sind Sie dran, Ma'am", sagte ich. „Ich bin mit dem Pferd fertig."

Ihr fielen fast die Augen aus dem Kopf. „Sie haben mein Pferd überhaupt nicht verladen."

„O doch, Ma'am", antwortete ich und drehte mich zu den Zuschauern um. „Hab' ich das Pferd der Dame verladen oder nicht?" Alle bestätigten, dass ich es verladen hätte.

Sie sagte: „Na schön, Sie haben ihn verladen, aber rückwärts."

Ich tat verwirrt und meinte: „Sie haben mir nicht gesagt, wie 'rum Sie ihn verladen haben wollten, wie also hätte ich das wissen sollen?" Damit langte ich in die Tasche und gab ihr ihren Scheck zurück. „Gute Heimfahrt, Ma'am. Ich hoffe für Sie und das Pferd alles Gute."

Das Letzte, was ich am Ende des Tages sah, war das Pferd auf dem Weg aus der Arena heraus, die Kruppe in der Krippe und der Kopf über die Hintertür heraushängend. Als sie aus dem Tor fuhren, wieherte er mir zu, als ob er sagen wollte: „Vielen Dank, war zwar nicht ganz das, was ich erwartet habe, aber ich bin jedenfalls drin."

Soviel ich gehört habe, konnte die Dame ihn von nun an erfolgreich selbst verladen. Zwar immer noch rückwärts, aber jedenfalls verladen.

Erinnert mich ein bisschen an das alte Sprichwort: Vorsicht mit dem Wünschen, du könntest bekommen, was du wolltest.

Das Verladen wäre kein Problem, wenn das Führen keines wäre. Ich wollte, ich bekäme jedes Mal zehn Cent, wenn ich ein Pferd sehe, das entweder seinen Besitzer am Ende eines Führstricks hinter sich herschleift oder selbst geschleift wird. Oder dass man drei Mal linksherum drehen muss, um einmal nach rechts abzuwenden. Man sollte meinen, der oder die Betreffende würde sich zu Tode schämen, aber weit gefehlt. Ich täte es, mit Sicherheit.

Schwierigkeiten beim Verladen treten auf, weil es mit der grundlegenden Bodenarbeit hapert. Ein Pferd, das gelernt hat, sich einem Menschen anzuschließen und seine Füße frei zu bewegen, wird seinem Menschen ruhig und willig überallhin folgen.

Eines noch: Viele Leute führen aus der falschen Position heraus. Sie gehen entweder direkt vor dem Pferd oder hinten auf Hüfthöhe. Beides sind für das Pferd blinde Stellen, an denen es Sie einfach nicht sehen kann. Kein Wunder also, dass es Sie umrennt oder zur Seite schwingt und Sie umstößt. Versuchen Sie, weit genug vorn und seitlich zu sein, dass es Sie sehen kann. Sie sollten in der Lage sein, nach rechts abzuwenden, ohne dass Sie dazu das Pferd umwerfen müssen.

Und apropos Peinlichkeit: Es ist mir unverständlich, warum es Leuten, die ihr Pferd nur von einer Kiste aus aufhalftern oder auftrensen können, nicht unendlich peinlich ist, dies vor Zuschauern zu tun. Jedes Pferd, das den Kopf zum Grasen senken kann – und das kann so ziemlich jedes –, müsste seinen Kopf auch so weit herunternehmen können, dass selbst der kleinste Mensch ihm ein Halfter oder eine Trense anlegen kann.

Aus diesem Grund reibe ich jungen Pferden und auch älteren, die Angst haben, gleich zu Anfang meiner Arbeit immer über den Hals und um den Ohransatz herum. Tröstliche und ermutigende Berührungen am Kopf üben eine große Wirkung aus. Sie mögen es und senken den Kopf für mehr davon, auch wenn Sie ein Halfter oder eine Trense in der Hand halten.

Es fällt mir nicht ein, ihnen einfach ein Gebiss ins Maul zu knallen. So macht man ein Pferd ganz schnell kopfscheu.

Okay, noch etwas zu diesem Thema: Ein Pferd, das nicht stehen bleibt, wenn der Reiter aufsitzen will, zeigt die Mängel im Pferdeverstand seines Reiters auf. Für den Reiter ist es gefährlich, und es zeigt, dass der Reiter die Kontrolle verloren

Bucks kleiner Falbe Cinch hat ihn viele Jahre begleitet und ist fast so berühmt geworden wie Buck selbst. Er genießt heute sein Rentnerdasein auf Bucks Ranch in Sheridan.

hat. Alle meine Pferde stehen, während ich aufsitze, und sie treten erst an, wenn ich sie dazu auffordere, ob andere Pferde sich um sie herum bewegen oder nicht. Meine Pferde hören auf ihren Reiter, und so muss es auch sein.

Meine Pferde laufen auch nicht von mir weg, wenn ich sie in einem Paddock oder auf der Weide frei lasse. Sie bleiben ruhig stehen, während ich das Halfter abnehme, und sie bleiben auch noch stehen, wenn ich weggehe. Das heißt, ich gehe von ihnen weg, nicht andersherum. So kommt es nie dazu, dass sie abdrehen und ausschlagen, und so wird nie jemand verletzt.

* * *

In den Anfängen meiner Karriere als Kursleiter gab ich einmal ein Sommerseminar in Scottsdale, Arizona. Es war mörderisch heiß, weit über 40 °C, und der Staub in der Arena war fein wie Mehl. Heute würde ich Pferde und Menschen keiner solchen Tortur mehr aussetzen, aber damals litten wir alle vor uns hin, auch das Personal in der Arena, das sein Bestes tat, den Boden feucht zu halten.

Die Horsemanship-Gruppe bestand aus etwa 40 Leuten, die auf ihren Pferden im Staub herumtrabten. Die Sonne brannte vom Himmel, und nach ungefähr der Hälfte der Stunde schlug ich vor, ein paar Minuten Pause zu machen.

Einer der Reiter wurde „Polacke" gerufen. Mir war es peinlich, ihn so anzusprechen, aber auf seinen richtigen Namen reagierte er nicht. Er mochte seinen Spitznamen und war offensichtlich stolz auf seine polnische Herkunft. Der Polacke hatte einen kleinen, leicht explosiven Fuchs, so etwas wie eine Granate mit einem Sattel oben drauf.

Als wir beschlossen, Pause zu machen, ritt der Polacke mit den anderen an den Rand der Arena, hielt an der Umzäunung an, legte ein Bein über das Sattelhorn und schob sich den

Hut ins Genick wie der Marlboro-Man in der Zigarettenreklame. Seine Frau reichte ihm einen Plastikkrug mit Wasser und Eiswürfeln.

Als der Polacke den Krug hob und einen großen Schluck Wasser nahm, schlug das Eis gegen den Boden des Krugs. Der junge Fuchs schoss herum und ging durch wie eine Rakete. Der Polacke hatte immer noch das Bein über dem Sattelhorn, den Hut im Genick und den Krug in der Hand, und trotz besseren Wissens und vor lauter Schreck schien er den Krug nicht loslassen zu können. Nachdem ich Ähnliches mit Ayatollah und meiner Jacke erlebt hatte, hatte er mein ganzes Mitgefühl.

Sein Pferd hatte inzwischen Renntempo erreicht, ein roter Strich quer durch die Arena. Schnell schaltete ich das Mikro ein und rief: „Lass den Krug fallen, Polacke, lass ihn fallen! Bitte, lass den Krug *fallen!*" Wieder und wieder rief ich das, während er die Arena hinunterschoss, die ca. 100 m lang und mit einem kräftigen Stahlrohrgestänge abgezäunt war.

Gerade als er bei mir vorbeigeschossen kam, schien ihm ein Licht aufzugehen. Er sah auf seine Hand hinunter, und man konnte ihm ansehen, dass es „klick" gemacht hatte. Er ließ den Krug fallen. Aber sein Pferd lief immer noch volle Pulle, und auch wenn der Polacke den Krug nun fallen gelassen hatte, waren sie inzwischen so dicht an der Umzäunung, dass ich dachte, es wäre alles zu spät.

Es war das erste Jahr mit einem vollen Kursprogramm, und da stand ich nun mitten in einer kochend heißen Arena, überall Staub, und sah meinen ersten schweren Unfall kommen. Während ich mich auf die Katastrophe des Jahrhunderts vorbereitete, verschwanden der Polacke und sein Pferd in einer Staubwolke.

Ein Miniatur-Staubpilz erhob sich über der Arena. Dann, als der Staub sich zu setzen begann, haute es mich fast um. Ich fühlte mich wie so ein Cartoon-Männchen mit gefederten Stielaugen.

Da war der Polacke – immer noch auf dem Pferd, das Bein immer noch über dem Sattelhorn und den Hut im Genick. Sein Pferd hatte einen perfekten Sliding Stop hingelegt und war kaum einen Zentimeter vor der Umzäunung zum Stehen gekommen. Die Spur im Staub war die perfekteste parallele „Elf", die ich seit Langem gesehen hatte.

Der Polacke drehte sich um, sah mich an und sagte: „Juhu!" Ohrenbetäubender Applaus!

Nachdem der Zwischenfall so glimpflich ausgegangen war, lud ich den Polacken ein, weiter teilzunehmen, aber bei dem Glück, das er hatte, brauchte er mich eigentlich nicht. Das Letzte, was ich hörte, war, dass er immer noch am Leben und wohlauf war, irgendwo in Arizona. Ich hoffe, sein Glück hält an.

Viele Leute sagen, Glück wäre ihnen lieber als Können, aber zu denen gehöre ich nicht.

* * *

Mike Thomas, ein Freund, der als Manager der Madison River Cattle Company gearbeitet hatte, bevor er die Winter in Montana satt hatte und hinunter nach Arizona ging, veranstaltete für mich einen Kurs in der Mohawk-Arena in Scottsdale. Es hatten sich ziemlich viele Teilnehmer angemeldet, und zufällig war darunter auch der Manager eines Arabergestüts, das im Jahr zuvor einen Kurs mit mir abgesagt hatte.

Ich gab gerade eine Demo im Verladen mit einer kleinen Appaloosa-Stute. Ich führte sie von meiner linken Schulter aus von rechts nach links und an mir vorbei, während ich still stehen blieb. Als ich erreicht hatte, dass sie sich flüssig bewegte, sich am Führstrick anhalten und rückwärts richten ließ, gingen wir zum Hänger und ich fing mit dem Verladen und wieder Ausladen an.

Jedes Mal ließ ich den Strick ein bisschen länger und blieb weiter weg, sodass zwischen mir und dem Hänger immer mehr Platz blieb. Wenn sie eher auf die Lücke als auf den Hänger zusteuerte, machte ich einen Schritt nach vorn und dirigierte sie hinein. Hätte ich das nicht getan und hätte sie sich daran gewöhnt, zwischen mir und dem Hänger durchzugehen, hätte ich damit auch zugelassen, dass sie mich über den Haufen gerannt hätte.

Nachdem sich die Stute so gut und zuverlässig verladen ließ, arbeitete ich mich zur linken Hinterseite des Hängers vor. Ich ließ den Strick noch länger und bewegte sie in einem Bogen von meiner Rechten nach links. Ich klopfte und streichelte sie, lud sie wieder aus und ließ den Strick noch etwas länger, sodass der Bogen immer weiter wurde. Schließlich stand ich auf der Höhe der Achsräder, wo sie mich beim Einsteigen nicht mehr sehen konnte.

Als ich am Außenspiegel des Pickups angekommen war, musste ich das Halfter durch ein dünnes Nylonseil um den Hals ersetzen. Die Stute war nun voll auf mich konzentriert, und da der Strick jetzt 15 oder 18 Meter lang war, hätte alles, was schwerer war als das Nylonseil, sie veranlasst, sich umzudrehen und mich anzusehen.

Schließlich kamen wir so weit, dass ich im Pickup auf dem Vordersitz sitzen und aus dem Seitenfenster heraus Seil nachlassen konnte. Die Stute ging prompt zum Hänger und stieg ein, was die Kursteilnehmer wirklich zu beeindrucken schien.

Am Ende des Tages kam der Manager des Arabergestüts zu mir. Er war ganz aufgeregt und sagte, er habe einen wertvollen Araberhengst, der sich noch nie habe verladen lassen, und ob ich ihn vielleicht verladen würde.

Ich hatte nicht vergessen, dass der Mann für die Leute arbeitete, die mein Vertrauen missbraucht und mich dadurch in Verlegenheit gebracht hatten, dass sie meinen Kurs abgesagt hatten. Deshalb sagte ich: „Okay, kostet Sie fünfhundert Dollar." Damals verlangte ich hundert Dollar für das Verladen eines Pferdes, und das war meine Art, ihm zu sagen, er solle sich zum Teufel scheren.

Er zuckte nicht mit der Wimper, sondern fragte nur: „Wann können Sie kommen?"

Ich wünschte, ich hätte fünftausend gesagt, aber nun musste ich zu meinem Wort stehen. Einen Tag nach Beendigung des Kurses fuhr ich hinaus zu seinem Gestüt. Für so viel Geld hatte ich gedacht, dass ich mich ziemlich würde anstrengen müssen, den Hengst in den Hänger zu bekommen, aber er ließ sich ohne große Probleme verladen. Ich kriegte ihn letztendlich sogar dazu, dass er, als Deckhengst, frei gelassen neben einer Koppel voller Stuten, von den Stuten weg und in den Hänger ging.

Unter den Zuschauern war ein Gebrauchwagen-Händler aus der näheren Umgebung, der in eine sehr vermögende Familie eingeheiratet hatte. Er gab mächtig an, und ich hörte ihn sagen:

„Ich wette, unser Pferd könnte der Brannaman nicht verladen."

Seine Frau, die an einem meiner Kurse teilgenommen hatte und sich für meine Art Horsemanship interessierte, hielt dagegen: „Gut, mein Schatz, ich wette tausend Dollar, dass er kann." Dann fragte sie mich: „Buck, würden Sie dabei mitmachen?"

Ich packte die Gelegenheit beim Schopf: „Bringen Sie ihn her."

Es handelte sich um einen berühmten Araberhengst, der viele Halfter-Klassen gewonnen hatte und für über eine Million Dollar aus Europa importiert worden war. Damals, als ein Pferd Feuer zeigen musste, um eine Halfter-Klasse zu gewinnen, in der anscheinend Temperament ebenso viel wert war wie korrektes Gebäude, verwechselten viele Trainer und Richter „Feuer" mit Terror. Damit sie den richtigen Ausdruck bekamen, wurden die Pferde manchmal in winzigen Boxen gehalten und im Dunkeln mit Feuerlöschern traktiert, sodass jedes Geräusch einen verängstigten „Ausdruck der Erregung" hervorrief. Ein weiterer beliebter Trick war, das Pferd doppelseitig angebunden ins Wasser zu stellen und im Genick Elektroden zu befestigen, sodass sich die Muskeln verkrampften, wenn der Schalter umgelegt wurde.

Mit dieser Art von Terrortaktik hatten sie das Pferd so weit gebracht, dass es nun eine Gefahr für seine Umgebung war. Seine Box hatte ein doppeltes Sicherheitsschloss, damit niemand aus Versehen hineingehen konnte. Zu beiden Seiten der Box hatte man Laufstege montiert, und um ihn zu mir zu bringen, mussten die Pfleger hinaufklettern und versuchen, ihn mit an langen Stangen montierten Haken am Halfter zu packen. Wenn sie den Hengst mehr oder weniger unter Kontrolle hatten, wurden von beiden Seiten Ketten am Halfter befestigt, an denen er auf einen halb offenen Hänger geschleift wurde: Kein leichter Job, und es dauerte mehrere Stunden.

Am Ziel mussten ihn die Pfleger wieder mithilfe der Ketten in eine kleine Arena bringen, die von einem niedrigen Zaun umgeben war. Als er sich sofort losriss und in der Arena herumraste, sah ich, wie gefährlich er war. Er trug ein Halfter mit einer Kette über dem Nasenrücken, und mir war klar, dass er es schon längere Zeit getragen hatte, denn seine Nase war schrecklich zugerichtet.

Ich ritt auf meinem Reitpferd in die Arena ein. Wäre ich zu Fuß hineingegangen, hätte er mich angegriffen. Meine erste Aufgabe bestand darin, ihm ein Seil um den Hals zu legen, damit ich seine Füße unter Kontrolle halten konnte. Die Umzäunung war so niedrig, dass ich befürchtete, er könnte darüberspringen, wenn ich versuchte, ihm das Seil überzuwerfen, während er in einer Ecke eingeklemmt war. Dabei konnte er sich entweder die Beine brechen oder aber, wenn das Seil danebenging, sich mitten in einer der geschäftigsten Straßen von Scottsdale wiederfinden. Keine besonders anheimeln-

Von seinem Reitpferd Jack aus beantwortet Buck auf einem Kurs Fragen. Er beantwortet alle Fragen, die ihm gestellt werden, manchmal bis weit in den Abend.

den Aussichten. Abgesehen von der Gefahr für das Pferd war ich damals absolut nicht in der Lage, für Fehler meinerseits zu bezahlen.

Nach ungefähr fünfzehn Minuten bewegte sich der Hengst endlich in die Mitte der Arena. Die Roping-Götter müssen mir hold gewesen sein, denn ich konnte ihm das Lasso um den Hals werfen und ihn anhalten. Allerdings musste ich zusehen, dass er am Ende meines 20-m-Seils blieb. Nur ein bisschen näher, und er wäre mir in den Schoß gesprungen.

Ich arbeitete mit ihm, wie ich normalerweise einem Pferd beibringe, sich letzten Endes am durchhängenden Seil führen zu lassen. Ab und zu gab der Hengst nach, sodass das Seil durchhing, aber sobald er Zug fühlte, senkte er den Kopf und schlug um sich, als müsse er einer imaginären Peitsche ausweichen. Er ging sogar auf die Knie, legte den Kopf auf den Boden und schloss die Augen, als ob er einen immer wiederkehrenden Albtraum vergangener Misshandlungen erlebte. Die Vorstellung, was dieses Pferd durchgemacht haben musste, tat weh.

Nach viel Schweiß und Tränen für dieses kleine Pferd konnte ich mich – nach einer Stunde oder noch länger – ihm endlich so weit nähern, dass ich ihm das Halfter abnehmen konnte, ohne gebissen zu werden.

Vom Pferd aus legte ich dem Hengst die Hände über die Nase und rieb sacht über die Stelle, wo er so viele Wochen aufgerieben worden war. Seine Reaktion bestand darin, dass er mir den Kopf auf den Oberschenkel legte und die Augen schloss. So sicher hatte er sich vielleicht nicht mehr gefühlt, seit er bei seiner Mutter gewesen war. Er hatte endlich ein menschliches Wesen gefunden, das sein Freund sein wollte und wusste, wie man das macht.

Nebeneinander gingen mein Pferd und er um die kleine Arena, sein Kopf immer noch in meinem Schoß. Meine Chaps waren salzig vom Schweiß so vieler Pferde, die sich daran gerieben hatten, und als ich anhielt, leckte der Hengst sie liebevoll ab. Es passierte nichts, als ich ihm die Hände ins Maul und um die Lippen legte. Er war nicht in Hab-Acht-Stellung. Er hatte nicht vor, nach mir zu schlagen, mich zu beißen oder auch nur von mir wegzugehen.

Der Araber ließ sich gut führen, deshalb fühlte ich mich nun sicher genug, um abzusteigen und zum Pferdehänger zu gehen. Ich war bereit, mit dem zu beginnen, was mein eigentlicher Auftrag war, obwohl der größte Teil der Arbeit bereits erledigt war.

Das Verladen dauerte nicht lang, denn das Pferd und ich waren Partner geworden. Ich konnte ihn am Schweif in den Hänger steuern. Ich konnte sogar drei Schweifhaare packen und ihn rückwärts aussteigen lassen, ohne ein einziges Haar auszureißen.

Das Pferd wurde so ruhig und entspannt, dass manche unter den Zuschauern befürchteten, so, wie er nun aussah, würde er nie eine Halfter-Klasse gewinnen – ohne diesen „Terror" in den Augen, den manche Leute mit „Feuer" verwechseln. Für mich war es schwer zu verstehen, wie man sich Sorgen machen konnte, weil ein Pferd entspannt war und auch so aussah. Diese Menschen waren mir so fremd wie nur etwas.

Als der kleine Hengst ruhig dastand, mit dem Kopf in meinen Armen, fragte eine Dame, die Besitzerin eines lokalen Arabergestüts: „Buck, nachdem Sie das Pferd nun so weit gebracht haben – wann können wir wieder mit den Peitschen anfangen? Schon morgen, oder sollen wir besser warten bis nächste Woche?"

Sie hatte keine Ahnung, was sie da sagte. Es war das Bizarrste, was ich von einer allem Anschein nach gebildeten Frau je gehört hatte. Wie konnte sie etwas derartig Unkultiviertes sagen?

Ich konnte den Mund nicht halten, nicht nach dem, was das kleine Pferd durchgemacht hatte. „Ein paar von euch können am Sonntag in die Kirche gehen und sich so heilig fühlen wie nur etwas, aber an den anderen sechs Tagen in der Woche seid ihr Pferdequäler und Verbrecher. Ich schäme mich, ein menschliches Wesen zu sein."

Das war aber nicht alles, was mir Sorgen machte. Das kleine Pferd hatte an diesem Tag einen Freund gewonnen. Es war dankbar für das, was ich getan hatte – das wusste ich. Trotzdem ging ich mit einem ganz schlechten Gefühl weg und fragte mich, ob ich nicht das Falsche getan hatte. Einerseits hatte ich ihm geholfen, andererseits aber hatte ich ihm gezeigt, dass es im Leben auch etwas wirklich Gutes gab, etwas, das er immer vermissen würde.

Später erfuhr ich, dass er in sein altes Leben zurückgekehrt war. In dieser Welt der Barbaren war Verteidigung sein einziges Mittel zum Überleben, und das hatte ich ihm vielleicht genommen.

Jahre später habe ich mich noch gefragt, ob er sich an mich erinnerte, an den Cowboy, der nur für ein paar Stunden sein Freund gewesen war.

Man fragt sich, was Pferde wissen und wie tief dieses Wissen geht.

* * *

Mein Schwager Roland Moore ist ein guter Cowboy. Er war mit Elaine, der Tochter der Shirleys, verheiratet und arbeitete als Cowboy auf der Flying D Ranch. Als wir uns kennenlernten, war ich erst zwölf und er schon achtundzwanzig, und wegen des Altersunterschieds konnte man anfangs nicht wirklich von Freundschaft sprechen. Ich sah ihn hin und wieder, aber erst ein paar Jahre später fingen wir an, zusammen zu reiten und mit Vieh zu arbeiten.

Als Forrest und Betsy in Rente gingen, übernahmen Roland und Elaine die Ranch und benannten sie um in Cold

Springs Ranch. Elaine starb 1999, und The Flying D und Spanish Creek wurden an den Medienmogul Ted Turner verkauft, der auf dem Gelände Buffalos züchtete.

Ich hatte angefangen, an High School Rodeos teilzunehmen. Eines Tages ritt ich mit Roland aus. Er betrachtete mein Pferd und sagte: „Weißt du, zwischen einem Rodeo-Cowboy und einem Ranch-Cowboy besteht ein Unterschied. Ranch-Cowboys verwenden bei ihren Pferden keine Stoß- oder Schlaufzügel oder solches Zeug."

Natürlich hatte er Recht. Ich war noch jung und hatte mir nicht klargemacht, dass ein einengender Stoßzügel in rauem Gelände gefährlich werden konnte. Wenn ein Pferd damit ins Stolpern geriet, konnte es den Kopf nicht als Balancierstab benutzen.

Als ich im Winter 1988 in Florida Polo spielte, rief Roland mich an. Er hatte ein neues Pferd gekauft, einen Palomino namens Tony, einen Bruder zu meinem Pferd Bif, der, laut Roland, viel von einem Wildpferd, einem Bronco, hatte. „Er hat mich beim Brennen heruntergebockt. Ich bin auf den Hinterkopf gefallen und habe gedacht, ich hätte mir das Genick gebrochen. Am liebsten würde ich ihn weiterverkaufen. Was hältst du davon?"

Nun war Roland sehr leicht zu durchschauen. Ich wusste, dass er nur von mir hören wollte, die richtige Entscheidung getroffen zu haben, also sagte ich: „Da hast du wahrscheinlich Recht, Roland. So ein Pferd brauchst du wirklich nicht."

Am anderen Ende der Leitung war es eine Weile still, deshalb fragte ich schließlich: „Glaubst du, an dem Pferd war vielleicht doch etwas dran, was du verpasst hast? Dass es etwas gibt, was du bei vielen Pferden verpasst hast und das immer wieder auftaucht, sodass immer wieder das Gleiche passiert und du wieder mal ein Pferd loswerden musst?"

Roland sagte immer noch nichts, also machte ich weiter: „Ach, wenn ich's richtig bedenke, wirst du ihn am besten so schnell wie möglich los und machst dir deshalb keinen Kopf mehr. Wird wahrscheinlich nicht wieder vorkommen." Wir plauderten noch ein wenig, und dann hängte ich ein.

Als ich im Frühjahr nach Montana zurückkam, rief Roland wieder an. „Hey, ich hab' diesen Palomino immer noch. Demnächst gibt's eine Auktion hier in der Stadt, und ich dachte, da lasse ich ihn mitgehen. Aber wenn's dir nichts ausmacht, würde ich gern vorher bei dir vorbeikommen, damit du ihn dir kurz anschaust. Vielleicht könntest du mir sagen, was ich bei ihm verpasst hab'. Und dann seh' ich zu, dass ich ihn loswerde."

Ich sagte Roland, er solle vorbeikommen, und als wir das Pferd sattelten, war ziemlich klar, dass er einiges an grundlegender Bodenarbeit verpasst hatte. Es gab eine Menge, was Tony mit seinen Füßen nicht machen konnte, weil sie nicht frei waren. Deshalb hatte er Schwierigkeiten, die Hinterhand nach rechts zu bewegen. Er hätte sein Gewicht in der Vorwärts- bzw. Rückwärtsbewegung gleichmäßig über alle vier Füße verteilen müssen, konnte dies aber nicht. Diese Bewegungen sind wie Grundschritte beim Tanzen, und ein Pferd lernt sie am Ende eines Führstricks. Kann er sie nicht ausführen, stehen die Chancen gut, dass er jemanden herunterbuckelt.

Ich arbeitete mit Tony eine Weile von meinem Reitpferd aus, bis seine Füße schön frei waren, und dann sagte ich Roland, er solle aufsitzen.

Roland schaute zu mir herüber und verschluckte eine Fliege. „Du weißt schon – letztes Mal hat er mich richtig abgesetzt."

Das kam von einem guten Cowboy, der in einigen der größten Viehbetriebe des Landes gearbeitet hatte. Tony hatte ihn wirklich das Fürchten gelehrt.

Ich sagte: „Roland, deshalb bist du doch hergekommen. Du wolltest es wissen, sonst hättest du Tony nicht so lange behalten. Vertrau mir – ich will doch nicht, dass du dir wehtust."

Ich saß im Mittelpunkt des Round Pen auf meinem Pferd und hielt das Ende des Führstricks. Tony hatte ich so hingestellt, dass er rechtsherum im Kreis gehen konnte.

Roland schluckte heftig, aber er stieg auf. Als ich ihm sagte, er solle Tony sofort rechts angaloppieren, sah er mich an und sagte: „Da ist es passiert – als ich ihn rechts angaloppieren wollte."

„Er ist okay, Roland", versicherte ich ihm. „Er ist okay. Vertrau mir."

Zu Rolands Ehre muss gesagt werden: Er tat es. Auf seine Hilfe hin galoppierte Tony rechts an und ging im langsamen Galopp auf den schönsten Zirkel, den man sich vorstellen kann. Nach einer Minute oder so merkte Roland, dass er es überleben würde, und entspannte sich. Er sah verwirrt aus. Gesagt hat er nichts, aber seine Augen fragten: „Wieso bin ich noch am Leben?"

Als er schließlich absaß, war Roland ganz aufgeregt. Er wollte unbedingt darüber reden. Ich bremste ihn und sagte: „Schon gut, Roland, wir reden ein andermal darüber, sonst verpasst du deine Auktion. Nicht, dass du dich verspätest."

Roland fuhr in die Stadt. Er war froh, verwirrt, erleichtert und müde, und es war für mich keine Überraschung, als ich erfuhr, er habe das Pferd nicht verkauft.

Tony war für Roland ein Wendepunkt. Bei all seiner Erfahrung beschloss Roland, wieder in die Schule zu gehen. Seit damals hat er mit vielen Pferden gearbeitet. Er hatte seine Erfolge und seine Niederlagen, aber er hat daran gearbeitet, und heute ist er ein eifriger Student in Pferdedingen.

Diese Geschichte hat ein zweifaches Happy End: Im Augenblick ist Roland einer der Besten unter den Cowboys. Er hat Kumpel, die früher mit ihm auf einer Ebene zu liegen glaubten, seit Jahren hinter sich gelassen. Ein paar davon könnten ihm heute nicht mal das Pferd satteln.

Und Tony? Tony arbeitet, gebisslos gezäumt, auf der

Cold Springs Ranch und ist eines der bestausgebildeten Pferde, die Sie je gesehen haben. Er ist ein wunderbares Pferd und ein Vergnügen für jeden Reiter. Er wird mit Roland alles auskosten, was das Leben ihm zu bieten hat. In meiner Welt verdient jeder Pferdemann, der ein Pferd auf dieses Niveau bringen kann, höchste Anerkennung.

* * *

Seit fast zwanzig Jahren gebe ich Kurse, bei denen ich ein paar wirklich seltsame Dinge gesehen habe und ich habe mit ein paar wirklich seltsamen Leuten zu tun gehabt. Mit am seltsamsten war eine Gruppe, die sich auf einem Kurs in der Nähe von Buckeye, Arizona, einfand. Ein paar waren Motorradfahrer, und die anderen sahen nicht unbedingt so aus, als würden sie viel Zeit in der Stadt verbringen. Sie sahen aus wie die Leute, die in der Wüste hausen, anders kann ich es nicht erklären. Jedenfalls sah keiner so aus, als hätte er jemals mit Pferden zu tun gehabt.

Als ich ihnen um neun Uhr früh mit ihren jungen Pferden helfen wollte, saßen sie in schwarzen Lederklamotten herum und tranken Bier. Meine Kurse sind nicht besonders formell, aber ein bisschen ernster wollte ich doch genommen werden. Sie waren ganz Ohr und auch voller Eifer, aber wie es schien, freuten sie sich hauptsächlich auf eine große Party.

Nichtsdestotrotz waren ein paar wirklich hübsche und nette Pferde dabei. Ein zweijähriges Stütchen war die reinste Wonne, aber an der Art, wie sie sich „auf Zehenspitzen" bewegte, konnte man sehen, dass sie ziemliche Angst hatte. Sie war nicht wild, sie hatte einfach Angst. Mit Menschen hatte sie noch nicht viel zu tun gehabt, und deshalb schoss sie im Round Pen herum, wie junge Pferde es so an sich haben, wenn sie uns aus dem Weg gehen wollen.

Als sich die Besitzerin des Stütchens zu erkennen gab, sah ich, was dem kleinen Pferd zu schaffen machte. Sie war in den Zwanzigern und wog mehr als das ganze Pferd, oder zumindest fast so viel. Oft verrät mir ein Blick auf den Sattel die Größe des Reiters, aber in diesem Fall hatte beides ziemlich wenig miteinander zu tun.

Die Frau ging zu der Stute hinüber, die Augen groß wie Untertassen bekam. Die Steigbügel hingen nur etwa fünfzig Zentimeter über dem Boden, aber die Frau konnte nicht den Fuß hineinsetzen, ohne dass das Pferdchen fast umfiel.

„Warum steigen Sie nicht auf den Zaun", schlug ich vor, „und ich sehe zu, dass ich das Pferd dazu bringe, Sie dort abzuholen."

Sie konnte es nicht, sie kam buchstäblich nicht auf den Zaun hinauf. Ein paar Zuschauer, die ihr Dilemma sahen, kamen herüber und wollten behilflich sein. Sie schoben, während die Frau sich hochzog, bis sie schließlich wacklig auf der obersten Stange thronte.

Ich führte die Stute zu ihr hinüber und sagte: „Ich möchte nur, dass sie sich an Sie gewöhnt. Streicheln Sie sie, reiben Sie sie ab, geben Sie ihr Sicherheit und gewöhnen Sie sie daran, Sie über sich zu sehen. Wenn sie ein bisschen Vertrauen gefasst hat, möchte ich, dass Sie sich l-a-n-g-s-a-m auf den Sattel niederlassen und sich zurechtsetzen. Dann führe ich Sie herum, und wir machen einen kleinen Ritt zusammen."

Ein normaler Mensch hätte verstanden, was ich meinte: Lassen Sie sich Zeit – ich sage Ihnen, wenn es so weit ist. Sie nicht. Sie flog oder fiel von der oberen Stange herunter, jedenfalls bekam sie ein Bein über den Sattel, tauchte ein und plumpste dem Pferd in den Rücken.

Die arme kleine Stute bog sich fast durch unter dem plötzlichen zusätzlichen Gewicht. Aber sie stand da und sah zu mir auf, als wollte sie sagen: Was um Himmels willen hat mich gerade im Rücken getroffen?

Der Frau stand das Entsetzen im Gesicht geschrieben. „Alles in Ordnung", beruhigte ich sie. „Mir scheint, Sie haben nicht allzu viel Erfahrung mit jungen Pferden. Streicheln Sie sie ein bisschen, und ich halte das Seil fest und helfe Ihnen da durch."

Die Frau starrte mich an. „Nicht viel Erfahrung mit jungen Pferden? Himmel, ich sitze zum ersten Mal auf einem Pferd."

Sie können sich meine Überraschung vorstellen. Ich stellte mir vor, dass ich von Gott weiß wo ein Wunder hervorzaubern müsste, aber das Stütchen machte seine Sache von allein. Ich stieg auf mein Reitpferd und führte das Pferdchen herum. Die Stute blieb genau unter der Frau, die sich zufrieden die Lippen leckte und sich richtig wohlfühlte.

Weil alles so gut aussah, trieb ich die Stute zum Antraben. Mein Pferd hatte mehr Raumgriff, und ich wollte, dass sie aufholte, aber in dem Augenblick, in dem sie schneller wurde, geriet die Frau in Panik. Sie stieg aus und versuchte, sich am Zaun festzuhalten, aber der war zu weit weg. Sie fiel und rollte unter das Pferd.

Ich wusste nicht weiter. Ich konnte das Pferd weder vor- noch zurückführen, ohne dass sie getreten wurde. Die Katastrophe schien unabwendbar.

Die Stute wusste sehr gut, dass wir alle falsch standen. Sie schaute hinunter, hob ein Hinterbein, stieg über die Frau weg, hob das andere Hinterbein und stieg noch einmal hinüber. Ich konnte kaum glauben, wie hoch sie die Beine hob. Sie hat die Frau noch nicht einmal berührt. Als sie es geschafft hatte, ging sie einfach weiter, mit dem zufriedensten Gesicht, das ich je bei einem Pferd gesehen habe.

Die Frau stand auf, klopfte sich ab, sah mich an und sagte: „Na, für das erste Mal war das doch gar nicht schlecht, oder?"

Was sollte ich sagen? Heraus kam: „Nein, das war nicht schlecht fürs erste Mal, aber wenn es Ihnen Recht ist, machen wir jetzt eine kleine Pause, und ich lasse einen anderen Reiter aufsitzen."

Sehr erleichtert stimmte sie zu. Die Erleichterung war ganz meinerseits. Der weitere Kurs verlief ohne Probleme, und bevor er zu Ende war, saß die Dame wieder auf ihrem Pferd und fühlte sich prächtig.

Ich werde oft gefragt, ob es einen Gott gibt. Dann sage ich: „Schauen Sie sich an, was manche Leute mit ihren Pferden treiben und wie sie trotz allem überleben, und Sie werden gläubig."

Zu einem anderen Kurs, diesmal in Ellensburg, Washington, kam ein Schüler mit einem jungen Pferd, das ein wenig Vorarbeit brauchte. Damals verlangte ich hundert Dollar extra für Pferde, die nicht halfterzahm waren. Waren sie wirklich schwierig, ging ich den Besitzern zur Hand, damit sie nicht die ganze Arbeit allein erledigen mussten.

Dieses Pferd trug ein Halfter, als es aus dem Hänger kam, aber es war unruhig. Als die anderen Pferde schon gesattelt waren, konnte sich der Besitzer noch immer nicht in die Nähe wagen. Das Pferd zog weg und zeigte am Führstrick ein so widersetzliches Verhalten, wie es für Pferde ohne vorherigen Umgang mit Menschen eigentlich unüblich ist. Da es ein Halfter trug, hatte offensichtlich jemand versucht anzufangen und war gescheitert. Das Pferd hatte außerdem Narben und Schnitte am Körper.

Ich sagte zu dem Besitzer: „Nehmen Sie Ihr Halfter ab, ich borge Ihnen eins von meinen. Ihr Führstrick ist so lang, dass Sie schwer damit umgehen können. Nehmen Sie meinen, und dann gehen Sie einfach hin und klopfen Sie ihn."

Seine Antwort war: „Ich kann nicht hingehen. Er schlägt nach mir."

Als ich ihn fragte, wie sie das Halfter angelegt hätten, log er: „Zuhause hatten wir kein Problem damit." Es war offensichtlich, dass der Knabe versuchte, Zeit zu schinden, bis ich übernahm. Er hatte nicht die Absicht, an das Pferd heranzugehen.

Der junge Wallach war wirklich gefährlich, deshalb ließen wir ihn in den Round Pen, und ich warf ihm vom Pferd aus das Lasso über. Er versuchte, mit dem Vorderhuf nach meinem Pferd zu schlagen, aber wir hielten uns außer Reichweite, und nachdem ich eine Weile mit ihm gearbeitet hatte, gelang es mir, ihm das Seil um einen Hinterfuß zu werfen. Er gab zwar dem Druck des Seils nach, aber ich wusste, er würde ausschlagen, weshalb ich mein Pferd so dirigierte, dass das Hinterbein unter Zug stand, sodass er es nicht nach vorn bringen konnte.

So konnte ich ihn satteln. Sobald der Gurt angezogen war, bockte der Wallach eine Weile ganz schön herum. Er hatte Erfahrung darin, seinen Körper so zu arrangieren, dass er die größte Hebelwirkung erzielte. Deshalb war mir auch klar, dass schon jemand mit ihm gearbeitet hatte. Er wartete auf bestimmte Aktionen von mir, die er zuvor mit jemand anderem erlebt hatte. Wenn ich mich nähern wollte, stellte er sich so hin, dass er entweder ausschlagen oder steigen und mit dem Vorderbein schlagen konnte.

Er tat mir leid, und ich wollte, dass dieser Tag für ihn so problemlos wie möglich verlief. Ich schob ihm mein Halfter über, ließ das Seil um den Hinterfuß heruntergleiten und sagte zu ihm: „Weißt du, Großer, ich will dich nur reiten, so gut ich kann, und dann hast du für den Rest des Tages deine Ruhe."

Ich wollte ihn nur ein oder zwei Mal geradeaus führen, ihn auf der Hinterhand wenden lassen und dann aufsitzen. Aber als ich ihn anführen wollte, sah das für ihn wohl aus wie etwas, was die anderen, die ihn gequält hatten, mit ihm gemacht hatten. Ich fürchte, ich habe nicht genug aufgepasst. Das Pferd stieg, schlug mit den Vorderbeinen nach mir und traf mich so, dass ich zu Boden ging. Ich lag zwischen seinen Vorderbeinen, und dann beugte er sich hinunter und fing an zu beißen.

Ich rollte mich zu einer Kugel zusammen und versuchte, mich möglichst nicht zu bewegen. Ein paar meiner Freunde sahen zu und erzählten mir später, sie hätten langsam angefangen, sich Sorgen zu machen. Hätte ausgesehen, als ob ich in Schwierigkeiten wäre, sagten sie, und sie hätten überlegt, ob sie über den Zaun springen und das Pferd wegtreiben sollten. Ich erinnere mich, dass ich zu diesem Zeitpunkt zu ihnen hingesehen und gedacht hatte: „Wie schlimm muss es denn noch werden, Jungs?"

Jedenfalls ging es überraschend gut aus. Als ich wieder auf den Füßen war, fing ich den Wallach zum zweiten Mal ein und versuchte es noch einmal. Ich dachte, ich wäre beim letzten Führversuch vielleicht zu weit vor seine Schulter geraten; also blieb ich etwas weiter zurück und versuchte ihn wieder anzuführen. Ich hatte immer noch nichts gelernt. Das Pferd machte einen Satz nach vorn, wirbelte zur Seite und hatte mich wieder in einer Position, wo er nach mir ausschlagen konnte.

In dieser Lage fiel mir nichts Besseres ein, als mich direkt an seinen Schweif zu lehnen, sodass er mich höchstens stoßen konnte. Das ist ein guter Tipp: Je dichter man an einem ausschlagenden Pferd steht, desto weniger Kraft kann der Schlag entwickeln.

Ich stand so dicht hinter ihm, dass er mich nicht wirklich schlagen konnte, aber er stieß mich wieder um. Seine Besitzer hatten dieses arme Wesen zu einem Raubtier gemacht. Es war kein Herdentier mehr – es wurde nicht mehr gejagt, sondern war selbst der Jäger. Ich sagte mir: „Mein lieber Buck, wenn du so weitermachst, wird nicht viel von dir übrig bleiben."

Ich setzte mich wieder auf mein Pferd, warf ihm wieder das Seil um einen Hinterfuß und arbeitete eine Weile mit ihm weiter. Sobald der Wallach erkannte, dass ich die Oberhand gewonnen hatte und er nicht an mich herankam, legte er sich einfach hin – in seinem Frust „schmollte" er wie ein verzogenes Kind, das sich auf den Boden wirft. Und er bewegte sich nicht mehr.

Ich stieg ab, und als ich ihm das Seil vom Hinterfuß abnehmen wollte, rollte er ein Auge auf mich zurück, sah mich, hob ein Hinterbein und knallte mir den Huf auf den Oberschenkel. Dann lag er wieder flach. Er war schon was Besonderes.

Er hatte seine Chance gehabt, aber jetzt war es genug. Er lag immer noch auf der Seite, und ich brummte: „Pferd, nichts, was du mir antun könntest, während ich auf deinem Rücken sitze, hast du nicht schon versucht, als ich zu Fuß war." Ich konnte es kaum erwarten, auf seinen Rücken zu steigen. Ich legte ein Bein über seinen Rücken wie Tom Booker in dem Film „Der Pferdeflüsterer", nur dass dies kein nettes Pferd und kein Film war.

Ich schaukelte das Pferd hin und her und zog am Sattelhorn. Immer noch am Boden, versuchte er, den Kopf zu drehen und mich zu beißen, aber ich konnte mein Bein rechtzeitig wegziehen. Als ich ihm den Absatz in die Rippen bohrte, kam er hoch, und ab ging die Post.

Es dauerte nicht allzu lang, bevor er einen hübschen Lope um die Arena hinlegte und sich einigermaßen lenken ließ. Nach einer halben Stunde stellte er fest, dass ich anders war als der Mann, der ihn hergebracht hatte. Noch vor Mittag fingen wir zwei zusammen Kälber ein und dirigierten andere Pferde herum. Er benahm sich wie ein Reitpferd. Wir waren auf dem richtigen Weg.

Wie sich später herausstellte, hatte sein Besitzer einen Elektro-Schocker zum Viehtreiber verwendet, um ihn in einen metallenen Zwangsstand zu treiben. Darin eingeklemmt, wurde ihm ein Halfter übergezogen, und dann wurde das Pferd wie eine Kuh auf den Hänger gescheucht. Die Hautverletzungen stammten von dem Zwangsstand. Anscheinend hatte der

Besitzer die zusätzlichen hundert Dollar für nicht halfterzahme Pferde sparen und gleichzeitig feststellen wollen, inwieweit er mich in Schwierigkeiten bringen konnte.

Am nächsten Morgen tauchte er mit einem anderen Pferd auf. „Glauben Sie bloß nicht, ich hätte Angst vor dem Pferd, das ich gestern dabei hatte", versicherte er mir. „Ich dachte nur, mit einem Pferd, das ich schon ein paar Mal geritten habe, könnte ich viel mehr lernen. Mit dem ersten Pferd werde ich zuhause keine Schwierigkeiten haben. Denn wie ich schon sagte: Angst habe ich keine."

„Fein", sagte ich. „Allerdings hätten Sie, nach dem, was wir gestern erreicht haben, dieses Pferd auch heute selbst hier reiten können. Aber reiten Sie nur das junge Pferd, das Sie mitgebracht haben. Geht schon in Ordnung."

Er sattelte sein zweites Pferd und machte es fertig. Alle anderen saßen zum ersten Mal auf ihrem Pferd. Seines hielt es keine zwei Minuten unter ihm aus und beförderte ihn kopfüber zu Boden. Das nenne ich ausgleichende Gerechtigkeit. Schlussendlich bekam der Bursche sein Pferd geritten und beendete den Kurs, aber Freunde hat er sich an diesem Wochenende nicht gemacht.

An dieses Pferd denke ich ziemlich oft, weil das Erlebnis mich sensibilisiert hat. Ich war so voller Mitgefühl für dieses Pferd, das so viel mitgemacht hatte und so schlecht behandelt worden war, bevor es zu meinem Kurs kam, dass ich es so wenig wie möglich belasten wollte. Was ich tun konnte, um ihn „umzudrehen", war nicht genug für das Pferd und ganz sicher nicht genug für mich. Um ehrlich zu sein: Ich fürchte, mit diesem Besitzer hat das Pferd nicht lange überlebt.

Ich habe mit ähnlichen Pferden in ähnlicher Verfassung gearbeitet, und jedes Mal wünsche ich mir, ich wäre in der Lage, jedes einzelne davon zu retten. Ich habe viel von ihnen gelernt, und eine Menge Leute haben ebenfalls viel von ihnen gelernt. Vielleicht ist es dies auf lange Sicht wert.

Wie gesagt: Ich denke oft voller Zuneigung an dieses Pferd. Das Beste, was ich ihm zu Ehren tun kann, ist, mein inzwischen erworbenes Wissen dafür einzusetzen, anderen Pferden zu helfen.

Polo

Jorie Butler Kent war, was die Amerikaner „altes Geld" nennen – aus einer alteingesessenen wohlhabenden Familie. Ihrem Vater Paul hatte einmal der größte Teil des Gebiets gehört, das heute Oakbrook, Illinois, heißt und Stammsitz von McDonald ist. Außerdem gehörte der Familie eine große Papierfabrik. Jorie leitete das Gestüt außerhalb von Ennis, das sich der Aufzucht und dem Training von Vollblütern widmete, die von ihrem Ehemann Jeffrey Kent und anderen in den hochklassigen Polo-Mannschaften Abercrombie & Kent und Rolex geritten wurden. Jeffrey war ein *patron*, ein spanischer Begriff, der „Team-Besitzer" bedeutet. Patrons umgeben sich mit Profi-Spielern, meist aus Südamerika, die so ziemlich alle Tore schießen.

Falls Sie noch nie ein Polospiel gesehen haben: Es ist ungefähr wie Hockey, nur zu Pferd. Und es kann auch genauso rau zugehen. Das Spiel ist so schnell und hart, dass jeder der vier Spieler eines Teams nach jedem *chukker*, wie die sechs Spielabschnitte genannt werden, das Pferd wechseln muss. Ein Polopferd – von den Insidern ungeachtet seiner wirklichen Größe „Pony" genannt – kann pro Tag höchstens zwei Chukkers gehen. Reservepferde für erschöpfte oder lahme Pferde nicht eingerechnet, muss jeder Spieler über fünf bis sechs Pferde verfügen.

Managerin war Sherry Merica aus der näheren Umgebung von Ennis. Während meiner High-School-Zeit war sie eine der Mütter gewesen (Smokie und ich waren mit ihren Kindern zur Schule gegangen), und als ich nun anfing, für Jorie zu arbeiten, wurden sie und ich Freunde.

Meine Aufgabe bestand darin, beim Einreiten der jungen Pferde zu helfen. Danach brachte Jorie sie nach Florida, wo die Mannschaftsspieler sie trainierten. Sie versuchte, die Spieler dazu zu bringen, die Pferde auf meine Art zu reiten, ohne Stoßzügel, Spezialgebisse und andere Folterinstrumente, die von den Spielern für unabdingbar gehalten wurden. Ihre Antwort war, ein Cowboy aus Montana könne vielleicht ein junges Pferd zureiten, besäße aber wohl kaum die Qualifikation, ein Polopferd auszubilden.

Ich konnte es langsam nicht mehr hören, und im Winter 1988/89 erklärte ich Jorie schließlich: „Wenn du nichts dagegen hast, würde ich gern diesen Winter nach Florida gehen und die Pferde selbst spielen." Jorie fand die Idee großartig, und ich war froh, dem rauen Winter in Montana zu entkommen.

Bei unserer Ankunft schien die Florida-Sonne, und es war himmlisch warm (als wir in Bozeman abfuhren, hatte es geschneit). West Palm Beach war eine Stadt wie aus einem Lifestyle-Magazin. Manche Häuser waren so groß, dass ich sie für Hotels hielt, aber es waren Residenzen für jeweils eine Familie, wie Jorie mir erklärte.

Bei meinem ersten Besuch im Palm Beach Polo Club fuhr ich mit Jorie in ihrem Bentley vor, das heißt, Jorie und ich saßen hinten, hinter dem Chauffeur, und ich dachte, das sei die richtige Art, Auto zu fahren. 250 000 Dollar für ein Auto auszugeben kommt mir zwar aberwitzig vor, aber die Fahrt war schön – ohne Wenn und Aber.

Das Pologelände war die größte ebene Fläche – keine Bäume, kein Wasser –, die ich während meines gesamten Aufenthalts in Florida zu sehen bekam. Es müssen mehrere Hundert Acre von nichts als wunderbarem grünem Gras und einem Polofeld nach dem anderen gewesen sein. Alle starrten mich an, als ich mit meinen Cowboy-Stiefeln und dem Cowboy-Hut herumlief. Ich kam mir vor wie ein Käfer im Einmachglas.

Ein oder zwei Tage später erkundete ich Royal Palm Polo in Boca Raton. Um eine große Tafel herum standen ein paar Leute und trugen sich anscheinend für ein Spiel ein. Also trug ich mich prompt ebenfalls ein. Das Spiel sollte am kommenden Sonntag stattfinden, und ich dachte, wenn ich im Polo mitmischen wollte, müsste ich da wohl auftauchen.

Ich kam am frühen Sonntagmorgen mit meinen Pferden an. Brett Kiley, ein wirklich guter Spieler aus dem australischen Perth und Manager von Jories Gestüt in Florida, half mir, den Pferden den Schweif einzubinden und sie fertig zu machen. Ich hatte keine Ahnung, wie man einem Polopferd den Schweif einbindet – in einem Knoten, der verhindert, dass er sich im Schläger eines Spielers verfängt –, aber mit Bretts Hilfe machten wir sie spielfertig.

Jemand kam vorbei mit einem Stoß Polohemden auf dem Arm. Als er sah, was ich machte, warf er mir eines mit der Nummer 2 zu. Ich hatte genügend Mannschaftssportarten betrieben, deshalb dachte ich: Sieh dir mal ein Spiel an, dann kriegst du schon heraus, was eine Nummer 2 für Aufgaben hat.

Ich hatte einen Platz in Jories Loge, und da saß ich, sah den Spielen zu und futterte mit anderen Zuschauern Zwiebel-Sandwiches. Die Damen trugen Pelz und waren mit Gold und Diamanten behängt. Ich fand es recht seltsam, dass Menschen, die sich so ziemlich alles leisten konnten, ausgerechnet Zwiebel-Sandwiches aßen.

Die Spieler galoppierten das Feld hinauf und hinunter, und ich entdeckte, dass man seinen Gegenspieler matt setzen konnte, wenn man sein Pferd mit dem eigenen vom Ball abdrängte (was man „abreiten" nannte, wie ich später feststellte). Von Angriff hatte ich zwar nicht sehr viel Ahnung, aber mit dieser Art von Verteidigung müsste ich eigentlich klarkommen. Meine Pferde waren gern mit anderen Pferden zusammen und ließen sich dicht heranreiten. Dank der Rancharbeit, besonders dem Roping anderer Pferde, an das sie gewöhnt waren, würden sie nichts dabei finden, ein anderes Pferd anzurempeln und vom Ball abzudrängen.

Als ich mich für mein Spiel fertig machte, kam der Leiter des Clubs zu mir her. „Ich kann Sie Ihre Pferde nicht auf einfache Trense reiten lassen, mein Bester", sagte er. „Sie könnten jemanden verletzen oder sogar umbringen."

Poloponys werden gespielt in Aufziehtrensen, Kandarengebissen mit langen Anzügen und anderen scharfen Zäumungen, die die von den Spielern gewünschte Bremskraft entwickeln. Mein Ding war das aber nicht. Meine Pferde beherrschten die schnellen Wendungen und scharfen Stopps, die Ranchpferden und Poloponys gemeinsam sind, aber meine gingen auf einfache Trense gezäumt.

Also erwiderte ich: „Ich weiß, dass der Club für die drei Monate, die ich hier sein soll, siebentausendfünfhundert Mäuse kassiert. Warum lassen Sie mich nicht ein oder zwei Chukker spielen, und wenn Sie glauben, dass ich eine Gefahr für die Menschheit bin, war's das auch schon. Ich gehe zurück nach Montana, wo ich hingehöre, Sie können die siebentausendfünfhundert Mäuse behalten, und ich bin weg."

Der Knabe fand das auch ein gutes Geschäft, also stieg ich auf mein Pferd, als es Zeit für mein Spiel wurde, und ritt hinaus auf das Feld. Während der ersten beiden Chukker galoppierte ich nur zu meinem Gegenspieler hinüber und ritt ihn vom Ball ab. Jedes Mal, wenn er den Ball aufs Korn nahm, tauchte ich neben ihm auf und schubste ihn einfach weg. Es schien ganz gut zu funktionieren, so gut, dass ich auf seiner Seite eine leichte Irritation zu spüren meinte.

Nach ein paar Chukker und ein paar Pferdewechseln nahm ich den Rhythmus des Spiels auf und wie es gespielt wurde, und ich dachte, wenn sich die Gelegenheit ergäbe, würde ich auch einmal einen Schlag versuchen. Ich bekam meine Chance und erzielte, glaubt es oder nicht, ein paar Tore. Das,

Freunde, war Montana-Glück. Ich konnte den Ball kaum weit schlagen, aber meine Pferde wendeten gut und liefen geradeaus, und so hatte ich Zeit, meine Schläge vorzubereiten. Irgendwie schien ich tatsächlich zur richtigen Zeit am richtigen Ort zu sein, und auch wenn ich den Ball nur ein paar Meter weiter befördern konnte, kullerte er doch zwischen den Torpfosten durch.

Ich hatte ein ziemlich gutes Gefühl nach diesem Spiel. Meiner Mannschaft war kein Schaden entstanden, und da meine Pferde gut gearbeitet hatten, brauchte ich mich nicht zu schämen. Dann kam der Clubleiter und entschuldigte sich. „Tut mir leid, dass ich an Ihnen gezweifelt habe", sagte er, „aber Sie müssen verstehen, was ich an Reitern oder Möchtegern-Reitern hier zu sehen bekomme. Bei mir können Sie jederzeit auf Trense spielen." Der Manager hieß Buzz Welker, und wir wurden in diesem Winter die besten Freunde. Er ist ein sehr angesehener Polo-Lehrer und betreibt einen Stall in der Nähe von Jackson Hole, Wyoming. Ich sehe ihn noch ab und zu.

Zurück bei meinem Pferdetransporter kam ein älterer Mann mit einem Strohhut vorbei und fragte: „Für welchen Club hast du den ganzen Sommer über gespielt, mein Sohn?" Viele Spieler spielen in der Sommersaison in New York oder in anderen nördlichen Breiten der Vereinigten Staaten Polo.

„Club?", erwiderte ich. „Na ja, Sir, ich habe für gar keinen Club gespielt. Das war das erste Mal."

„Du meinst, hier?", fragte er.

„Nein, Sir, ich meine: Polo gespielt."

Er glaubte mir nicht, meiner Pferde wegen. Niemand glaubte mir. Alle dachten, ich hätte schon eine Weile Polo gespielt. Zum Glück musste ich nicht sehr oft den Ball schlagen, was meine Unerfahrenheit bewiesen hätte. Vermutlich waren sie beeindruckt von meiner Verteidigung, und wären meine Pferde nicht gewesen, hätte ich mich wahrscheinlich blamiert. In diesem rasanten Tempo einen Hartholz-Schläger zu schwingen heißt, das Unheil geradezu herauszufordern. Es waren meine Pferde, die mich heil durchgebracht haben.

Das ist das Schöne an der Grundlage, die ich allen von mir angerittenen Pferden mitgebe. Das Fundament ist vorhanden, und darauf aufbauend kann man Pferde zu allem ausbilden, was man will: zur Rancharbeit, zum Polospielen oder zum Springreiten.

* * *

Wenn ich nicht spielte, arbeitete ich mit gestörten Poloponys, einschließlich einem ganzen Stall voll, der von Profis in Grund und Boden geritten worden war. Eine Menge Profi-Polospieler hatten Hände wie Metzger. Erst hauten sie dem Pferd die Hucke voll, damit es mit 50 Stundenkilometern hinter dem Ball hersauste, und wenn einer der Gegenspieler ihn zurückschlug, rissen sie ihm fast den Kopf ab, um es anzuhalten, zu wenden und in die andere Richtung zu galoppieren. So oder so, den Pferden erging es schlecht, und es war sehr frustrierend für sie. Kein Wunder, dass sie über kurz oder lang durchdrehten.

Nicht alle Spieler waren so brutal, aber doch ziemlich viele, wenigstens damals (heute sind gute Polopferde so rar geworden, dass sich zwangsläufig die Reiterei verbessern musste).

Mit Geduld, Freundlichkeit und Konsequenz erreichte ich, dass die Ponys sich ziemlich rasch so weit wieder erholten, dass sie für mich spielen konnten, was bedeutete, dass ich für die Wochenend-Spiele ein paar wirklich erstklassige Ponys zur Verfügung hatte. Eigentlich machte ich mit ihnen nichts anderes als das, was ich mit jedem Pferd mache, ob es nun traumatisiert oder noch ungeritten ist. Ich reite jedes Pferd ziemlich gleich. Bei einem traumatisierten Pferd fallen manche meiner Hilfen vielleicht ein bisschen weniger kräftig aus als bei einem verzogenen Tier, dem ich deutlicher klarmachen muss, wo es lang geht. Ich reite, wie ich eben reite, und mit der Zeit sehen alle Pferde, auf denen ich gesessen bin, wie meine Pferde aus.

Wäre ich nicht da gewesen, um mit diesen Polopferden zu arbeiten, wären sie vielleicht billig an lokale Spieler verkauft worden. Die hätten auch nichts mit ihnen anfangen können und sie wieder weiterverkauft. Viele wären auf dem Teller irgendeines Franzosen gelandet, mal mit, mal ohne Sauce.

Meine Arbeit mag manche Menschen von meiner Methode überzeugt haben, sie änderte aber nichts daran, wie die Spieler der ersten Liga ihre Pferde behandelten. Das war nun mal ihr Ding. Damals ging es beim Polo nur um Geld und Pokale.

Ein paar sehr gute Polopferde kamen von Ranches im Westen. Manche werden in Poloställen im Osten antrainiert. Aus ihnen wird meist nicht allzu viel, weil sie nie wirklich mit Rindern gearbeitet haben und nie im Gelände geritten wurden. Im Osten Amerikas aufgezogen und angeritten zu werden kann für ein Pferd ziemlich stressig sein.

Mein Winter in Palm Beach war schön und sonnig, aber auch ganz schön kostspielig. Gegen Ende meines Aufenthalts dort wurde mir auch noch mein Truck geklaut, direkt vom Hotelparkplatz weg. Ich fuhr nach Texas, um mir einen neuen zu besorgen, und fuhr den Neuen zurück, aber bevor ich meine Siebensachen zusammenpackte und mich wieder auf nach Montana machte, hatte ich noch eine Vorstellung beim großen Eröffnungsabend des Vero Beach Polo Clubs zu geben.

Jorie, die mich beim Trick Roping erlebt hatte, wollte, dass ich im Unterhaltungsteil des Abends demonstrierte, wie mein Training für ein Polopony aussah. Anschließend sollte ich ein paar Seiltricks vorführen.

Jorie und Jeffrey hatten Prinz Charles, mit dem sie befreundet waren, eingeladen, auf der neuen Anlage zu spielen. Als ich von Texas zurückkam, sagte Jorie: „Du machst doch schon eine Demonstration über das Polotraining und führst ein paar Seiltricks vor – warum führst du nicht auch vor, wie Polo gespielt wird?" Wie sich herausstellte, hatte sie bereits fest verabredet, dass ich mit Brett Kiley ein paar Bälle schlagen sollte.

Mir blieb die Luft weg. „Jorie, das mit dem Bälle herumschlagen – das ist mir gar nicht geheuer", sagte ich. Prinz Charles würde da sein, und ich sollte vor ihm „ein paar Bälle schlagen". Er war nicht nur der zukünftige englische König, sondern auch selbst ein äußerst erfahrener Polospieler.

Jorie sah, wie mir der Schweiß ausbrach, und sagte: „Dahling" (sie sagte immer „Dahling" statt Darling) – ihr wechselt euch einfach ab. Du einen Schlag, und dann Brett einen." Anscheinend sah ich nicht sehr überzeugt aus, denn sie fuhr fort: „Es wird großartig, Dahling, mach dir keine Sorgen. Es wird alles gut, vertrau mir nur."

Die nächsten paar Wochen stand ich neben mir. Da Prinz Charles spielen würde, war mit fünf- oder sechstausend Zuschauern zu rechnen, vielleicht noch mehr. Das sind eine Menge Leute, in jeder Liga.

Jorie und Jeffrey gehörten zwei- oder dreihundert Acre in Lake Worth, in der Nähe von West Palm Beach. Zu dem Besitz gehörte ein privates Polofeld, wo ich acht oder zehn Stunden am Tag nichts anderes tat als Pferde reiten und Bälle schlagen. Es gab noch andere Reiter auf der Anlage, aber ich war allein.

Als der gefürchtete Tag herankam, lief die Demonstration des Trainings wie am Schnürchen; dieser Teil des Programms klappte hervorragend. Auch die Seiltricks klappten. Ich hatte sie von Kindheit an geübt, ich beherrschte sie im Schlaf. Dann kam die Polo-Demonstration.

Im Angesicht einer erheblichen Masse Mensch ritten Brett und ich hinaus aufs Feld, und der Ansager fing an, über Polo zu reden. Während er die verschiedenen Schläge erklärte, die wir vorführen würden, galoppierte ich zu meinem ersten

Ball. Ich hatte Todesangst, ihn nicht richtig zu treffen, sodass der Ball ein paar Zentimeter weit kullern und fünftausend Menschen einschließlich Prinz Charles, dem Thronerben, mich auslachen würden.

Ich kam angaloppiert, schwang meinen Schläger, und als ich den Ball schlug, gab es ein Geräusch wie bei einem perfekt geschlagenen Baseball. Und nicht nur das: Der Ball flog ungefähr 125 Meter durch die Luft. Cool, dachte ich, aber außerdem: Was für ein Dusel! Hoffentlich muss ich nicht noch einen schlagen ... vielleicht sollte ich den Rest einfach Brett überlassen.

Aber Brett schlug einen Ball, schaute zu mir herüber, zog sich mit seinem Pferd zurück und zeigte quasi auf die Bälle, als Einladung weiterzumachen.

Und los ging's. Wir machten sämtliche Schläge durch: unter dem Pferdehals, unter dem Schweif, Vorhand- und Rückhandschläge, von links und von rechts. Ich kann es mir immer noch nicht richtig erklären, aber ich traf jeden meiner Bälle, wie Willie Mays die seinen beim Baseball. Nicht ein Schlag ging daneben. Es funktionierte wunderbar, aber ich konnte das Ende kaum erwarten.

Das war in mehr als einer Hinsicht ein Glückstag für mich. Ich lernte ein paar wunderbare Menschen kennen, einschließlich Prinz Charles. Angesichts meiner bescheidenen Anfänge hätte ich nie gedacht, dass ich einmal einem Prinzen die Hand schütteln würde, und ich nahm die Gelegenheit dankbar wahr. Ich traf auch George Plimpton, der als „jemand anders" Karriere gemacht und dann ein Buch darüber geschrieben hat. Mir schien eine gewisse Seelenverwandtschaft zwischen uns zu bestehen, denn schließlich miemte ich einen Polospieler.

Ob ich noch einmal für eine Polo-Saison zurück nach Palm Beach komme, weiß ich nicht, aber ich habe in dem Winter damals ein paar interessante Leute getroffen und eine Menge über Poloponys gelernt. Die Erfahrung kam mir auch mit anderen Pferden zugute, und ich weiß, dass ich aufgrund des erweiterten Blickwinkels auch ein besserer Lehrer wurde.

Der negative Aspekt war, dass ich schrecklich viele traumatisierte Pferde zu sehen bekam. Aber deshalb war ich ja dort: um ein paar von ihnen zu helfen. Viele waren dabei, die nur deshalb solche Probleme hatten, weil sie nicht richtig behandelt wurden. Und was die Meister mit dem Poloschläger anbetrifft – davon konnten manche mit dem Ball umgehen, wie Sie es sich besser nicht vorstellen können, aber hätte man sie für ihre Reitkünste gehängt, hätten sie unschuldig am Galgen gehangen.

Das trifft auch auf viele andere pferdesportliche Ereignisse zu. Das Pferd spielt bei dem Ereignis die zweite Geige. Es ist Transportmittel. Das ist der Grund, warum ich immer irgendwo gefragt sein werde. Diese Pferde brauchen jemanden, der auf ihrer Seite steht.

Solange ich lebe und ein Bein über den Sattel bringen kann, hat das Pferd in mir einen Freund, der bereit ist, an seiner Seite zu kämpfen.

Und weiter auf Tour

Wir hatten in jenem Winter zwei Transporter voller Pferde mit hinunter nach Florida genommen und legten in Baton Rouge ein paar Tage Pause ein. In dieser Zeit arrangierte jemand eine Werbeveranstaltung für mich, um in diesem Teil des Landes Interesse für meine Kurse zu wecken.

Angel Benton, ein Freund aus Colorado, bat einen ortsansässigen Trainer, der im Gangpferdegeschäft war, mir ein Pferd zu besorgen, mit dem ich arbeiten konnte. Vermutlich fand der Typ es komisch, dass da einer von außerhalb kam und zeigen wollte, wie man mit Pferden arbeitet. Er muss gedacht haben: Das gibt einen Spaß, und suchte ein Pferd nach seinem Geschmack für mich aus.

Er hatte auch kein Geheimnis daraus gemacht. „Was für eine Menge Zuschauer, dafür, dass mich hier keiner kennt", dachte ich, als ich hinkam.

Im Round Pen wartete ein Schimmel auf mich. Bevor ich hineinging, nahm mich ein Cajun-Mann beiseite und sagte: „Ich kenn' Sie nicht, Mr. Buck, aber sei'nse vorsichtig mit dem Hundling da, denn den kenn' ich." Sonst gab niemand einen Kommentar ab.

Ich fragte, was bisher mit dem Pferd gemacht worden war. Damit versuche ich nicht, Informationen über das Pferd zu angeln. Ich versuche etwas über die Person oder die Leute herauszufinden, die mit dem Tier gearbeitet haben. Das Verhalten eines Pferdes verrät nämlich ebenso viel über einen Menschen wie über das Pferd selbst. Und außerdem: Hinge mein Wohlergehen von der Genauigkeit ab, mit der man mich – absichtlich oder unabsichtlich – über den Hintergrund eines

Auf der Denver Stock Show bockt ein noch rohes Pferd heftig, nachdem Buck ihm den Sattel aufgelegt hat. Buck lässt das Pferd bocken und rennen, damit es sich an den Sattel gewöhnt.

Pferdes informiert, wäre ich schon lange nicht mehr unter den Lebenden.

Ich erfuhr, dass die Besitzer ein paar Mal versucht hätten, das Pferd anzureiten. Der junge Wallach hatte jede Menge Reiter heruntergebockt, und einmal, als ihm der Sattel unter den Bauch rutschte, war er durch diverse Zäune gebrochen. Das überraschte mich nicht. Es passiert dauernd – es ist so gewöhnlich wie die Tasse Kaffee am Morgen.

Als ich anfing, das Pferd im Round Pen herumzubewegen, fragte ich mich: „Das soll eine Demonstration über zwei Stunden werden?" Ich wusste zwar, dass der Typ, der das Pferd zur Verfügung gestellt hatte, überzeugt war, das Pferd würde mich innerhalb von Minuten ausschalten, ich wusste aber auch, dass sich das Pferd in kürzester Zeit von mir reiten lassen würde. Was zum Teufel sollte ich zwei Stunden lang machen?

Das Pferd bockte ziemlich heftig, als der Gurt angezogen wurde, aber das war's dann auch schon. Um die zwei Stunden herumzukriegen, führte ich jeden Trick vor, der mir nur ein-

Als das junge Pferd sich ausgebuckelt hat, nähert sich ihm Buck sanft und freundlich.

fallen wollte. Ich führte das Pferd an einem Ohr, an der Oberlippe, an der Zunge, sogar an den Füßen.

Diese Dinge basieren auf der unausgesprochenen, aber offensichtlichen Zug- oder Anziehungskraft, auf die ein anderes Geschöpf reagiert. Ich sage absichtlich „Geschöpf", denn diese Verbindung funktioniert auch unter uns Menschen. Sie können beispielsweise jemanden zum Tanzen auffordern, aber obwohl Sie vielleicht die richtigen Worte gewählt haben, wirkt Ihre Art, sie auszusprechen, nicht attraktiv. Andererseits kann ein „Gefühl" quer durch einen Raum hindurch spürbar werden, ohne dass ein einziges Wort fällt. Der oder die andere hat Sie vielleicht gesehen und, noch bevor Sie auch nur ein Wort gesagt haben, schon beschlossen, die Nacht nur mit Ihnen durchzutanzen.

Und woher wissen Sie das? Sie spüren es. „Gefühl" ist der spirituelle Teil des Menschen. Es gibt tausend Erklärungen für „Gefühl", und sie sind alle richtig. Pferde verfügen darüber, und sie machen die ganze Zeit Gebrauch davon. Ein Pferd können Sie nicht täuschen. Es reagiert darauf, wie Sie innen sind – oder es reagiert überhaupt nicht.

Ich beendete die Demonstration damit, dass ich den Schimmel rundherum ritt und dann das Lasso um ihn herumwirbeln ließ. Als ich fertig war und ihn anhielt, war er so entspannt, dass er auf einem Hinterbein ruhte.

Ich sah zu den Zuschauern hin. „Ich weiß, viele von euch sind gekommen, um mich scheitern zu sehen, so wie viele Leute zu einem Autorennen gehen, nicht um gutes Fahren, sondern um Katastrophen zu sehen. Und dann ist da der Junge, der mir das Pferd zur Verfügung gestellt hat." Ich nannte ihn einen Jungen, weil er es nicht verdient hatte, ein Mann genannt zu werden. „Das Traurige daran ist, dass er nicht wusste oder nicht wissen wollte, was passieren würde, wenn ich, ein Fremder, mich verletzen würde. Oder noch schlimmer: Ich könnte eine Familie zu ernähren oder eine Mutter zu unterstützen haben. Alles nur, um etwas zu beweisen, was ihm wichtig erschien."

Ich wendete mich an den Typen. „Ich hätte gern gewusst, was Sie so anders macht. Ich sage anders, weil ich mir nicht vorstellen kann, dass ich so etwas machen würde. Warum haben Sie das mit jemand gemacht, der *vielleicht* ein wunderbarer Mensch ist, jemand, den Sie vielleicht gemocht hätten, wenn Sie ihn nur kennengelernt hätten? Was ist es nur, was Sie so anders macht?"

Natürlich leugnete der Typ, etwas über das Pferd gewusst zu haben – er hatte mir nur ein Pferd besorgt.

So einfach sollte er mir aber nicht davonkommen. „Ich bin nicht der Einzige hier, der weiß, dass Sie sich nicht herausreden können", sagte ich. „Ich möchte Ihnen einen Rat geben. Sie waren sicher, das Pferd würde kurzen Prozess mit mir machen. Nun, Sie leben weit weg von da, wo ich zuhause bin. Lassen Sie sich ja nicht einfallen, auf meinen Spielplatz zu kommen, denn unsere Spiele sind ein gutes Stück rauer als Ihre. Diese Sorte Pferde haben unsere Kinder zum Frühstück."

Später, kurz vor dem Abfahren, sah ich drei Cajuns auf der Seite stehen, die zu mir hinsahen. Ich lächelte und sagte Hallo, aber sie wandten sich ab. Der Mann, der mich gewarnt hatte, hatte es mit angesehen und sagte zu mir: „Mr. Buck, nicht dass Sie glauben, diese Männer wüssten nicht zu schätzen, was Sie heute gemacht haben. Sie haben nur Angst, dass Sie im Besitz von Voodoo sind."

Als ich erwiderte, ich hätte keinen Zauber, ich wäre nur ein Cowboy aus Montana, lachte der Mann. „Na, da werden sie aber froh sein!"

* * *

Oft werde ich gefragt, ob meine Methode auch bei anderen Tieren funktioniert. Das tut sie, mit Sicherheit.

Einen Hund anzuhaken ist einfacher als ein Pferd. Hunde sind Jäger, nicht Beute. Hunde reagieren auf Futter, während man Pferde mit Belohnungen durch Futter eher verdirbt. Auf lange Sicht erzielt man damit selten Erfolge. Der Schlüssel dazu, ein Pferd anzuhaken, besteht darin, Wohlgefühl zu schaffen. Wohlgefühl bedeutet für ein Herdentier mehr als für einen Jäger.

Hunde lassen sich viel leichter dressieren als Katzen. Katzen charakterisiert man mit Eigenschaften, die ein Mann an seiner Frau oder eine Frau an ihrem Mann sehen würde: Der Umgang mit Katzen macht Freude, sie sind interessant, erstaunlich, frustrierend, zärtlich … dies alles und noch mehr. Wie sich die Beziehung zu einer Katze gestaltet, unterliegt dem gleichen Prinzip wie die Beziehung zu einem Ehepartner: friedliche Koexistenz.

Als ich auf einer Ranch in der Nähe von Harrison, Montana, arbeitete, tauchte eines Tages ein Kater auf meiner Veranda auf. Er hatte infektiöse Bindehautentzündung, also behandelte ich ihn mit dem Medikament, das wir für Rinder verwendeten. Der Kater blieb in der Nähe, und ich nannte ihn Kalamazoo, nach einem Song von Hoyt Axton, der damals in den Charts war. Aus Langeweile probierte ich aus, wie weit sich Kalamazoo dressieren ließ. Schließlich ließ er sich an einem Strick um den Hals führen, setzte sich auf Befehl hin und legte sich auf den Rücken. Er sprang hinten auf den Pickup und kam immer, wenn ich ihn rief. Und das alles machte er ohne jede Belohnung durch Futter. Kalamazoo hatte die Fähigkeit und die Bereitschaft zu lernen.

Am Ende erwischten ihn die Kojoten.

* * *

Pferde sind so noble Tiere, dass man von ihnen mit ihrer Wahrhaftigkeit und Reinheit der Gedanken nur lernen kann. Für ein Pferd gibt es keinen Grund, den Menschen nicht als ein weiteres Raubtier zu betrachten. Aber wenn es merkt, dass es besser ist, mit dem Menschen zu gehen, als sich zu widersetzen und in die andere Richtung zu streben, verspürt es ein Wohlgefühl. In seinem Kopf findet eine Umorientierung statt, und es fängt an, Sie anders zu sehen.

Manchmal haben Sie Ihre Basisarbeit erledigt, und das Pferd fühlt sich wohl. Sie machen weiter, aber Sie sind angespannt oder machen sich Sorgen. In diesem Fall tut Ihre Körpersprache alles, damit das Pferd Sie absetzt, aber es kann sein, dass Ihr Pferd ganz ruhig bleibt, obwohl Sie wenig dazutun. Das meine ich damit, dass das Pferd für Sie eintritt. Und für Sie eintreten kann es nur, wenn Sie vorher, bevor Sie aufsitzen, dafür gesorgt haben, jede Menge Vertrauen aufzubauen.

Für den Reiter eintreten kann ein Pferd, das sich wohlfühlt und Vertrauen hat, und beides hängt mit der Basisarbeit zusammen.

Oft werde ich gefragt: „Wie viel Basisarbeit braucht mein Pferd?" Die Antwort ist: Genug, dass Sie und das Pferd keine

„Immer zurück zu den Grundlagen", ist ein Hauptthema von Buck. Wie ein Klavierspieler erst Fingerübungen macht, braucht ein Pferd Zeit, um mit dem Reiter warm zu werden. Hier wärmt Buck bei Bif ein paar Grundlagen auf.

Probleme bekommen; genug, dass Sie nicht heruntergebockt werden und sich und dem Pferd Schaden zufügen.

Mit anderen Worten: Das Quantum hängt voll und ganz davon ab, was Sie dem Pferd anzubieten haben, wenn Sie in den Sattel steigen. Bei einem erfahrenen Reiter, der in der Bewegung mitgehen kann und nicht mit dem Schwung des Pferdes kollidiert, braucht es weniger Basisarbeit als bei einem, der noch wenig Reiterfahrung hat. Wenn Sie unerfahren, unsicher und ängstlich sind, müssen Sie sehr viel mehr tun.

Erwarten die Menschen zu schnell zu viel? Mit Sicherheit. Und sehr oft erwarten genau die Menschen zu schnell zu viel, die eigentlich Angst haben. Sie möchten, dass das Pferd ganz schnell weiterkommt, dass es all die Dinge sein lässt, die ihnen Angst machen – aber ohne dass sie die Zeit investieren, ihm zu helfen. Es soll in seiner Ausbildung so schnell wie möglich fortgeschritten sein – wenn nicht noch schneller.

Die Menschen mit realistischen Erwartungen dagegen, denen die Arbeit mit einem Pferd Freude macht und die ihm Zeit lassen zu lernen, sind diejenigen, die Selbstvertrauen besitzen. Sie arbeiten nicht mit Pferden, weil sie ihrem Ego etwas Gutes tun wollen. Sie fühlen sich mit Pferden wohl, weil sie mit sich selbst im Reinen sind.

Die Menschen erzählen viel von faulen Pferden. Sie mögen das so sehen, aber ich weiß, dass es in vielen Fällen etwas anderes ist. Ich habe selbst genug durchgemacht, um zu wissen, wie man sich als quasi Gefangener fühlt. In dieser Situation befinden sich viele dieser so genannten faulen Pferde. Als Kind konnte ich in der Wirklichkeit nirgendwo hingehen, aber mental hielt mich nichts. Wenn ich eine bedrückende Situation überleben wollte, blieb mir als einziger Ausweg oft nur, im Geiste irgendwo anders zu sein.

Auf diese Weise überleben viele junge Menschen, und ich habe das Gefühl, dass es Pferden sehr oft genauso geht. Sie können nicht das Tor öffnen, den Hänger ankuppeln, sich selbst aufladen, das Zugfahrzeug starten und wegfahren. Physisch sind sie Gefangene und müssen bleiben, wo sie sind. Weil ihr Zusammenleben mit einem Menschen unglücklich ist, voller Stress, müssen diese Pferde irgendwie weg. Sie müssen flüchten, um zu überleben.

Wenn Pferde „weg" sind, können ihre Reaktionen sehr distanziert ausfallen. Die Menschen denken, sie sind faul, alles ist ihnen egal, sie haben keine Lust. O doch, sie haben Lust. Aber ihre Wünsche können sich nicht erfüllen, weil sie zur falschen Zeit am falschen Ort sind.

Wenn mich Leute fragen, ob ihr Pferd stumpf, lustlos oder lethargisch ist, antworte ich ihnen, dass das Pferd vielleicht im Geiste weggehen musste, um sich das Eine und Einzige zu bewahren, das für das Pferd zählt: seinen Geisteszustand, sein Wohlergehen. Es trifft nicht immer zu, aber doch ziemlich oft.

Mir ist noch kein schlechtes Pferd begegnet, aber es stimmt, dass mit einigen die Arbeit schwerer fällt als mit anderen. Nicht immer ist der Besitzer schuld. Manchmal hat er die besten Absichten, aber zu wenig Erfahrung oder nicht die Fähigkeit oder die Mittel, mit einem Problempferd zu arbeiten. Pferde wollen einfach nur überleben, und sie können sich schwer damit tun, sich in die Welt einzuordnen, die wir für sie geschaffen haben.

Manche Pferde machen einem die Arbeit so einfach, dass wir von „natürlicher Rittigkeit" sprechen. Sie sind offen für so ziemlich alles, was wir von ihnen verlangen. Andere dagegen sind weniger geneigt, sich mit uns zu arrangieren. Ein paar haben so viel Angst um ihr Leben, dass die Arbeit mit ihnen schwierig ist. Wie auch immer: Die Verantwortung liegt bei uns. Als Pferdeleute haben wir die Fähigkeit, uns sowohl an die Bedürfnisse des Pferdes wie an seine individuelle Persönlichkeit anzupassen. Wir haben alles, was nötig ist, um mit ihm auszukommen. Manchen Leuten ist es einfach zu mühsam, mit einem Problempferd umzugehen; für sie ist es wahrscheinlich am besten, wenn sie das Pferd verkaufen.

Ab und zu trifft man auf ein Pferd mit sehr begrenzten Möglichkeiten. Sie sind wie Kinder, die behindert geboren wurden. Manchmal bekommt ein Fohlen die Plazenta über die Nase, und der Sauerstoffmangel führt zu einem Hirnschaden, bevor die Stute die Plazenta herunterziehen kann. Oder ein Pferd wird mit einem Geburtsfehler geboren, der ihm eine normale Leistung schwer oder unmöglich macht. Mit solchen Pferden versuchen Sie Ihr Bestes, und wenn aus ihnen nichts Großes wird, nehmen Sie an, was sie zu bieten haben, und machen das Beste daraus. Pferde können nur so gut sein, wie sie nun mal sind. Am besten warten Sie erst ab, bis Sie ein Pferd kennengelernt haben, bevor Sie irgendwelche Erwartungen hegen. Zuerst brauchen Sie ein generelles Wissen über

Pferde. Und dann tun Sie Ihr Bestes, um mit dem, was Sie haben, zu arbeiten.

Ein Problempferd für etwas zu strafen, was in Ihren Augen ein Fehlverhalten ist, bedeutet, dass Sie es für etwas strafen, das *Sie* für falsch halten. In seinen Augen ist es aber nicht falsch. Es versucht nur zu tun, was es seiner Meinung nach in diesem Augenblick tun muss. Als Pferdekenner sollten Sie klug genug sein, den Gedankengang des Pferdes zu erkennen und zu verstehen.

Wenn dann das, was das Pferd im Kopf hat, nicht dem entspricht, was Sie vorhaben, lenken Sie es ab. Dirigieren Sie es um. Ändern Sie seinen Gedankengang. Sie wechseln das Thema, und Sie wechseln es so lange, bis das Fehlverhalten nach einer Weile verschwindet.

Ich denke, es ist der falsche Weg abzuwarten, bis das Pferd etwas falsch macht, und es dann dafür zu bestrafen. Zu einem Pferd können Sie nicht einfach nein sagen. Sie müssen negatives Verhalten umdirigieren, damit es zu positivem Ver-

Manche Pferde machen schneller Fortschritte als andere. Dieses Pferd kann Buck schon am losen Zügel um den Round Pen galoppieren.

halten wird. Als wollten Sie sagen: „Stattdessen können wir zusammen dies oder das machen."

Wenn es mit einem Kind nicht richtig laufen will, steht nichts dagegen, dass Regeln aufgestellt und durchgesetzt werden, dass es auch einmal ein Nein zu hören bekommt. Mit einem Kind können Sie sprechen, Sie können mit ihm diskutieren, aber Sie müssen ihm eine Wahl lassen. Sie müssen ihm die Möglichkeit lassen, im Geiste anderswohin zu gehen, etwas anderes zu tun, damit es einen Erfolg sieht.

Im anderen Fall, wenn Sie warten, bis es das Falsche tut, weil Sie Ihrer Verantwortung nicht gerecht geworden sind, und wenn Sie dann wütend werden und es schlagen, lernt das Kind nichts aus dem, was es getan hat. Es lernt, vor Ihnen Angst zu haben. Es lernt, hinterhältig zu sein und seine Taten zu verschleiern. Es lernt vielleicht nie, das Richtige zu tun. Stattdessen lernt es womöglich nichts als versagen.

Das soll nicht heißen, dass alles eitel Sonnenschein ist, wenn Sie mit einem Kind oder mit einem Pferd arbeiten. Aber wenn der Punkt erreicht ist, an dem Sie wütend werden oder entgegen jeder Vernunft und Logik sich von Groll, Zorn, Gehässigkeit, Hass und Gier und all den anderen negativen Gefühlen, die heute die Welt regieren, beherrschen lassen – dann werden Sie mit Ihrem Pferd ebenso wenig Erfolg haben wie mit Ihrem Kind.

Im Gegensatz zu einem Kind macht es uns das Pferd ziemlich bequem, so zu leben. Sie können alles Mögliche über das Pferd sagen, und es wird nie das Mikrofon ergreifen und sagen: „Hallo, Welt, jetzt erzähle ich dir mal etwas über diesen Menschen. Ich sage dir, aus was er gemacht ist." Aber ein Pferd kann trotzdem seinen Gefühlen Ausdruck geben, und wenn Sie es aufgrund eigener Unfähigkeit falsch behandelt haben, wird dies in seinem Verhalten offenbar. Sie treffen vielleicht jemanden wie mich, der Ihnen sagt, was dieses Verhalten in Wahrheit bedeutet. Das mag Ihnen nicht gefallen, aber die Wahrheit bleibt die Wahrheit.

Das Verhalten eines Pferdes sagt eine Menge aus über den Charakter des Besitzers. Manchmal kommen Leute zu einem Kurs, um sich auf ihrem Pferd ein bisschen sicherer zu fühlen. Vielleicht haben ihre Pferde ebenfalls Angst. Über mehrere Tage lassen sich solche Probleme leicht ausräumen. Ich kann dazu beitragen, dass die Leute mehr Vertrauen entwickeln und ihre Pferde ein wenig besser verstehen.

Es passiert recht oft, dass zu meinen Kursen Leute kommen, die zu passiv sind. Sie behaupten sich nicht so, dass andere Menschen oder ihre Pferde sie respektieren würden. Weil sie sich benehmen wie Opfer, sind sie womöglich von ihren Pferden gebissen oder anderweitig despektierlich behandelt worden, was nur ihre übertrieben passive Natur widerspiegelt.

Bewusst oder unbewusst suchen diese Menschen in meinen Kursen ein Gefühl der Stärke, das sie anderswo nicht gefunden haben. Eine Frau ist vielleicht sowohl von ihrem Mann und den Kindern als auch von ihrem Pferd herumgeschubst und schlecht behandelt worden. Ein bisschen Horsemanship – lernen, wie man die Leitung übernimmt, sich mit dem Pferd ein Ziel setzt und es erreicht – kann eine sehr befreiende Erfahrung sein. Es kann eine positive Wirkung entwickeln und den Rest ihres Lebens durchdringen.

Frauen sehen nach einem Kurs bei mir ihr Leben oft unter einem neuen Blickwinkel und mit neuem Selbstvertrauen. Sie beurteilen ihr Leben und ihre Beziehungen neu und machen oft „reinen Tisch", wenn Ehemänner oder Lebenspartner dieser neuen Lebenshaltung nicht entsprechen oder nicht geneigt sind, sich anzupassen.

Andere sind übermäßig aggressiv. Ich habe Männer getroffen, die sich geschämt haben, ihre Pferde in der Öffentlichkeit so zu behandeln wie zuhause. Aber die Pferde decken sie nicht. Während des Kurses stellt sich schnell heraus, wie der Besitzer zuhause mit dem Pferd umgeht, weil sich im Verhalten des Pferdes widerspiegelt, wie es gewöhnlich behandelt wird. Das meine ich, wenn ich von der Ehrlichkeit eines Pferdes spreche. Und es ist ein Glück, dass sie so sind – es wäre schwer, mit ihnen zu arbeiten, wenn sie nicht nur so stark, sondern obendrein auch noch verlogen wären.

Sehr oft erzählen mir Leute, dass das, was sie bei mir in Bezug auf Pferdeverständnis gelernt haben, ihnen dabei geholfen hat, auch sich selbst ein bisschen besser zu verstehen. Das führte dann zu Veränderungen, die ihr Leben mehr verbessert haben, als sie es je für möglich gehalten hätten.

Einer davon war ein Chariot Racer aus der Gegend von Big Horn, Wyoming. Chariot Racing ist bei uns ein Wintersport, der in einigen Teilen des Westens betrieben wird. Es hat einiges zu tun mit dem, was Charlton Heston im Film *Ben Hur* vorgeführt hat, nur dass die *chariots*, die zweirädrigen Wagen, meist nicht ganz so dekorativ und die Pferde davor häufig halb roh sind. Ein paar haben nie eine Ausbildung als Fahrpferd erhalten. Die Fahrer oder Lenker schirren sie an, hauen drauf, und ab geht's über gefrorenen Boden oder über ein Schneefeld.

Der Mann aus der Gegend von Big Horn hatte einmal versucht, ein Pferd anzuschirren und es zu fahren. Es hatte nicht geklappt wie gewünscht, und der Mann war ausgerastet und hatte mit einem Vierkantholz so lange auf das Pferd eingeprügelt, bis es das Bewusstsein verlor. Jemand hatte einen Tierarzt gerufen, aber es war zu spät. Das Pferd war immer noch bewusstlos. Es war nicht tot, aber der Tierarzt konnte nichts mehr tun und musste es einschläfern.

Der Sheriff wurde informiert, und der Mann kam wegen Tierquälerei vor den Richter. Dr. Wilson, der Tierarzt, war einer der Zeugen der Anklage. Der Richter hörte sich den Fall an und fragte dann den Tierarzt, was er sich als angemessene Strafe vorstellen könne. Dieser schlug vor, den Mann zu verpflichten, mit einem anderen seiner jungen Pferde an einem Kurs bei mir teilzunehmen. Er dachte, wenn der Mann lernen würde, ein junges Pferd richtig anzureiten und auszubilden, würde dies seinem Pferdeverständnis zugute kommen, und das wäre wirkungsvoller, als ihm einfach eine saftige Strafe aufzubrummen. Der Richter stimmte zu.

Damals war ich noch nicht von Montana nach Wyoming gezogen, aber ich hatte in dieser Gegend schon einige Kurse gegeben, und der Mann, der für mich die Kurse organisierte, informierte mich über den Fall des Chariot Racers und das Richterurteil.

Einerseits wollte ich den Mann hassen für das, was er meinem Freund, dem Pferd angetan hatte. Aber genau betrachtet war es vermutlich genau das, was der Mann von mir erwartete: Hass. Wahrscheinlich hatte er sich gewappnet gegen das, was kommen würde, und war mental darauf eingestellt, Feindseligkeit zu begegnen und sie zu überstehen.

Als der Mann beim Kurs auftauchte, behandelte ich ihn genau wie alle anderen Teilnehmer. „Im Zweifel für den Angeklagten" – ich tat, als wäre nichts Schlimmes vorgefallen. Die Einheimischen wussten natürlich Bescheid. Es wurde viel getuschelt über ihn und das Schreckliche, was er getan hatte. Sie können sich also vorstellen, wie der Mann sich gefühlt haben muss.

Ich war der Einzige, der ihn gut behandelte, und nach ein oder zwei Tagen fing er an Fortschritte zu machen. Er stellte Fragen, und als der Kurs zu Ende war, kamen er und sein junges Pferd recht gut miteinander zurecht.

Als sich alle anderen verabschiedet hatten, stand der Mann allein abseits bei den Corrals. Ich war dabei, meine Pferde zu verladen, als er zu mir herüberkam. Er war sehr groß, über 1,80 m, und wog über 225 Pfund. Eine Weile stand er einfach so da.

Ich wartete ab, bis er anfing zu reden. „Ich weiß nicht, was ich sagen soll", fing er an. „Dieses Wochenende hat mein Leben verändert, und zwar mehr, als Sie sich jemals vorstellen können." Und damit kamen ihm die Tränen.

Ich nahm ihn in den Arm. „Wir sehen uns vielleicht nie mehr wieder", sagte ich, „aber ich hoffe, dass das, was Sie hier gelernt haben, Ihnen auch in Situationen hilft, in denen die Emotionen außer Kontrolle geraten könnten. Ich hoffe, Sie sind klug genug, ein paar der Dinge in Ordnung zu bringen, die in Ihrem Leben nicht okay sind."

Er nickte und schüttelte mir die Hand. „Danke, dass Sie mich auf den Weg gebracht haben."

Dr. Wilson war ein weiser Mann, ebenso wie der Richter. Den Angeklagten zur Teilnahme an einem meiner Kurse zu verurteilen stellte sich als die beste Strafmaßnahme heraus, die ihm passieren konnte. Er erlebte ein paar Tage, die sein Leben veränderten und von denen auch ich profitierte. Mein erster Impuls war gewesen, ihn wegen seiner Untat mit dem Pferd gemein und rachsüchtig zu behandeln. Hätte ich dies getan, hätte ich ihn als Feind behandelt, hätte ich nicht das Geringste erreicht. Er hätte nie die Chance gehabt, einen besseren Weg kennenzulernen.

Auch nur einen kleinen Beitrag dazu leisten zu können, dass jemand sein ganzes Leben verändert, nur weil er an einem Buck Brannaman-Kurs teilgenommen hat, macht einen bescheiden. Ich bin dankbar für die Gelegenheit. Es ist ein wahres Gottesgeschenk, und wenn Menschen von mir emotionale oder psychologische Unterstützung erwarten, nehme ich meine Verantwortung sehr ernst. Ich tue mein Bestes, um ihnen zu helfen zurechtzukommen, denn wir versuchen doch alle herauszufinden, wie unser Leben aussehen sollte, wie wir am besten durchkommen und Antwort auf ein paar einfache Fragen finden. Wir sind alle auf derselben Suche. Wir sollten Pferde, wie auch Menschen, nicht so behandeln, wie sie sind, sondern wie wir möchten, dass sie sind.

* * *

Bei einem Kurs spielen so viele Variablen eine Rolle, die ich nicht im Griff habe: woher die Pferde kommen, ob sie verängstigt, nervös oder sonst wie gestört sind. Ich habe auch keinen Einfluss darauf, woher die Teilnehmer kommen und ob sie den Pferden helfen können, wenn diese Hilfe brauchen. Ich kann den Teilnehmern sagen, was sie tun sollen, aber ich kann es ihnen nicht abnehmen, und im Hintergrund lauert immer die Furcht, dass jemand verletzt werden oder tödlich verunglücken könnte. Heute kann ich über den Polacken und seinen Wasserkrug lachen, aber damals war es alles andere als lustig.

Uns allen ist klar, dass all diese Dinge tödlich enden können. Aber wenn jemand bei einem meiner Kurse zu Tode käme – und sei es ein purer Unglücksfall, wie er jedem überall und jederzeit begegnen kann –, würde dies jedes Fitzelchen Gutes, das ich je vollbracht habe, auslöschen, auch wenn ich noch so vielen Menschen geholfen und noch so viele Pferde vor dem Schlachter bewahrt habe. Es scheint nicht fair, aber es könnte passieren. Vor so etwas habe ich immer Angst, und ich muss einfach lernen, es Gott zu überlassen, meinen Schülern und mir hindurch zu helfen.

In einem Kurs in Boulder, Colorado, hatte ich ungefähr zwanzig Teilnehmer in der Abteilung für das Anreiten junger Pferde. Außer einem erledigten sie brav ihre Basisarbeit, sorgten dafür, dass ihre Pferde sich wohlfühlten und bereiteten sie auf das Anreiten vor. Der Mann, der nicht mitmachte, hatte eine kleine Paint-Stute gebracht, die er zuvor schon hatte anreiten lassen wollen. Er hatte einen Trainer vor Ort angeheuert, aber das hatte nicht geklappt. Die Stute hatte Angst vor dem Trainer, und sie hatte auch Angst vor ihm.

Der Kurs begann mit Bodenarbeit, um die wesentlichen Beziehungen zwischen Pferd und Besitzer zu etablieren. Dieser Besitzer jedoch machte nicht mit. Als ich ihn fragte, warum er nicht mit seinem Pferd arbeitete, erwiderte er: „Ich hab'

Wenn ein junges Kurspferd erstmals einen Sattel trägt, geht Buck mit ihm noch einmal alle Lektionen durch, die er vorher mit dem ungesattelten Pferd durchgenommen hat. Damit wird das Pferd darin bestärkt, dass es nichts zu befürchten hat, wenn der Sattel angegurtet wird.

genug von diesem Scheiß. Ich bin so weit, dass ich auf dieses Pferd aufsteige und reite."

Ich war mehr als nur ein bisschen geschockt von dieser Antwort. „Na schön, Sir", sagte ich. „Die anderen hier versuchen, ihren Pferden so viel Vertrauen einzuflößen, dass sie problemlos aufsitzen können. Ich kann Sie nicht zwingen, bei der Bodenarbeit mitzumachen, aber Ihr Pferd macht einen ziemlich verängstigten Eindruck. Ich denke, es wäre nicht schlecht, wenn Sie ein bisschen daran arbeiten würden, die Beziehung zu verbessern. Aber auch wenn nicht, müssen Sie noch etwas Geduld haben, denn wir sind noch nicht so weit, dass wir aufsteigen können."

Ein paar Leute, die unseren Diskurs gehört hatten, konnten nicht glauben, dass ihn die Arbeit mit seiner Stute nicht mehr interessierte. Schließlich hatte er gutes Geld für den Kurs bezahlt.

Eineinhalb Stunden später saßen die Teilnehmer erstmals im Sattel und konnten im Round Pen umherreiten. Der Mann war einer der Letzten, die aufsaßen. Ich hielt vom Pferd aus seinen Führstrick in der Hand und fragte ihn, ob er den Gurt auch gut angezogen hätte. Er sagte ja. Er war sehr groß, deshalb bat ich ihn, vorsichtig und in einer fließenden Bewegung halbwegs aufzusteigen, aber er hielt sich immer noch nicht an meine Anweisungen. Er stieg einfach auf, aber als er halb oben war, rutschte der Sattel, und zwar bis unter den Pferdebauch. Er musste absteigen.

Der rutschende Sattel hatte der Stute den Widerrist gequetscht. Sie hatte sich ein bisschen erschreckt, erholte sich aber bald und versuchte immer noch ihr Bestes.

Der Mann zog den Gurt nach, stellte sich das Pferd wieder zurecht und machte einen neuen Versuch. Er stellte den linken Fuß in den Bügel, legte sich über den Pferderücken, packte ein Büschel Mähnenhaare, wie ich es ihm gesagt hatte, und schwang sich hoch. Er hatte einige Mühe, sich den rechten Bügel zu angeln, aber schließlich hatte er beide Füße in den Bügeln.

Er saß nun auf seinem Pferd. An diesem Punkt bat ich ihn, dasselbe zu machen wie alle anderen: sich vorzubeugen und dem Pferd über den Hals zu reiben, wie die Mutterstute es bei ihrem Fohlen gemacht hatte.

Wieder hielt der Mann sich nicht an die Anweisung. Anstatt die Stute zu beruhigen, beugte er sich vor und gab ihr, ganz Macho, einen kräftigen Klaps auf den Hals. Von dem unerwarteten Schlag erschreckt, bewegte die Stute ihr Hinterteil vielleicht zwei Meter nach links. Der Mann hatte so wenig Gleichgewicht, dass er aus dem Sattel fiel. Es gab ein schnappendes Geräusch, und der Mann hielt sich ein Bein am Hüftgelenk.

Alle stiegen von den Pferden und führten sie aus dem Pferch hinaus. Während wir auf die Ambulanz warteten, sagte der Mann andauernd: „Es tut mir so leid. Ich habe allen den Kurs verdorben, und es ist allein meine Schuld. Es tut mir leid. Es tut mir leid."

„Schon gut", beruhigte ich ihn. „Machen Sie sich keine Sorgen. Wir bringen Sie ins Krankenhaus, und dort wird man Sie gut versorgen."

Die Ambulanz kam und brachte den Mann ins Krankenhaus. Ich bat einen der anderen Teilnehmer, die kleine Stute zu reiten, und bevor der Kurs zu Ende war, ging sie in der Fortgeschrittenen-Abteilung, ließ sich im Lope draußen auf der Koppel reiten und machte sich einfach prima.

Ich war richtig stolz auf das Pferd, und ich dachte, der Besitzer wäre froh über seine Fortschritte. Er hatte sich das Bein gebrochen, und bei meinen Besuchen im Krankenhaus berichtete ich ihm von den Erfolgen seiner Stute, wünschte ihm gute Besserung und sagte, es tue mir leid, dass er solches Pech gehabt hatte. Und das, dachte ich, war das Ende der Geschichte. Ich fuhr ab und gab den nächsten Kurs.

Ungefähr ein Jahr später gab ich wieder einen Kurs in derselben Arena. Ein Junge in einem T-Shirt kam herein, und irgendwie sah er nicht aus wie ein Teilnehmer an einem Reitkurs. War er auch nicht. Er war Gerichtsdiener und präsentierte mir hier mitten im Kurs Dokumente des Inhalts, mein Sponsor und ich seien der böswilligen und absichtlichen Fahrlässigkeit angeklagt. Der Besitzer der kleinen Paint-Stute hatte behauptet, wir hätten es darauf abgesehen gehabt, ihn zu verletzen oder zu töten, und dies vorsätzlich. Er wollte eine Million Dollar.

So etwas war mir noch nie passiert. Wie konnte mich der Mann für etwas verklagen, was ich nach besten Kräften zu verhindern versucht hatte? Ich war so durcheinander, dass ich am liebsten auf der Stelle und vor allen Leuten losgeheult hätte.

Ich war gegen solche Vorfälle nicht versichert, und es endete damit, dass ich einem Anwalt, den ich nicht gebraucht hätte, Tausende Dollar – die ich nicht besaß – dafür bezahlte, dass er mich für etwas verteidigte, für das ich nichts konnte.

Die Streitereien vor Gericht zogen sich über Jahre hin. Im Laufe der Zeit war die 1-Million-Dollar-Klage auf zehntausend Dollar geschrumpft. Der gegnerische Anwalt war auf eine außergerichtliche Einigung aus, damit sein Klient und damit auch er wenigstens ein bisschen erhielt.

Am Abend vor dem Prozess rief mich mein Anwalt an. „Wenn Sie dem Mann einen Ihrer Maßsättel geben, zieht er die Klage zurück."

Ich war empört. „Sagen Sie ihm, wenn er außergerichtlich auch nur einen Dollar will, kann er zur Hölle gehen." Ich hatte meine Prinzipien, selbst wenn ich den Rest meines Lebens dafür bezahlen musste. Ich wusste, das Pferd hatte nichts falsch gemacht, und ich hatte auch nichts falsch gemacht. Schuld an dem Unfall war einzig die Schwerkraft.

Während des Prozesses wohnte ich in Boulder bei Freunden. Gerade als ich am Morgen das Haus verlassen wollte, rief ein Bestattungsunternehmen aus Arizona an. Mein Vater war gestorben. Der Bestatter hatte mich tagelang zu erreichen versucht, weil er meine Unterschrift dafür brauchte, dass mein Vater verbrannt wurde. Der Gedenkgottesdienst sollte heute stattfinden.

Ich rief Smokie an. Er lebte hoch oben in Michigan, und selbst wenn er gewollt hätte, hätte er es nicht mehr rechtzeitig zum Gottesdienst geschafft.

An diesem Tag endete alles, was an Wut und bösen Erinnerungen noch übrig gewesen war. Ich wäre sehr gern beim Gedenkgottesdienst dabei gewesen, um ihm Lebewohl zu sagen, aber ich konnte nicht hinfahren. Ich musste vor Gericht erscheinen.

Als ich im Zeugenstand vom gegnerischen Anwalt befragt wurde, brach ich zusammen und begann zu weinen. „Was ist los?" fragte der Anwalt. Er konnte sich nicht vorstellen, wieso seine Fragen solch einen Gefühlsausbruch verursacht hatten.

„Was los ist? Dass ich hier vor Gericht stehe und mich wegen etwas verteidigen muss, von dem sogar Sie wissen, dass ich keine Macht darüber hatte. Ich sitze hier im Gerichtssaal und vergeude meine Zeit, während ich bei der Beerdigung meines Vaters sein könnte." Ich sah den Richter und dann die Geschworenen an. „Stattdessen gehört meine Zeit Ihnen, denn wenn ich nicht vor Ihnen erschienen wäre, hätten Sie diesem Prozesshansel von Mann und seinem Anwalt alles zugesprochen, für das ich je gearbeitet habe und jemals arbeiten werde. Vor dieser Wahl bin ich heute gestanden. Es ist ein harter Tag für mich."

Das Gericht entschied zu meinen Gunsten, der Mann erhielt nichts. Alle stimmten darin überein, dass ich mir nichts hatte zuschulden kommen lassen. Der Mann hatte einfach das Gleichgewicht verloren und war vom Pferd gefallen.

Mein Vater besaß ein wenig Eigentum in Chino Valley, Arizona. Es gab ein paar Möbelstücke, die er als junger Mann getischlert hatte, Familienbilder und ein paar Gewehre, die seinem Urgroßvater gehört hatten und die in seiner Familie weitervererbt worden waren. Nichts davon war wirklich wertvoll, aber die Gewehre hatte er mir hinterlassen wollen. Ein paar Tage vor seinem Tod brachte ihn Lillian, die Frau, mit der er gelebt hatte, dazu, sein Testament zu ändern. Ich weiß nicht, ob sie verheiratet waren oder nicht, aber sie war seine Lebensgefährtin gewesen und hatte sich um ihn gekümmert. Aufgrund der Testamentsänderung bekam ich nichts als eine Handvoll Fotos meiner Mutter. Alles andere war weg. Smokie und ich sahen nichts davon je wieder.

Ich habe meinen Vater nicht gehasst, als er starb. In

gewisser Weise habe ich ihn geliebt. Nicht so, wie ich Forrest geliebt habe. Forrest war mein Lehrer, er hat mich aufgezogen und mich auf das Leben vorbereitet. Mein Vater stand für die Art Mann, die ich auf keinen Fall werden wollte. So gesehen könnte man sagen, dass ich auch von ihm eine Menge gelernt habe.

Pferdeprobleme und Menschenprobleme

Bei meinen Kursen tauchen oft Pferde auf, die so etwas wie Sozialkrüppel sind. Sie sind unfähig, mit anderen Pferden beisammen zu sein. Manchmal geht dieses Problem auf die Trennung von der Mutter zurück. Möglicherweise haben die Menschen ihnen nicht den Ersatz geboten, den sie für ihre innere Sicherheit brauchten.

Sehr oft ist aber auch die Umgebung schuld, ein Besitzer, der ein schmales Stück Land besitzt oder sich ein Eigenheim in einem Vorort kauft und dann beschließt, sich ein oder zwei Pferde anzuschaffen. Solch eine Umgebung ist, verglichen mit dem, was Gott ursprünglich für die Pferde vorgesehen hatte, durch und durch künstlich. Selbst wenn das Pferd in dieser Situation noch mit einem Elternteil, einem Bruder oder einer Schwester zusammen ist, lernt es nicht, mit anderen Pferden im Herdenverband umzugehen.

Die Teilnahme an einem Kurs ist für diese abgeschotteten Tiere das erste Mal, dass sie mit anderen Pferden zusammen sind. Sie sind nicht im Geringsten dafür gerüstet, sich in eine Pferdegesellschaft einzufügen. Entweder fürchten sie sich zu Tode und würden sich am liebsten in ein Mauseloch verkriechen, oder sie benehmen sich aggressiv und kämpferisch.

Der Besitzer glaubt, dem Pferd einen Gefallen zu tun, wenn er es in eine mit Eichenholz getäfelte Box stellt, mit Türgriffen aus poliertem Messing und hübschen Bildern an der Wand. Er denkt, er verwöhnt sein Pferd, dabei bedeutet es für das Pferd nichts als Einzelhaft. Tatsächlich gesteht man Gefangenen mehr Platz und mehr Bewegung zu als diesen Pferden.

Besitzer, die mit solchen sozial verkrüppelten Pferden zu einem Kurs kommen, werden oft sauer, weil die Pferde sich nicht einfügen. Das offensichtliche Unbehagen des Pferdes lässt in dem Besitzer die Furcht aufkommen, dass das Pferd ihn demnächst herunterbocken oder mit ihm durchgehen wird. Sie befürchten, das Pferd könnte ausschlagen und sie oder jemand anderen verletzen.

Diese Pferde sind verloren, aber das muss nicht so sein. Unterstützung durch den Reiter, die Art Unterstützung, die beim Pferd ankommt und genaue Bewegungen abruft, die stimulierend wirken, machen alle anderen sozialen Probleme irrelevant. Wenn Sie diese Bewegungen abrufen, wenn Ihr Gedanke zum Gedanken des Pferdes wird, werden Sie und Ihr Pferd im Geiste eins. Das Pferd ist stolz, und auf diesen Stolz können Sie aufbauen, bis das Pferd mehr Selbstsicherheit entwickelt. Am Schluss haben Sie ein Pferd, das sich im Sozialgefüge mit anderen Pferden besser zurechtfindet.

Wenn jemand ein Pferd mit einem sozialen Problem hat, kann er nicht einfach hingehen, sich eine Herde Pferde kaufen, das Pferd hineinwerfen und denken, nun sei alles geregelt. Dem Pferd fehlen Entwicklungsphasen, und es wird nichts nützen, sie hinterher schaffen zu wollen.

Für einen Kinderpsychologen wäre die Parallele zu einem Kind, das von den Eltern nicht richtig erzogen wurde, offensichtlich. Ein Kind, dem Erfahrungen fehlen, die es viel früher hätte machen müssen. Ein Kind, das in einer unsozialen Umgebung aufwächst und anfängt, mit einer Punker-Gang herumzuhängen – dem Typ Mensch, der sich von anderen sozialen Außenseitern angezogen fühlt –, wird kein sozial annehmbares Verhalten entwickeln können.

Zwischen solch einem Kind und einem Pferd mit derselben Art von sozialem Problem besteht kein Unterschied. Als Reiter müssen Sie dem Pferd langsam und methodisch zeigen, was richtig ist. Außerdem müssen Sie es von unpassendem Verhalten abbringen, und zwar nicht, indem Sie ihm dieses Verhalten unmöglich machen, sondern indem Sie es ihm erschweren, sodass es sich von selbst für das passende Verhalten entscheidet. Die Wahl können Sie ihm nicht abnehmen, Sie können ihm nur die falsche Entscheidung schwer machen. Wenn Sie es ihm aber ganz und gar unmöglich machen, eine falsche Wahl zu treffen, gibt es Krieg.

Sozial unangepasste Pferde ähneln Kindern, die aus der Schule Bemerkungen mitbringen wie: „Spielt nicht gut mit anderen Kindern." Für dieses Verhalten gibt es viele Gründe.

Ein Pferd kann vor anderen Pferden Angst haben. Es hat sehr beschützt gelebt und glaubt, die ganze Welt trachte ihm nun nach dem Leben. Und weil es Angst hat, braucht sich ein anderes Pferd gar nicht besonders aggressiv zu benehmen. Eine schnelle Bewegung des anderen Pferdes oder sogar eines Reiters, der nur vorbeigeht, genügt manchmal schon, um eine Schreckreaktion zu provozieren. Das kann für den Menschen

Buck benutzt die „Fahne", um das Pferd an äußere Einflüsse zu gewöhnen. Die Fahne wirkt als Verlängerung seines Arms und hält ihn aus dem Gefahrenbereich heraus, sollte das Pferd schlagen oder beißen.

im Sattel gefährlich werden: Das Pferd kann zur Seite springen oder einfach durchgehen. Und dann hat der Reiter vielleicht genauso viel Angst. Seine Reaktion kann genauso vom Schreck geprägt sein: Er zieht womöglich am Zügel oder klammert mit den Beinen. Das macht dem Pferd noch mehr Angst und verfestigt so das Problem.

Mit einer „Fahne" kann man einem unsicheren Pferd zu mehr Selbstsicherheit verhelfen. Diese Fahne, mehr ein Fähnchen, besteht aus einer Antenne aus rostfreiem Stahl, an der ein bunter Plastikstreifen befestigt ist. Das kann anfangs ziemlich Furcht erregend wirken, aber wenn man das Pferd vom Boden aus daran gewöhnt, kann man die Fahne schließlich auch im Sattel bei sich tragen.

Die Fahne wird aufrecht getragen wie ein Tennisschläger, denn wenn man sie wie eine Gerte nach unten hält, verschwindet sie womöglich im blinden Fleck unter dem Pferdekinn. Dann erschrickt das Pferd, wenn Sie die Hand heben und die Fahne plötzlich wieder auftaucht.

Sie wedeln mit der Fahne, um andere Tiere zu vertreiben. Ihr Pferd wird merken, dass ihm (genau genommen Ihnen) andere Pferde, die es für überlegen gehalten hatte, aus dem Weg gehen, wenn Sie es reiten und mit der Fahne wedeln. Sein Selbstvertrauen wird ganz schnell wachsen. Vielleicht musste es sein ganzes Leben anderen Pferden weichen, aber wenn es merkt, dass es andere Pferde dazu bringen kann, ihm auszuweichen, werden Sie eine große Veränderung in seinem Selbstwertgefühl feststellen.

Zu unpassendem Benehmen zählen auch Beißen und Schlagen. Oft ist dieses Verhalten kein Zeichen von Aggressivität, sondern eher von Ängstlichkeit. Das Pferd kann sich in die Enge getrieben fühlen und keinen Ausweg mehr sehen.

Stellen Sie sich vor, Sie wären bis zur Hüfte im Sand begraben, und um Sie herum gingen eine Menge Menschen. Wie unsicher würden Sie sich fühlen, wenn Sie die Füße nicht bewegen könnten und Ihnen Leute auf die Finger treten, Sie anrempeln und treten würden? Wenn Sie nicht ausweichen könnten, um sich vor Verletzungen zu schützen – wie heftig würden Sie sich von der Hüfte aufwärts wehren? Ebenso neigt ein Pferd, das seine Füße nicht so frei bewegen kann, wie es möchte, zu gewalttätigem Benehmen anderen Pferden gegenüber. Wenn ihm ein anderes Pferd oder ein anderer Reiter zu nahe kommt, glaubt es, sich mit Beißen oder Schlagen wehren zu müssen. Solch ein Pferd hat Angst und ist in sich selbst gefangen, weil es seine Füße nicht bewegen kann oder will, um sich zu retten.

Wenn ein Pferd bereits ausgeschlagen hat, darf man es nicht bestrafen. Es ist schon zu spät. Sie erreichen nichts damit, und außerdem sollten Sie das Pferd überhaupt nicht bestrafen. Ein guter Pferdekenner beobachtet stattdessen, was sich anbahnt, und handelt, bevor das Pferd aggressiv wird. Drehen Sie den Pferdekopf in Richtung auf die Person oder das Pferd, nach dem es schlagen wollte, und drücken Sie mit dem Schenkel die Hinterhand in die andere Richtung. Sie können es auch zu einer langsameren oder schnelleren Gangart antreiben. Oder Sie nehmen einfach beide Zügel an, bis es nachgibt und das Kinn fallen lässt.

Stellen Sie es sich vor als „Themenwechsel" oder geistiges Umdirigieren. Dazu brauchen Sie Timing und Voraussicht. Sie müssen voraussehend planen, damit es weniger darum geht, ein Fehlverhalten des Pferdes zu bestrafen, als vielmehr darum, das aggressive Verhalten kommen zu sehen und umzulenken. Sie bringen das Pferd auf andere Gedanken, bevor es handeln kann, und richten es auf etwas anderes aus.

Ob Sie ein Pferd reiten oder ein Kind erziehen – es spricht nichts dagegen, auch einmal nein zu sagen. Aber wenn man immer nein sagt, verliert das Pferd die Lust, etwas zu versuchen, und sehr schnell bekommt das Pferd oder der junge Mensch das Gefühl, sowieso nichts richtig zu machen. Aber wenn Sie nein sagen und sofort ein „aber stattdessen könntest du dies machen" anschließen, lenken Sie es um und bringen es von dem unpassenden Verhalten ab. An nichts anderes denke ich, wenn ich ein junges Pferd reite. Anstatt es für unpassendes Verhalten zu bestrafen, nachdem es passiert ist, lenke ich das Pferd um, bevor es passiert. Unter Umlenken verstehe ich den „Anstatt"-Teil. Mit dem Umlenken bringe ich das Pferd auf andere Gedanken und nehme es mit auf einen anderen Weg als den, auf dem es ursprünglich unterwegs war.

Heute ist viel von Mentoren die Rede. Es muss nicht beim Reden bleiben. Wenn wir Problemkinder früh genug erreichen, können wir ihnen Eindrücke vermitteln, nicht durch Druck und Drohungen, sondern durch Disziplin und Anleitung.

Das gilt auch für Problempferde. Stecken Sie die Parameter vor lauter Sympathie zu weit, lernt das Pferd keine Grenzen kennen, und im Endeffekt verziehen Sie es nur. Ein misshandeltes Pferd, das vor lauter Mitgefühl verzogen wurde, gehört zu den am schwierigsten zu korrigierenden Fällen: Jeder Korrekturversuch endet damit, dass Sie es in den Geisteszustand zurückversetzen, als es Angst hatte. Was Sie auch machen, es ist falsch, denn für ein verzogenes Pferd brauchen Sie möglicherweise körperliche Kraft. Die Anwendung von körperlicher Kraft bringt bei solch einem Pferd aber wieder die Furcht und den Terror zum Vorschein, die es glauben machen, es sei in Lebensgefahr. Wie viel Kraft nötig ist, hängt vom einzelnen Pferd und dem jeweiligen Problem ab, aber hier die Balance zu finden, ist entscheidend.

Wenn Sie mit einem Problempferd zu arbeiten beginnen, sind Sie dafür verantwortlich, ihm gewisse Grenzen für sein Verhalten zu setzen. An diesem Punkt im Leben eines Pferdes können wir Menschen zeigen, wie weit wir in der Evolution doch fortgeschritten sind. Wir können dem Pferd helfen, sich auf konstruktive Aufgaben zu konzentrieren, die sei-

Mithilfe der Fahne arbeitet Buck eine Gruppe von Kurspferden, nachdem sie aufgesattelt wurden. So können sie sich an das Gefühl des Sattels auf dem Rücken und die Steigbügel, die in die Flanken schlagen, gewöhnen.

ne Furcht besänftigen und ihm zeigen, dass es nicht allein einer Welt voller Raubtiere gegenübersteht. Tun wir dies nicht, haben wir nichts zu bieten außer Mitgefühl, lassen wir nur zu, dass es in einen anderen Problembereich überwechselt.

Ein Pferd, das eine Verhaltensweise positiv verändert hat, braucht Gelegenheit, die Erfahrung „einsinken" zu lassen, sich zu konzentrieren und das, was es gelernt hat, zu verdauen. Es braucht eine Auszeit. Erhält es sie, wird es das nächste Mal umso besser reagieren. Konfrontieren Sie das Pferd dagegen mit einem neuen Problem, bevor es Zeit hatte, das alte zu verarbeiten, zwingen Sie es, das, was es gerade gelernt hat, zu vergessen, um sich auf das Nächste zu konzentrieren. Und wenn ein junges Pferd zu früh vor zu viele Aufgaben gestellt wird, verliert es die Lust, es zu versuchen.

Die gleiche Theorie gilt für die Arbeit mit Kindern. Wenn Sie einem Kind nicht genug Zeit lassen, einen neuen

Gedanken aufzunehmen und im Gedächtnis zu verankern, wenn Sie ihm zu viel zumuten, überrollen Sie es und zerstören auch bei ihm die Lust, es zu versuchen.

Die Wahl des richtigen Augenblicks ist entscheidend für die Entwicklung des Pferdes. Vergessen Sie aber nicht, dass das Schlechte genauso „einsinkt" wie das Gute. Wenn Sie mit einem Pferd gekämpft haben, weil es Sie abwerfen oder durchgehen wollte, und Sie geben auf und stellen es auf die Weide, hinterlässt auch diese Erfahrung ihren Eindruck. Das Pferd baut darauf auf, und wenn Sie das nächste Mal mit ihm arbeiten, benimmt es sich wahrscheinlich noch viel schlimmer als zuvor, bevor Sie es auf die Weide gestellt haben.

Hat es dagegen positive Erfahrungen gemacht, bevor es auf die Weide durfte, sinken auch diese ein, und es wird sich das nächste Mal besser reiten lassen als zuvor. Wichtig ist, dass Sie das letzte Wort behalten, dass dieses Wort aber auch gut für Sie beide ist.

* * *

Wenn Pferde in unserer Welt überleben sollen, muss jemand Regeln aufstellen und dann konsequent und diszipliniert genug sein, sie auch durchzusetzen. Das Gleiche gilt für Kinder. Solange die Kinder klein sind, haben wir als Eltern eine Chance, sie zu guten Mitbürgern zu erziehen, anstatt zu warten, dass die Regierung uns die Erziehung abnimmt. Wenn das Pferd oder der Mensch älter ist, wird die Arbeit mit ihm viel gefährlicher. Man muss viel mehr Disziplin aufbringen, manchmal sogar Zwang ausüben, um sie derartig zu provozieren, dass sie bereit sind, ihr Leben zu ändern.

Es ist eine Frage des Timings und der Geduld. Auch wenn es an der Oberfläche aussehen mag, als ob überhaupt nichts passiert, können sich ein wenig darunter tiefgreifende Veränderungen abspielen. Abwarten ist nicht das Schlechteste.

Für mich beziehen sich diese Prinzipien auf das Leben überhaupt, darauf, so zu leben, dass es keinen Krieg mit Pferden oder anderen Menschen gibt. Es geht darum, nach vorne zu schauen anstatt nach hinten und nur zu reagieren. Bei der Arbeit mit jungen Pferden muss man proaktiv, im guten Sinne aktiv, sein. Wenn ein Pferd beißt oder schlägt, muss man verstehen, woher dieses Verhalten kommt, was das Pferd damit bezweckt und wie man es eher umlenken kann, als das Pferd für etwas zu bestrafen, das man selbst für falsch hält. Das Pferd fühlt sich im Recht, sonst würde es nicht tun, was es tut.

Angeblich sind wir die Intelligenzler, aber es ist verblüffend, wie wenig Gedanken sich die meisten Menschen bei der Arbeit mit Pferden machen. Sie verstehen nicht, dass ein Pferd so reagiert, weil es für das Pferd eine Frage von Leben oder Tod ist. Den Teilnehmern an meinen Kursen sage ich oft, dass sie alle auf ihre Pferde steigen und sich herumbockend aus dem Staub machen könnten, ohne dass dieses Chaos den geringsten Eindruck auf das Pferd machen würde, auf dem ich sitze. Weil wir zwei uns verstehen. Mein Pferd geht nirgendwohin ohne mich, und ich gehe nirgendwohin ohne ihn. Andere Pferde oder Reiter haben darauf keinen Einfluss, weil mein Pferd sicher in sich selbst ruht.

Wäre es nicht schön, wenn wir unsere Kinder mit dieser Art von Unabhängigkeit groß ziehen könnten? Das ist das Ziel für uns als Eltern. Sehen Sie sich Jugendliche an, die Mitglieder in Gangs werden oder mit irgendwelchen Punks abhängen, die sie auf den falschen Weg führen. Wären sie mental und psychologisch besser gerüstet gewesen, bevor sie mit dem schlechten Element in Berührung kamen, hätte das schlechte Element keine Chance gehabt.

Die Schuld dafür, dass Jugendliche als Mitglieder einer Gang enden, liegt nicht bei den Kindern, und sie liegt auch nicht allein bei denjenigen, die sie in Versuchung führen. Hätten die Eltern für einen besseren Hintergrund gesorgt, wären sie nie in Schwierigkeiten geraten. Bei der Arbeit mit jungen Pferden ist es genau das Gleiche. In gewissem Sinn sind wir auch hier Eltern. Wir tragen die Verantwortung dafür, dass die Pferde sich in ihrem Leben wohlfühlen und verstehen, wie sie sich einfügen und anpassen sollen und können.

Pferde, die an Artgenossen kleben, sind unsicher, aber aus anderen Gründen. Ein Kleber ist okay, solange er dahin gehen darf, wo die Gruppe hingeht. Versucht man aber, ihn von seinen Kumpeln zu trennen, fängt er oft an zu bocken, steigt, bis er rückwärts umfällt, oder scheut seitlich weg. Bei solch einem Verhalten kann der Reiter leicht zu Schaden kommen.

Das Pferd fühlt sich mit dem Reiter nicht sicher, weil es sich seiner selbst nicht sicher ist. Als Reiter können Sie ihm helfen, für sich selbst einzustehen und bei sich selbst zu sein. Pferde sind hoch soziale Wesen, von der Natur für das Leben in einer Herde gemacht. Wenn es Ihnen jedoch gelingt, es selbstsicherer zu machen, wird es sich auch außerhalb der Herde wohlfühlen, solange Sie bei ihm sind.

Vielleicht hat man den Kleber so lange im Paddock allein gelassen, dass er nicht mehr heraus will, oder er ist so an Gesellschaft gewöhnt, dass er im Gelände nicht von anderen Pferden oder Reitern weg will.

Wenn ich einen Kleber korrigieren will, hole ich mir ein paar Reiter auf einer großen Wiese zusammen. Sie stehen einfach in einer kleinen Gruppe zusammen, mit so viel Zwischenraum, dass ein Pferd sich zwischen ihnen bewegen kann. Dann suche ich mir ein Ziel für meinen Kleber: eine Stelle im Baumschatten am Ende der Wiese oder eine entfernte Ecke. Dann lasse ich vielleicht die Zügel los, hänge sie über das Sattelhorn und fange an, das Pferd mit den Schenkeln in der Nähe der Gruppe in Bewegung zu bringen. Ich versuche nicht, es mit den Zügeln oder mit Schenkeldruck zu

Mr. und Mrs. Buck Brannaman mit Betsy Shirley an ihrem Hochzeitstag auf der Cold Springs Ranch

Buck und Mary an ihrem großen Tag mit den Töchtern Lauren und Kristin

Buck mit seiner Tochter Reata

Buck bei einem Interview mit ABC in Australien. Das Fernsehen berichtete ausführlich über seine Technik.

XII

Bei einem seiner Kurse in Australien wurde Buck gefragt, ob er jemals etwas anderes gesattelt habe als ein Pferd. Das Foto spricht Bände.

Während der Aufnahmen zu einem seiner Lehrvideos über Roping auf seiner Ranch in Sheridan, Wyoming, braucht Buck auch einmal eine Pause.

lenken. Ich bringe es nur in Bewegung. Damit mache ich das, was ihm anfangs als wünschenswerter Ort erschien – die Gruppe – für ihn ein bisschen schwierig. Ich möchte ihm zu verstehen geben, dass es für ihn mit mir dort in der Ecke oder im Baumschatten am sichersten und am bequemsten ist.

Ich zwinge dem Pferd meine eigene Idee nicht auf, ich erlaube ihm vielmehr, diese Idee im Laufe der Zeit als eigene anzunehmen, indem ich es ihm erschwere, bei der Gruppe zu bleiben. Wir gehen einfach Schritt und Trab, ohne dass irgendetwas Schlimmes passiert. Durch mein Verhalten signalisiere ich dem Pferd: „Wenn du hier bei deinen Kumpeln bleiben möchtest, ist das für mich okay, aber nur unter der Bedingung, dass du ständig in Bewegung bleibst. Sie können gemütlich herumstehen, aber du musst dich bewegen."

Nach ein paar Minuten bewegt sich das Pferd vielleicht in einem kleinen Kreis von der Herde weg. In diesem Augenblick verschmelze ich mit ihm. Ich klopfe und streichle es und bin so sanft wie nur irgend möglich. Ich verhalte mich still, und das Pferd geht ein Stückchen weg und dann geradewegs wieder zurück zur Herde. Die Herde ist ein Magnet, und sie zieht ihn machtvoller zurück, als ich ihn allein weg reiten konnte.

Noch ein paar Minuten in Bewegung, sodass die Herde für ihn ein ungemütlicher Ort wird, und sein Kreis wird ein wenig größer. Solange er sich von der Herde weg bewegt, streichle und lobe ich ihn. Wenn die Herde ihn zurückzieht, sorge ich für einen konstanten Energiefluss. Je näher wir der Herde kommen, desto mehr Energie lasse ich einwirken, und ich drossle die Energie, wenn wir weiter weg sind. Es ist ein bisschen wie bei dem Spiel, bei dem man mit „wärmer" oder „kälter" dirigiert wird.

Bei einem Pferd, das sensibel auf den Schenkel reagiert, genügt es vielleicht schon, den Schritt- oder Trabtakt zu erhöhen, damit es lebendiger wird und sich weg bewegt. Typisch für einen Kleber ist jedoch, dass er mehr auf die anderen Pferde achtet und darauf, was sie machen, als auf Sie als Reiter. Er blendet Sie aus, und Sie müssen vielleicht stark mit dem Schenkel einwirken, um bei ihm Energie zu wecken und zu erhalten. Manchmal muss man ihm auch mit den Zügelenden an den Hals klopfen, um ihn „aufzuwecken".

Haben Sie erreicht, dass das Pferd reagiert, dürfen Sie ihm nicht zur falschen Zeit erlauben stehen zu bleiben. Es könnte das Anhalten sonst als Belohnung verstehen. Achten Sie darauf, die Energie aufrechtzuerhalten, bis das Pferd an einem Platz ist, wo Sie es geistig und körperlich haben wollen, das heißt, weg von der Herde oder vom Stall.

Nach einiger Zeit werden die Kreise, die das Pferd zieht, größer und größer. Anfangs geht es vielleicht hundert Meter von der Herde weg und bleibt dann stehen. Befindet es sich annähernd dort, wo ich es hinhaben wollte, klopfe und streichle ich ihm den Hals. Es steht möglicherweise nicht ganz unter dem Baum, den ich eigentlich anvisiert habe, aber doch näher daran als vor einer Weile. Ich bleibe ein bisschen ruhig sitzen, reibe ihm über den Hals, und wir machen eine kleine Pause.

Dann setze ich das Pferd mit Schenkeldruck wieder in Bewegung. Es ist mir gleich, wohin es geht. Meistens dreht es um und kehrt so schnell wie möglich an seinen sicheren Platz, zur Herde, zurück. Aber wie immer, wenn es zur Herde zurückkehrt, mache ich es ihm dort schwer. Bald sieht es sich wieder nach dem Ort um, wo es friedlicher zuging, und bewegt sich ein wenig weiter von der Herde fort, vielleicht in Richtung auf die Stelle, wo es sich ausruhen durfte, vielleicht sogar ein wenig weiter. Wieder lasse ich es dort ausruhen.

Das Pferd wird im Geiste auf dem, was wir tun, aufbauen, weil ich ihm erlaube zu suchen. Ich lasse Veränderung zu, Veränderungen in seinem Innern, ohne Veränderung wie eine lebensgefährliche Bedrohung zu behandeln. Selbst ein echtes Problempferd braucht nicht mehr als ein oder zwei Stunden, bevor ich mit gemütlich verschränkten Armen zu dem Baum in der Ecke reiten kann. Dort bleiben wir immer wieder längere Zeit stehen. Ich reibe ihm über den Hals, lasse es den Schatten genießen, und wir sind einfach nur zusammen.

Wenn ich das Pferd wieder antreibe, kehrt es möglicherweise im langsamen Galopp zu seinen Kumpeln zurück, aber wenn es dort anzuhalten versucht, halte ich es weiter in Bewegung. Es muss arbeiten. So wird ihm klar, dass es bei der Herde nicht so sicher oder gemütlich ist, wie es dachte. Es wird sich nach seinem „gemütlichen" Baum in der Ecke umsehen.

Dass die Lektion beendet ist, weiß ich, wenn das Pferd unter „unserem" Baum ein paar Minuten stehen bleibt. Wenn ich es dann wieder antreten lasse, macht es einen oder zwei Schritte und bietet an, wieder anzuhalten. An diesem Punkt deckt sich meine Vorstellung mit der des Pferdes. Ich steige ab, nehme ihm den Sattel ab und reibe es mit den Händen am ganzen Körper ab (Hände sind viel besser als eine Bürste, wegen des Körperkontakts mit einem menschlichen Wesen). Und dann führe ich es den ganzen Weg nach Hause. Ich bringe es in den Stall, mache alles fertig, gebe ihm vielleicht eine Handvoll Hafer und lasse es für den Rest des Tages in Ruhe.

Drei oder vier Tage lang führe ich diese Übung auf die immer gleiche Weise durch. Wenn wir in der Herde sind, verschränke ich die Arme, die Zügel lose über dem Sattelhorn, und lasse das Pferd mit gespitzten Ohren antreten – wohin auch immer ich reiten möchte. Es weiß, dass es ihm nirgends so gut geht wie bei mir.

Auf diese Weise können Sie auch bei Ihrem eigenen Pferd das Selbstvertrauen stärken. Es bedeutet Sicherheit für Sie: Sie werden nicht heruntergebockt oder von einem rückwärts umfallenden Pferd zerquetscht, das wild darum kämpft, zu seinen Kumpeln zurückkehren zu dürfen. Sie haben nichts dagegen, dass es bei ihnen ist – Sie machen es ihm nur ein bisschen schwer, dort zu sein.

Dies ist eine Herangehensweise, bei der niemand verliert und alle gewinnen. Haben Sie einen Kleber einmal korrigiert, können Sie auch mit anderen ausreiten, und er wird zufrieden sein, nicht weil andere Pferde dabei sind, sondern weil Sie da sind. Es gibt nur Sie und Ihr Pferd, und viel mehr können Sie nicht verlangen.

Pferde, die kleben und sich nicht von der Gruppe weg reiten lassen, die zu unsicher sind, um ihr eigenes individuelles Leben zu leben, können gefährlich werden. Viele Menschen haben sich mit solchen Pferden schon verletzt oder sind getötet worden. Der Muskelprotz-Ansatz – dem Pferd zeigen, wer hier der Boss ist, ihm die Sporen geben, den Kopf herumreißen oder es verprügeln, wenn es bei seinen Artgenossen sein möchte – funktioniert nicht. Kraft und Gewalt funktionieren nie. Sie erreichen nichts weiter, als das zu zerstören, was sich zu einer Freundschaft zwischen Ihnen und dem Pferd hätte entwickeln können. Und: Sie gehen ein hohes Verletzungsrisiko ein. Der Macho-Ansatz wird in vielen Lebensbereichen angewendet, und er funktioniert einfach nicht. Überhaupt nicht.

* * *

Pferde mit Stalltrieb sind sehr ähnlich. Vor ein paar Jahren gab ich einen Kurs auf der Mountain Sky Guest Ranch südlich von Livingston, Montana. Der Besitzer erzählte mir, er habe ein Pferd, das seine Leute nicht dazu bringen könnten, den Hof zu verlassen. Entweder wollte es im Stall bleiben oder bei seinen Kumpeln im Stall – der Besitzer war sich nicht ganz sicher, was mehr zutraf, aber jedenfalls erschienen dem Pferd wohl beide Alternativen höchst attraktiv. Die Ranch-Cowboys hatten es geschlagen, ihm die Sporen gegeben und ihm den Kopf herumgerissen, aber bevor es den Hof verließ, bockte es lieber seinen Reiter herunter, streifte ihn am Zaun ab oder überschlug sich rückwärts.

Gefragt, ob ich helfen würde, das Pferd zu korrigieren, führte ich es aus dem Stall heraus, schloss die Tür hinter ihm und öffnete das Tor, das aus dem Hof hinaus und auf die Straße führte, sodass es hinaus konnte, falls es dies wünschte. Dann ließ ich einen der Cowboys aufsitzen und das Pferd im Schritt und Trab bewegen.

Ich sagte ihm, er solle dem Pferd den Hals reiben und es mit den Schenkeln in Bewegung halten. Er ritt Zirkel und Schlangenlinien, alles innerhalb von maximal zehn Metern vom Stall entfernt. Dem Cowboy erklärte ich: „Sieh zu, dass das Pferd versteht, dass es bei seinen Kumpeln im Stall bleiben kann, solange es bereit ist, dafür zu arbeiten. Tu ihm nichts, aber es darf nicht anhalten und sich ausruhen."

Wie bei dem Kleber auf der Wiese machten wir ihm die falsche Entscheidung schwer. Es dauerte nicht lange, bevor eine Veränderung eintrat. Das Pferd spitzte die Ohren, und nach Jahren des Klebens am Stall, unglücklich im Aussehen und Verhalten, trabte es frisch und fröhlich vom Stall weg durchs Tor und die Straße entlang.

Nach ein paar Hundert Metern ließ ich den Cowboy absteigen. Er rieb das Pferd ab und ließ es sich ausruhen. Dann nahm er auf mein Geheiß den Sattel ab, ließ ihn neben der Straße liegen und führte das Pferd den ganzen Weg zurück in den Stall. Dem Besitzer erklärte ich, dass das Pferd seine Einstellung total verändern würde, wenn seine Leute ein paar Tage auf diese Weise mit ihm arbeiten würden.

Das Pferd war einundzwanzig Jahre alt. Den größten Teil seines langen Lebens hatte es versucht, nach bestem Wissen und Gewissen zurechtzukommen. Es wollte sich nicht absichtlich schlecht benehmen, es wusste nur einfach nicht, was gut oder schlecht war. Es wusste nur, was ihm die Menschen leicht gemacht hatten. Nach all diesen Jahren verlangten wir von ihm nun, sich zu ändern. Stellen Sie sich vor, Sie wären sechzig Jahre alt und müssten feststellen, dass alles, was Sie im

Leben für richtig gehalten haben, in Wirklichkeit falsch war und Sie Ihre ganze Existenz verändern müssten.

Es kann einem Pferd, das sich sein Leben lang falsch verhalten hat, sehr schwerfallen, sich zu ändern. Das ist eine wichtige Lektion, die die Menschen zu lernen haben, besonders da es ihnen selbst noch viel schwerer fällt, ihr eigenes Verhalten zu ändern. Da gab es zum Beispiel einmal eine Mutter-Tochter-Kombination, die an einem Kurs in Agua Dulce, Kalifornien, teilnahm. Ihre Pferde klebten, weil auch Mutter und Tochter aneinander klebten. Die Mutter verbrachte viel zu viel Zeit damit, ihrer Tochter zu helfen, wobei sie ihr eher im Weg war und sie daran hinderte, Fortschritte zu machen.

Eben diese Mutter und Tochter nahmen später an einem Zehn-Tage-Kurs auf meiner Ranch in Sheridan, Wyoming, teil. Sie hängen nicht mehr ganz so aneinander wie früher, aber das Problem existiert noch. Immer noch arbeite ich daran, die Tochter von der Mutter zu entwöhnen. Bei einem Fohlen dauert es angeblich einundzwanzig Tage, bis es von der Mutter entwöhnt ist. Ich habe etwa sechs Monate mit dieser Mutter-Tochter-Kombination zugebracht, und jeder Kurstag bringt uns ein klein wenig weiter.

Jedes Mal, wenn ich mit jemandem arbeite – ob Mensch oder Pferd –, der Angst oder Probleme hat, überlege ich mir, wie die Probleme und ihre Lösung sich auf das Leben eines Menschen, mich eingeschlossen, beziehen. Lektionen gibt es viele, aber man darf nicht vergessen, dass nicht alle hart und nicht alle unangenehm zu lernen sind.

Mary

Nach meiner Scheidung von Adrian waren Jeff Griffith und ich wieder gute Freunde. Wenn ich nicht unterwegs war und Kurse gab, ritten wir zusammen eine Menge junger Pferde ein, gingen tagsüber angeln und auf die Jagd nach Erdhörnchen. Nachts waren wir viel unterwegs, hockten in Bars und machten Mädchen an.

Ich hatte keine ernsthafte Beziehung, aber ich ging sehr viel aus. Vermutlich hatte ich so viel Angst, eine schlechte Beziehung könnte mein Leben wieder zerstören, dass ich lange Zeit überhaupt mit keinem weiblichen Wesen ausging. Ich hielt alles schön beiläufig. Auch wenn das, was sich zwischen Adrian und mir abgespielt hatte, nicht mein Fehler gewesen war, schämte ich mich meiner Scheidung so sehr, dass ich beschloss, Single zu bleiben.

Damals hatte ich keinen richtig festen Wohnsitz. Ich war ständig unterwegs und gab Kurse, und wenn ich zurück in Montana war, lebte ich mehr oder weniger in Jorie Butlers Haus oben in Indian Creek. Wenn keine Kurse anstanden, ritt ich ihre Vollblüter und hing mit Jeff herum.

Zuzeiten war ich in der Auswahl meiner Frauen reichlich oberflächlich. Meiner Erfahrung nach war es unwahrscheinlich, eine Frau zu treffen, deren Inneres so schön war wie ihr Äußeres. Zum Glück (bei meiner Vorgeschichte musste es Glück sein) traf ich doch eine. Sie heißt Mary.

Das erste Mal habe ich Mary Bower bei einem Kurs getroffen, den ich in Boulder, Colorado, gab. Sie war eine der Teilnehmerinnen, und sie war die schönste Frau, die ich je gesehen hatte.

Mary war Model gewesen und auf dem Höhepunkt ihrer Karriere bei der Ford Agency in New York unter Vertrag. Man hatte ihr viel Geld zugesichert, aber ihr gefiel es in New York nicht, und nach ein paar Wochen zog sie nach Los Angeles, wo sie in der Werbung groß herauskam. Sie trat in kleineren Rollen in TV-Shows auf, aber nach einer Weile ging sie zurück nach Colorado.

Zu der Zeit, als wir uns begegneten, war sie mit einem früheren Football-Spieler der Denver Broncos namens Rob Swenson verheiratet und hatte mit ihm zwei Töchter, Lauren und Kristin. Die Ehe steckte in der Krise, aber noch hatte sie die Scheidung nicht eingereicht. Rob lebte in Denver, wo er

Buck und Mary

versuchte, im Immobiliengeschäft Fuß zu fassen, und sie war mit den beiden Töchtern in Boulder.

Mein Prinzip war immer gewesen, nie mit einer Kursteilnehmerin auszugehen, aber als ich Mary zusah, wie sie auf ihrem jungen Pferd im Galopp Zirkel ritt, beschloss ich, dass ich sie, falls ich diese Regel jemals brechen sollte, auch heiraten müsste. Ich liebte sie vom ersten Augenblick an. Es hört sich vielleicht nach einem Kitschroman an, aber irgendetwas sagte mir, dass dies die Frau war, mit der ich den Rest meines Lebens verbringen würde.

Nachdem Mary an mehreren Kursen teilgenommen hatte und wir uns besser kennengelernt hatten, schrieb ich ihr einen Brief. Darin stand, wie sehr ich an sie dachte und wie viel mir unsere Freundschaft bedeutete. Außerdem schrieb ich, dass ich von ihr keine Kursgebühr wollte, weil ich wusste, wie schwer es ihr fiel, das Geld zusammenzubekommen. Jahre später fand ich heraus, dass sie das Geld für meine Kurse mit Rasenmähen verdient hatte.

Als Mary den Brief erhalten hatte, rief sie mich abends an und bedankte sich. Sie sagte, sie habe geweint, als sie ihn gelesen habe. Ihre Ehe war unglücklich, sie hatte die beiden kleinen Mädchen und wusste nicht, was sie tun sollte.

Ich sagte: „Mary, ich möchte mehr als alles in der Welt immer mit dir zusammen sein."

Von nun an verbrachten wir viel Zeit miteinander, wir redeten und lernten uns besser kennen. Mary hatte schon einiges von mir gewusst, bevor wir uns trafen, weil ich sozusagen ein öffentliches Leben führte. Sie hatte von Adrian gehört und von ein paar Dingen, die ich durchgefochten hatte, aber als wir vertrauter miteinander wurden, erzählte ich ihr Dinge über mich, die ich normalerweise für mich behalte. Weil ich so viel Zeit damit verbringe, in ein Mikro zu quatschen, denken manche Leute, ich müsste ein dickes Fell haben. Das stimmt nicht. Ich bin leicht zu verletzen und so sensibel wie jeder andere, nur dass sich die Leute das bei meinem Beruf anscheinend kaum vorstellen können.

Meinen Freunden in Montana gegenüber hatte ich Mary noch nicht erwähnt, aber meiner Pflegemutter erzählte ich von ihr. Ich sagte ihr, wie viel es mir bedeutete, diesen Menschen zu kennen, und bat sie, für mich zu beten, dass wir eines Tages zusammen sein könnten, denn Mary war der einzige Mensch, mit dem ich für immer zusammen sein wollte.

Der Wendepunkt in unserer Beziehung kam, als ich einen Kurs auf der Pass Creek Ranch außerhalb von Parkman, Wyoming, gab.

Die Teilnehmer und ich waren in einem kleinen Gästehaus auf der Ranch untergebracht. Eines Abends ging mir der Kautabak aus (diese unappetitliche Angewohnheit hatte ich immer noch), und ich wollte mir in der Parkman Bar an der Grenze zur Reservation der Crow-Indianer welchen besorgen. Mary, die mit ihrer Schwester Mindy da war, sagte, sie wolle mitkommen.

Kaum waren wir im Truck, als Mary in ihrer direkten Art fragte: „Also, Buck, was soll nun daraus werden?"

Ich platzte heraus: „Du könntest den Rest deines Lebens mit mir verbringen, und dann wäre das alles kein Problem mehr. Ich liebe dich schon so lange, Mary."

Einen Augenblick schaute sie mich an, dann lächelte sie und sagte: „Ich dich auch."

Mehr war nicht zu sagen. Ich habe keine Ahnung, ob die Parkman Bar fünf Meilen weit weg war oder fünfhundert. Der Augenblick war für die Ewigkeit.

Zurück auf der Ranch sahen wir nach den Pferden. Bis dahin hatten wir noch nicht einmal Händchen gehalten. Aber dort, im Licht des Mondes von Wyoming, hielten wir uns in den Armen und küssten uns.

Die Scheidung verlief nicht besonders freundlich, aber auch nicht so schlimm wie manche andere. Ich glaube, dass

Rob mich respektierte, aber es war trotzdem schwer für ihn, und Kristin und Lauren mussten sich erst an die Situation gewöhnen. Sie waren damals fünf und sieben, und sie konnten zuerst nicht verstehen, dass ihre Mutter mit mir zusammen sein wollte statt mit ihrem Vater. Sie war immer eine wunderbare Mutter gewesen, und die Mädchen wussten, dass ihre Mutter sie liebte, aber auch für sie war es nicht leicht.

Mary kam ein oder zwei Mal im Monat nach Montana und wohnte bei mir in Indian Creek im Madison Valley. Die restliche Zeit verbrachten wir hauptsächlich am Telefon. Unsere Telefonrechnungen erreichten fast die Höhe der Staatsverschuldung.

Wir saßen auf einer Brücke über Indian Creek in Ennis, Montana, wo ich einen Kurs gab, als ich ihr einen Antrag machte. Wie immer fragte Mary ganz direkt: „Was hast du jetzt vor?" Sie meinte: mit unserer Beziehung.

Meine Antwort war: „Ich habe vor, den Rest meines Lebens mit dir zu verbringen."

So ist es gekommen, an einem Sommerabend am Madison River, im hellen Licht des Mondes.

* * *

Mary stellte mich ihren Töchtern am Feiertag des 4. Juli in Jackson Hole vor. Wir fuhren mit der Gondel – von Kristin „Gondelo" genannt – auf die Spitze der Tetons. Anfangs kam ich mir komisch vor, weil ich mich mit Kindern überhaupt nicht auskannte. Ich war immer ein Single gewesen, aber wir hatten viel Spaß.

Ihre Eltern, Bill und Lorraine Bower, hatte ich in Boulder getroffen, nachdem wir einige Monate zusammen ausgegangen waren. Bill war im 2. Weltkrieg ein ziemlich bekannter Flieger gewesen. Er flog eine B 25 in der Mannschaft von Jimmy Doolittle und hatte am Angriff auf Tokio teilgenommen,

Amerikas Antwort auf Pearl Harbour. Wir verstanden uns auf Anhieb.

Ihre engeren Freunde waren alle auf unserer Seite, ebenso wie ihre Brüder Bill und Jimmy. Mindy fand es aufregend, dass ich ihr Schwager werden sollte, aber einige andere Freunde von Mary dachten wahrscheinlich, sie hätte den Verstand verloren. Sie war ein bildschönes Model, und zu ihrem Bekanntenkreis zählten ziemlich einflussreiche Leute. In Boulder kannte sie praktisch jeden, und nun ging sie mit einem Cowboy auf und davon. Ich bin sicher, sie waren schockiert, aber Mary und ich waren so eingesponnen in unsere Liebe, dass es uns ehrlich gesagt total egal war, was irgendjemand dachte. Wenn sie unseren Entschluss nicht akzeptieren konnten, waren sie auch keine richtigen Freunde.

* * *

Mary und ich wurden am 6. Juli 1992 auf der Ranch meiner Pflegeeltern, im Freien, getraut. Dabei waren Marys Töchter, ihre Verwandten und Betsy, meine Pflegemutter, dazu die meisten unserer engsten Freunde. Sie hatten miterlebt, was für harte Zeiten wir durchgemacht hatten, und freuten sich für uns. Sie fanden wohl, dass wir endlich das Happy End bekamen, auf das wir gewartet hatten.

Kristin und Lauren waren Blumenmädchen. Anstatt eines Brautführers und Brautjungfern hatten wir uns alle unsere Freunde und die, die wir liebten, in diesen Rollen gewünscht. Die Trauzeremonie zelebrierte Prediger Dave. Es sollte seine letzte Trauung sein, denn kurz darauf hörte er als Prediger auf, zog hinunter nach Oklahoma und fing an, Wohnwagen zu verkaufen.

Die ersten Jahre lebten wir in Bozeman. Wir kauften ein Haus auf fünf Acre Grund und hielten ein paar Pferde. Ich gab eifrig Kurse, und anfangs hatte Mary ihre Schwierigkeiten

Buck (Mitte) mit einigen der Frauen in seinem Leben, von links: Marys Schwester Mindy Bower – eine exzellente Reiterin –, Marys Tochter Lauren, Mary mit Tochter Reata vor sich auf dem Sattel und Marys Tochter Kristin.

damit, dass ich so viel unterwegs war. Inzwischen kommt sie sehr gut damit zurecht, aber das kommt vielleicht daher, dass ein kleines Stück von mir lange reicht.

Ich lernte, ein Stiefvater zu sein. Kinder sind bereit, den eigenen Eltern vieles zu verzeihen, was sie Stiefeltern nicht verzeihen. Das heißt, es gibt zwei verschiedene Spielregeln. Kinder warten fast darauf, dass man sich als böser Stiefvater oder böse Stiefmutter entpuppt. Das verleiht manchen Situationen Rechtsgültigkeit, sie haben dann einen Sündenbock und damit die Lizenz, sich danebenzubenehmen.

Mein Hauptanliegen war, mit Kristin und Lauren Freundschaft zu schließen. Ich musste lernen, mir meine Kämpfe mit mehr Bedacht auszusuchen und manchmal auch loszulassen. Es ist gut ausgegangen: Die Mädchen sind sehr gut in der Schule und vorbildliche Mitglieder der Gemeinschaft.

Damit sind wir wieder bei dem, was ich zuvor gesagt habe: Ob es sich um ein Kind, einen Erwachsenen oder ein Pferd handelt – behandle sie so, wie du sie haben möchtest, nicht so, wie sie im Augenblick sind.

Ich brachte den Mädchen das Reiten bei, und Mary und ich ritten ein bisschen mit ihnen aus, aber die Pferdebegeisterung hat sie nie richtig gepackt. Ihre Leidenschaft war immer die Schule, und die Arbeit für die Schule ist eine Vollzeitbeschäftigung. Ich bin wirklich stolz auf sie und liebe sie genauso wie meine eigene Tochter Reata.

Mary wurde im Sommer 1993 schwanger, in dem Jahr, in dem wir im Dezember die Houlihan Ranch erwarben. Wir hatten uns schon einiges angesehen, aber Mary liebte die Gegend um Sheridan, Wyoming. Dass die Ranch zum Verkauf stand, hörten wir, als ich in North Carolina einen Kurs gab. Zu dem Besitz gehörten tausend Acre Weideland und sanfte Hügel, und als ich das Info-Material des Immobilienmaklers erhielt, sah es nach einem guten Geschäft aus. Vor lauter Angst, die Ranch könnte verkauft werden, bevor ich zurück war, machte ich unbesehen ein Angebot. Ein Kaufabschluss ohne Vorbesichtigung kann riskant sein, aber es war wohl eine der besten Entscheidungen meines Lebens.

Das Haus war alt, aber wir gestalteten es nach unserem Geschmack um. Ich baute eigenhändig Pferche und neue Zäune, und das Geld, das ich für meine Arbeit beim *Pferdeflüsterer*-Film erhielt, trug zu einer Reithalle bei, sodass ich auch im Winter reiten kann. Das ist schon ein Unterschied, wenn der Schnee mit 100 Stundenkilometern waagrecht dahergeflogen kommt.

Unsere neugeborene Tochter nannten wir Reata, was auf Spanisch ein Rohhaut-Seil „von großer Stärke" bedeutet. Mary und mir gefiel der Klang des Namens. Geboren wurde Reata am 30 Mai 1994. Ich gab gerade einen Kurs in Malibu, Kalifornien und hatte anschließend eigentlich eine Pause eingeplant, damit ich bei der Geburt dabei sein konnte, aber Mary kam eine Woche zu früh nieder, und ich schaffte es nicht schnell genug nach Hause. Dass ich nicht dabei war, als sie geboren wurde, wird mir den Rest meines Lebens leid tun.

Üblicherweise gilt, dass Menschen, die von einem Elternteil oder beiden Eltern misshandelt wurden, genau dies weitergeben, wenn sie erwachsen sind. Dem stimme ich nicht zu. Ich glaube, dass der freie Wille entscheidend ist. Es gibt eine Wahl. Mit Selbstdisziplin kann man diese Neigung im Zaum halten. Man muss immer wachsam sein, damit man sich nicht ganz unvermerkt in die falsche Richtung entwickelt. Man muss sich immer bewusst sein, wie man sich seiner Frau und den Kindern gegenüber verhält. Es vergeht kein Tag, an dem man nicht darüber nachdenkt, wie man sein möchte und wie man *nicht* sein möchte. Es bleibt immer im Hinterkopf, eine Last, die man zu tragen hat.

Mary leitet die Ranch, wenn ich unterwegs bin und Kurse gebe. Wir halten ungefähr vierzig Pferde und je nach Menge des Sommergrases von einhundert bis zu sechs- oder siebenhundert Stiere. Im Herbst wird verkauft, und Mary wird mit allem fertig. Sie arbeitet gut und hat viele gute Ideen. Sie kümmert sich um die Pferde und treibt das Vieh auf die nächste Weide, und wenn Traktoreinsatz gefragt ist, springt sie auf und erledigt das. Wenn ich zuhause bin, arbeiten wir zusammen, aber wenn ich unterwegs bin, ist sie allein auf sich gestellt. Wie schon das alte Sprichwort sagt: „Schaff dir keine Ranch an, die größer ist als das, was deine Frau bewältigen kann."

Es ist schwer, so viel unterwegs zu sein. Ich vermisse meine Familie sehr, und es kommt mir unfair vor, dass ich so oft von ihnen getrennt sein muss. Mary und ich sind einander nach wie vor innig verbunden, aber ich habe eine Berufung. Ich habe eine Mission, und die muss ich erfüllen.

XIII

Bei einem Kurs in Eagle, Colorado, arbeitet Buck daran, bei einem jungen Pferd die Hinterhand „frei zu machen". Das Pferd versteht dann besser, wenn es unter dem Reiter wenden soll.

Der Augenblick des „Anhakens" (hooking on), wenn Mensch und Pferd in Verbindung treten. Das Pferd geht aus freien Stücken näher zu Buck hin, während dieser rückwärts geht – als seien sie durch einen unsichtbaren Faden miteinander verbunden.

Bei der ersten Bekanntschaft eines Pferdes mit dem Reiter geht es darum, dass das Pferd sich mit dem Reiter im Sattel wohl fühlt und sich lenken lässt. Hier leitet Buck eine Wendung ein, indem er das Pferd auffordert, seinem Lariat zu weichen.

Buck betrachtet es als seine Mission, Pferden den bestmöglichen Start ins Leben zu geben. Hier besucht er auf seiner Ranch eine Stute mit ihrem Fohlen.

Buck erklärt Robert Redford, wie man das Fähnchen korrekt einsetzt, und macht ihn mit Rambo, Bucks neuem Pferd, bekannt, das im Film „Der Pferdeflüsterer" Redfords Pferd Rimrock spielte.

Der Pferdeflüsterer

Die Bezeichnung „Pferdeflüsterer" wurde zuerst im alten Schottland verwendet, aber seit dem Roman und dem Film wird sie auf Ausbilder angewendet, die sich durch einen freundlichen und respektvollen Umgang mit Pferden auszeichnen. Damit ist zugleich beschrieben, wie ich mir meinen Lebensunterhalt verdiene. Die Definition ist nicht schlecht, aber sie ist unvollständig und führt ein wenig in die Irre.

Ich beobachte das Pferd, lerne von ihm und behalte die Erfahrung im Gedächtnis. Dann versuche ich einen Weg zu finden, um das Gelernte mit dem zu verbinden, was ich mir von dem Pferd erhoffe. Diese Technik habe ich von Persönlichkeiten wie Tom Dorrance, Ray Hunt und anderen gelernt, die sie lange vor mir verwendet haben.

Über Tom Dorrance und Ray Hunt kann ich gar nicht genug sagen. Tom ist ein Genie. Sein Leben lang hat er Pferde beobachtet und von ihnen gelernt. Er kennt sie in- und auswendig, und niemand liebt sie mehr als er. Er ist jetzt über neunzig, aber seine Neugier, was Pferde anbetrifft, ist so frisch wie eh und je. Neugier und das Verlangen nach Perfektion sind die Eckstreben seiner Weisheit. Ray Hunt ist in seine Fußstapfen getreten und ist in meinen Augen der größte Pferdemann, den es zurzeit gibt.

1994 erfuhr ich, dass ein Buchautor namens Nicholas Evans aus London versuchte, mit mir in Verbindung zu treten. Er recherchierte für einen geplanten Roman, in dem es um einen Mann gehen sollte, der so mit Pferden umging wie ich. Er hatte sich durchs halbe Land telefoniert, seine telefonischen Nachrichten folgten mir von Kurs zu Kurs. Sie besagten, er habe über mein Konzept der Arbeit mit Pferden gehört und würde mich gern treffen.

Nick rief auch auf der Ranch an und sagte Mary, er schaffe es nicht, mich zu einem Rückruf zu bewegen. Mary machte einen Vorschlag: „Wenn Sie mit Buck Brannaman sprechen wollen, gehen Sie am besten zu einem seiner Kurse und verbringen einige Zeit mit ihm. Wenn er das Gefühl hat, dass Sie echt sind, verhilft er Ihnen sicher zu den gewünschten Informationen."

Nick nahm sie beim Wort. Er flog nach Novato, Kalifornien, wo ich einen Kurs gab, und verbrachte ein paar Tage mit mir zusammen. Er sah zu, wie ich mit den Pferden arbeitete, und hörte zu, wenn ich über meine Methoden sprach. Wie er sagte, versuchte er die Essenz einer Romanfigur zu destillieren, die im Buch Tom Booker heißen sollte.

Nick ist ein ausgesprochen netter Mensch, und ich kam gut mit ihm aus. Aber ich war seit vielen Jahren auf Tour und hatte mehr Dampfplauderer erlebt, als Sie sich vorstellen können. Unmengen Leute „wollten ein Buch schreiben". Nick sagte, er wolle einen Roman schreiben. Ich beließ es bei: „Schön, Nick, alles Gute. Ich hoffe, ich war dir eine Hilfe und wünsche dir viel Erfolg."

Nick nahm seine Notizen, wir verabschiedeten uns voneinander, und er ging seiner Wege.

Das Nächste, was ich mitbekam, war, dass „Der Pferdeflüsterer" sich zigtausend Mal verkaufte. Falls Sie weder das Buch gelesen noch den Film gesehen haben: „Der Pferdeflüsterer" handelt von einem vierzehnjährigen Mädchen namens Grace und ihrem Pferd Pilgrim, die beide bei einem schrecklichen Unfall schwer verletzt werden. Als ihre dynamische Mutter Annie merkt, dass sie ihrer Tochter nur helfen kann, wenn sie auch Pilgrim hilft, setzt sie sich mit Tom Booker in Verbindung, einem Cowboy und Pferdemann, der für seine Arbeit mit traumatisierten Pferden berühmt ist. Tom lebt auf einer

Ranch in Montana, und Annie bringt Pilgrim und ihre Tochter zu ihm. Tom hat bei Grace und Pilgrim Erfolg und kann nun auch Annie bei ihren eigenen Problemen helfen.

Ein paar Monate, nachdem das Buch herausgekommen war, rief Nick mich an. Dieses Mal erwischte er mich tatsächlich, was ein ziemliches Wunder ist, wenn ich erst einmal auf Tour bin. Er bedankte sich für meine Unterstützung und sagte, er habe die Filmrechte am Buch verkauft. Wir unterhielten uns eine Weile, ich gratulierte ihm zu seinem Erfolg, und wir wünschten einander alles Gute. Wieder dachte ich, das wäre es nun gewesen.

Etwa ein Jahr später, im Frühjahr 1996, gab ich einen Kurs in Ojai, Kalifornien. Eine junge Frau, die an mehreren meiner Kurse in Kalifornien teilgenommen hatte, stellte mir einen gewissen Patrick Markey vor. Er hatte lange Haare und trug Jeans und ein Paar Schuhe, die mich an die klobigen Landarbeiterschuhe aus den 1970ern erinnerten. Zu meiner Überraschung stellte sich heraus, dass er Filmproduzent war. Ich hatte mir Filmproduzenten immer als Anzugträger vorgestellt. Aber was wusste ich schon von Hollywood-Produzenten!

Wir sagten Hallo, und ich entschuldigte mich und ging hinüber zur Arena, wo ich eine junge Stute ausschlagen gesehen hatte. Ich schlang ihr ein Seil um einen Hinterfuß, um sie zum „Huf geben" bringen zu können. Ich zog den Fuß hoch und setzte ihn wieder ab, und allmählich wurde es besser.

„Erklär' uns, was du da machst, Buck", bat die Frau, die mit Patrick zusah.

„Na ja, ich versuche nur, dieser Stute ihre Berührungsängste an den Beinen zu nehmen. Sie ist ziemlich empfindlich, besonders an den Hinterfüßen, und das kann für uns beide gefährlich werden."

Patrick sah nicht so aus, als würden ihn Pferde besonders interessieren, aber er hörte und sah wirklich sehr aufmerksam zu. In der Mittagspause kam er herüber und fragte:

„Was halten Sie vom „Pferdeflüsterer"?"

Ich erklärte, dass mir das Buch gefallen habe und mich der Erfolg für Nick Evans freue. Nick sei ein netter Kerl und habe den Erfolg verdient.

„Was denken Sie über die Pferdeszenen im Buch?", fragte Patrick weiter. „Ich meine, haben Sie das Gefühl, dass Nick Ihre Arbeit richtig interpretiert hat?"

„Na ja, Nick hatte nicht unbedingt vor, den Leuten beizubringen, wie man mit Pferden arbeitet. Das war nicht seine Absicht. Also kann man das Buch nicht als Handbuch oder Leitfaden betrachten." Für mich war das Buch ein Liebesroman mit einem Helden, der zufällig etwas mit Pferden zu tun hatte. Ich mochte es, weil sich das, was Nick geschrieben hatte, von den üblichen Büchern in diesem Genre ein bisschen unterschied. „Ich kann Nick nicht dafür kritisieren, dass er die Aktionen mit den Pferden nicht genau beschrieben hat." Sollte jemand die Absicht haben, Nick Evans als Pferdemann an den Galgen zu bringen, würde ein weiterer Unschuldiger hängen.

Patrick fragte weiter: „Na schön, was würden Sie denn an den Pferdeszenen ändern?"

„Wenn Sie die Wahrheit wissen wollen: Alles."

Er lachte und sagte: „Wären Sie daran interessiert, uns bei dem Film zu beraten?"

„Ja, sicher", nickte ich und dachte, das Ganze würde wohl auf ein paar kurze Telefongespräche von irgendeinem Hotelzimmer aus, wo ich gerade einen Kurs gab, hinauslaufen. Wir gaben uns die Hand, und weg war er.

Ich hatte keine Ahnung, dass es sich bei dem Film um eine Robert-Redford-Produktion handelte und die Dreharbeiten bereits begonnen hatten.

Ein paar Wochen später erhielt ich einen Anruf von Patrick. Er wollte ein Treffen in den Büros von Robert Redford in Santa Monica vereinbaren. Ich war immer noch in Kalifornien und gab Kurse, von der Zeit her war es also kein Problem.

Ich erzählte Bill Reynolds, dass Redfords Leute mich wegen des Films angerufen hätten, und bat ihn, als mein Agent zu fungieren. Bill ist Geschäftsmann und kennt sich besonders in der Werbung und bei Western-Garderobe aus. Und er liebt Pferde. Nachdem wir uns kennengelernt und Freundschaft geschlossen hatten, begann er ein paar meiner Kurse in Kalifornien zu sponsern. Außerdem wurde er mein Partner bei verschiedenen Lehrvideos und Buchprojekten.

Mir – und auch Bill – ging es darum, die Pferdeszenen so hinzukriegen, dass sie meiner Lebensweise und dem, was ich zum Lebensunterhalt tue, gerecht werden. Auf dieser Basis waren wir uns einig, dass der Film eine großartige Gelegenheit darstellte.

Bei dem Treffen waren ziemlich viele Leute anwesend. Außer Bill und mir waren noch einige technische Berater für andere Bereiche im Film da. In den Büroräumen standen Western-Skulpturen, außerdem gab es Navajo-Decken und weich gepolsterte Sofas, ein Mobiliar, wie man es in einem Haus in Santa Fe erwarten würde.

Als mich ein Assistent in Robert Redfords Büro brachte, telefonierte er gerade, und als das Gespräch zu Ende war, sagte er: „Hi, ich bin Bob."

Wir sprachen eine Weile über Pferde und wo wir lebten, und es stellte sich heraus, dass wir ein paar gemeinsame Freunde hatten. Ich kannte Mike Shinderling, seinen Ranch-Manager in Utah, und mit seinen Freunden Meredith und Tom Brokaw war auch ich seit vielen Jahren befreundet.

Nach einiger Zeit fragte Bob: „Also, Buck, was halten Sie von dem Drehbuch? Gibt es etwas, bei dem Sie uns helfen können?"

Ich sagte: „Na schön, wenn ich auf der Lohnliste stehen soll, wüsste ich gern, ob ich Ihnen einfach dabei helfen soll, das, was im Buch steht, umzusetzen, oder ob Sie wissen wollen, was ich wirklich denke."

Er grinste. „Ich möchte wissen, was Sie denken."

„Wenn Sie es für die Leute, die sich mit dieser Art Arbeit mit Pferden auskennen, richtig machen wollen, würde ich die Pferdeszenen neu schreiben und von vorn anfangen."

Bob war etwas überrascht, aber er verstand, was ich sagen wollte. Er ist ein Genauigkeitsfanatiker und will sicher sein, dass das, was er tut, echt ist. „In der Mitte entspringt ein Fluss" war ein Film voller Eleganz und Grazie und das zum Teil deshalb, weil Bob es mit dem Fliegenfischen ernst nahm. Er nahm sich die Zeit, es richtig zu machen.

Einer der Assistenten kam herein und mahnte: „Bob, es ist Zeit, die anderen hereinzubitten. Ich hole sie schon mal."

„Nein", sagte Bob. „Ich hole sie." Das war nichts Großartiges, aber ich war beeindruckt. Er stand auf, ging hinaus in den Vorraum und begrüßte jeden einzeln. Bob Redford war einfach ein extrovertierter Typ, freundlich, höflich und sehr respektvoll. Der Mann hat wirklich Klasse, und das sollte sich in den kommenden Monaten auch immer wieder zeigen.

Ein paar Tage nach dem Treffen folgte Bob unserer Einladung auf Bills Ranch in Malibu, um über den Film zu sprechen und ein bisschen zu reiten. Auch Patrick und ein Assistent kamen mit. Bob und ich ritten einige Zeit in Bills Round Pen und diskutierten u. a. eine wichtige Szene, in der Bobs Filmfigur, Tom Booker, Graces Pferd Pilgrim niederwirft, eine Technik, die von vielen Pferdeleuten bei Problempferden angewendet wird, um Blockaden zu durchbrechen. Richtig ausgeführt, ist es gar nicht so dramatisch, aber für ein Pferd, das traumatisiert, verängstigt oder defensiv ist, kann es ein sehr befreiender Moment sein und sich lohnen.

Bob wollte sehen, wie das vor sich ging. Ich hatte ein Pferd, das ich zuvor schon „niedergeworfen" hatte. Es war daran gewöhnt und schien es sogar irgendwie zu mögen, wenn es sicher war, dass ihm keine Gefahr drohte.

Ich band dem Pferd ein Seil um die Vorderfüße und

befestigte es mit einem Half Hitch, einem Sicherheitsknoten, am Sattelhorn. Dann trieb ich das Pferd ein paar Schritte im Round Pen herum und zog am Sattelhorn. Das Pferd legte sich sofort hin.

Bob fand das auch nicht sehr dramatisch. „Ist nicht viel dabei, oder?", fragte er. „Ich dachte, es wäre viel mehr Bewegung dabei." Er hatte sich etwas Widerstand oder wenigstens eine Staubwolke erwartet. Aber so war es ganz und gar nicht. Die Technik ist nicht brutal, und außerdem war das Pferd in friedlicher Stimmung.

Wir sprachen das Problem durch und beschlossen, dass zusätzliche Geräuscheffekte und Zeitlupe das Niederwerfen für die Zuschauer dramatischer machen würde. Außerdem würden wir das Pferd verschwitzt aussehen lassen, als ob es härter arbeiten müsste als in Wirklichkeit.

Bill, Bob und ich einigten uns darauf, dass wir zusammen an diesem Film arbeiten würden. Ich wurde als techni-

Bei der Vorbereitung zu Robert Redfords Verfilmung des „Pferdeflüsterers" agierte Buck als einer von Redfords Doubles, hier erkennbar mit Redford-Ausdruck.

scher Berater und Pferdetrainer angestellt und sollte wenn nötig als Double für Redford einspringen. Bill war ebenfalls technischer Berater und sollte Verbindung halten zu den Western-Printmedien.

Im folgenden Jahr arbeiteten wir am Drehbuch. Jede Änderung einer Szene mit Tieren zog Kreise, sodass eine Menge anderer Dinge ebenfalls geändert werden mussten, zum Beispiel manche Dialoge oder die Short List (die Reihenfolge, in der die Szenen gedreht wurden).

Viele Dialoge stimmten nicht wirklich. Cowboysprache à la Hollywood passte nicht, und Bill und ich arbeiteten mit den für die Recherche zuständigen Leuten lange und hart daran, für die Westerntypen, die zu Tom Bookers Welt gehörten, einen realistischen Ton zu finden. Zusammen trugen wir vielleicht fünfzig Zeilen zu verschiedenen Filmszenen bei, und Bill beriet bezüglich der Cowboy-Garderobe. Dank der Bohlin Silver Company, für die Bill damals arbeitete, konnte er Bob mit ein paar wunderbaren silbernen Gürtelschnallen ausstatten.

Das ganze Jahr 1997 waren wir mit dem Film beschäftigt. Drehbeginn war im Mai, im September war der Film abgedreht, und dazwischen lag einer der nassesten Sommer, die Big Timber und McLeod, Montana, je erlebt hatten.

Die Arbeitszeiten waren lang, aber wir hatten eine Menge Spaß. Mary und die Mädchen waren viel am Set. Mary hatte Bob einige Jahre zuvor getroffen, als er „The Electric Horseman" drehte, und hatte ihn sympathisch gefunden. Die Mädchen waren voller Ehrfurcht vor den Stars und zum ersten Mal, glaube ich, wirklich stolz auf ihren Stiefvater. Jedenfalls hatte ich die Chance, ein paar weibliche Teenager zu beeindrucken, zumindest kurzfristig.

Eine der größten Herausforderungen war eine Szene, in der Tom Booker Pilgrim in einem Round Pen voller anderer Pferde einfängt. Die Kameraleute und Tontechniker waren in der Mitte des Round Pen zusammengepfercht, zusammen mit ihrer Eine-Million-Dollar- Ausrüstung, und wir versuchten, die Pferde im Kreis um sie herum in Bewegung zu halten. Wir hatten ein Stunt-Pferd, das Pilgrim wirklich ungeheuer ähnlich sah. In der Szene ging es darum, dass Bob, als Tom, Pilgrim nicht fangen kann und beschließt, ihm das Lasso überzuwerfen. Und ein rennendes Pferd sieht nun mal dramatischer aus.

Zu allem Überfluss ist Bob Linkshänder. Ich bin es nicht und hatte den größten Teil des Sommers damit verbracht, das Lasso mit links zu werfen, damit ich ihn doubeln konnte. Auch der Stunt-Reiter Cliff McLaughlin hatte geübt, und wir waren überzeugt, dass wir beide die Szene so deichseln konnten, dass es aussah, als ob Bob das Pferd eingefangen hätte.

Da waren wir also, Techniker, Doubles und Ausrüstung, alles in der Mitte des Round Pen zusammengequetscht und umkreist von einem Pferd. Einer von uns beiden, Cliff oder ich, sollten Pilgrims Double das Lasso um den Hals werfen, aber dann mussten wir das Seil so schnell wie möglich wieder wegkriegen, bevor das Pferd uns alle einwickelte und zusammenschnürte, von der Gefahr für die teure Ausrüstung ganz zu schweigen. Das Lasso war mit einer Spezialschlinge ausgerüstet; wir mussten nur ziehen, und es würde herunterrutschen. Trotzdem musste das Lasso an einer bestimmten Stelle geworfen werden, um den Kameras die beste Einstellung zu ermöglichen, und außerdem mussten wir zusehen, dass wir mit dem Pferd nicht auch den Zaunpfosten dahinter erwischten.

Bob und ich hatten seit Tagen über diese Szene gesprochen. Da ich wusste, wie viel ihm daran lag, alles richtig zu machen, fragte ich ihn, ob er schon einmal vor einem ähnlichen Problem gestanden habe.

Er erzählte mir eine Geschichte, die während der Dreharbeiten zu seinem mystischen Baseball-Film „The Natural" passiert war. Die Crew hatte an einem Schlag gearbeitet, der ein ähnlicher Dreh- und Angelpunkt des Films war wie unser Lassowurf, und zwar kommt Hobbs, den Bob im Film verkörpert, mit Wonder Boy, dem Schläger, den er als Kind gemacht hat, auf den Platz und macht sich bereit, den Home Run zum Sieg zu schlagen.

Bob hatte einen Profi-Baseballlehrer angeheuert, der mit ihm an seinem Schwung arbeiten sollte, aber er war mit anderen Aspekten der Dreharbeiten so beschäftigt gewesen, dass ihm nicht viel Zeit zum Üben geblieben war. Dem Plan nach sollte er den Schläger ein paar Mal vor der Kamera schwingen und der Profi den Ball in die Tribüne schlagen. Die Kameraschnitte vom Ball, wie er die Hand des Pitchers, des Werfers, verlässt, zu Bob und dem Schläger und zurück zum Ball, wie er auf der Punktetafel ein Feuerwerk auslöst, würde es so aussehen lassen, als ob er den Home Run geschlagen hätte.

Die Statisten auf der Tribüne hatten schon Stunden gewartet. Man hatte ihnen Popcorn, Bonbons und Limo spendiert, um sie einigermaßen bei Laune zu halten. Eigentlich sollten sie, so der Plan, sobald der Profi den Ball schlug, aufstehen und jubeln wie Zuschauer bei einem echten Spiel. Aber die Vorbereitungen hatten so lange gedauert, dass die Assistenten befürchteten, sie würden die jubelnden Fans nicht mehr so glaubwürdig verkörpern wie gewünscht.

Sehr zur allgemeinen Überraschung war es nicht der Profi, der auftrat, sondern Bob selbst. Er schaute auf die Tribünen voller Zuschauer und ließ sich, wie er sagte, von dem Augenblick mitreißen. Er drehte sich um zu seinem Kameramann und fragte: „Warum kann ich nicht ein oder zwei Mal schwingen und versuchen, ob ich den Ball treffe?"

Na ja, wer sollte ihm in seinem eigenen Film schon etwas verbieten?

Bob ging in Position und schlug – man glaubt es kaum – den Ball in die Tribüne. Sie können sich die Begeisterung der

Statisten vorstellen. Der Kameramann hatte den Schlag im Kasten, und Bob war hin und weg. Kann man schließlich auch verstehen. Bob ist sehr sportlich, aber das war, wie er sagte, Redford-Glück.

Es kam der Tag, an dem wir das Pilgrim-Double im Round Pen einfangen sollten. Der Plan sah inzwischen so aus, dass ich das Lasso werfen sollte, weil es schon Filmmaterial von mir von hinten gab, wie ich das Lasso werfe. Nun ging es darum, Bob beim Lassoschwingen aufzunehmen, während das Pferd an ihm vorbeischoss. Das mit dem Schwingen hatte schon ganz gut geklappt, aber niemand wollte, dass er das Lasso wirklich warf. Wir hatten alle Angst, er würde die Ausrüstung vernichten, von der Crew ganz zu schweigen.

Kurz bevor die Kameras startklar waren, lehnte ich mich zu ihm hinüber und sagte: „Warum versuchst du nicht selbst, ihn einzufangen? Bei dem Baseball-Film hast du doch auch Glück gehabt. Vielleicht klappt's diesmal auch."

Buck schwingt von seinem großen Vollblutfuchs Pet aus das Lasso. Pet darf sich ebenfalls als Star fühlen, war er doch eines der Pferde, die im „Pferdeflüsterer"-Film das Starpferd spielten.

Versteht sich, dass meine neue Superidee alle anderen ziemlich nervös machte. Niemand wollte riskieren, dass sich Bob oder sonst jemand verletzte.

Bob grinste nur und sagte: „Warum nicht?"

Während er das Lasso schwang und wir das Pferd im Kreis um ihn herum trieben, rief ich ihm zu: „Schwingen, schwingen, schwingen – und Wurf!"

Und tatsächlich – er hatte dem Pferd das Lasso um den Hals geworfen! Die Aufnahme war im Kasten. Alle drehten durch vor Begeisterung, und Bob konnte es selbst kaum glauben. Er war so begeistert, dass er es unbedingt noch einmal versuchen wollte. Ich tat mein Bestes, um es ihm auszureden. „Warum sind wir nicht einfach dankbar für das, was wir haben, und lassen es dabei?"

Er überlegte, und da er wusste, dass alles so gut gegangen war wie nur irgend möglich, gab er mir schließlich Recht.

Ironischerweise kam eine der rührendsten Szenen, die gedreht wurden, im Film gar nicht vor.

Sie spielte zu dem Zeitpunkt, als bei Grace und Pilgrim der Heilungsprozess einsetzt. Laut Drehbuch sollte Grace zu Pilgrim in die Box gehen. Pilgrim sollte immer noch menschenscheu und traumatisiert sein und deshalb vor Grace zurückweichen, dann stehen bleiben und schließlich langsam auf sie zugehen. Dann sollte sie ihm über die Stirn streichen und seinen Kopf in die Arme nehmen.

Es war wirklich ein bewegender Augenblick, aber das Pferd, das an diesem Tag Pilgrim spielte, hatte ein kleines Konzentrationsproblem und war nicht richtig bei der Sache.

Es hatte den ganzen Tag wie verrückt gegossen – wie schon den ganzen Sommer –, und wir hatten deshalb seit Stunden unter Dach gearbeitet. Äußerlich war alles ruhig, aber das Wissen um die Tausende Dollars, die pro Minute verrannen, während unsere Zehen im Schlamm versanken, machte die Leute allmählich mürbe.

Pilgrim wurde von drei verschiedenen Pferden gespielt. Eines davon hieß Pet und gehörte mir. Sein Fell war teilweise abrasiert und mit einer Art Flecken versehen worden, damit es aussah wie verkrustete Wunden von seinem Unfall. Als man mich fragte, ob ich eine Idee hätte, erwähnte ich Pet, der den ganzen Tag in seinem Pilgrim-Makeup herumgestanden hatte.

Joe Reidy, der Aufnahmeleiter, schluckte und fragte: „Wie lange dauert es, ihn dafür fertig zu machen?"

Ich sagte: „Na ja, zehn oder fünfzehn Minuten brauche ich schon dafür."

Er lachte los. „Ich habe mit drei oder vier Tagen oder einer Woche gerechnet."

So, wie die Szene geschrieben war, hatte Pilgrim nichts am Kopf, nicht einmal ein Stallhalfter. Ich musste das Pferd dazu bringen, sich auf einer bestimmten geraden Linie vor und zurück zu bewegen, damit die aufgestellten Kameras es genau einfangen konnten. Es war eine ziemliche Präzisionsarbeit. Ein paar Zentimeter links oder rechts würden die Aufnahme verderben, und ich musste es ohne Halfterstrick schaffen.

Ich legte Pet einen Strick um einen Vorderfuß und brachte ihm bei, schrittweise vor oder zurück zu gehen. Nach ein paar Minuten konnte ich den Strick immer länger lassen, und Pet marschierte rückwärts in gerader Linie den Gang hinunter bis zum Stall. Ein leichter Zug am Strick brachte ihn zu mir zurück.

Als ich Reidy sagte, ich sei fertig, kam die Crew zurück und machte sich bereit zur Aufnahme. Die Kamera war auf schmalen Schienen montiert, sodass sie vor und zurück fahren und Pilgrims Bewegungen folgen konnte. Ich saß zwischen den Schienen, der Strick lag auf dem Boden. Scarlett Johansson, die talentierte junge Darstellerin der Grace, ging in Position, den Strick zwischen den Füßen.

Ich gab Pet die Anweisung zurückzuweichen, und er ging zurück. Dann wackelte ich mit dem Strick, und er scharrte mit dem Fuß, als ob er Aggressionen gegen sie hätte. Schließlich ließ ich ihn langsam zu ihr herankommen. Pet liebt die Menschen und hat ein gutes Gefühl für sie. Ich hatte ihn so gearbeitet, dass er sich allen Menschen freundschaftlich verbunden fühlte, und so reagierte er auf Scarlett genauso wie auf mich.

Als ich den Strick einholte und ihn nach vorn kommen ließ, ging er auf Scarlett zu und legte ihr einfach den Kopf auf die Brust. Scarlett war so gerührt, dass ihr die Tränen kamen. Wie dieses kleine Mädchen den Pferdekopf in die Arme nahm und ihn streichelte und liebkoste, war einer der wundervollsten Momente, die wir alle je erlebt hatten. Einen kurzen Augenblick lang drehten wir keinen Film, ging es nicht ums Geschäft. Wir waren Zeugen eines besonderen Moments zwischen einem jungen Mädchen und seinem Pferd.

Die Szene wurde geschnitten, weil das Filmende in seiner Eindrücklichkeit nicht geschmälert werden sollte. Trotzdem: Zu sehen, wie ein Pferd auf ein kleines Mädchen reagiert, war ein zeitloser Augenblick, ein Augenblick, der sich jeden Tag in unzähligen Ställen beobachten lässt. Es ist etwas Magisches um ein Pferd und ein kleines Mädchen, und das ist etwas Gutes, wie auch immer.

Gegen Ende des Sommers waren wir so weit, die Szene zu drehen, in der Bob Pilgrim niederwirft. Als sein Double fiel mir diese Aufgabe zu, und Pet sollte Pilgrim spielen. Damit es möglichst dramatisch aussah, hatten wir verschiedene Kamerawinkel und Einstellungen geplant.

Ein paar Tage zuvor warf ich Pet zur Vorbereitung ein paar Mal nieder, aber er nimmt so etwas locker. Es ging weniger darum, es ihm anzutrainieren, als vielmehr darum, ihm einfach zu sagen, was er tun sollte. Wir spritzten ihn nass, damit er verschwitzt aussah, als ob er sich wirklich angestrengt hätte, und ich fing an, ihn „niederzuwerfen". Es war das reinste Honiglecken.

Bob führte von außen Regie. Nach einigen Aufnahmen ging ich zu ihm und sagte: „Weißt du, es käme noch besser, wenn *du* das Pferd selbst niederwerfen würdest. Du kannst es. Du brauchst kein Double." Bob war etwas verunsichert. Schließlich verdient er seinen Lebensunterhalt nicht mit Pferden wie ich.

Mir kam eine Idee. Zwischen den Aufnahmen fragte ich Bob Richardson, den Kameramann: „Möchtest du das Pferd mal niederwerfen?" Richardson sagte ja. Ich sagte: „Geh hin zum Pferd und zieh am Horn, wenn ich es dir sage."

Bob sah zu, und gerade, als Richardson am Sattelhorn ziehen und Pet niederwerfen wollte, ging er hin und sagte: „Na gut, wenn er das kann, sollte ich es auch können." Man bemerke Bobs Reaktion darauf, dass man ihm das Richtige leicht machte!

Ich sagte: „Versuch es mal." Richardson ging zur Seite, und Bob legte Pet sanft zu Boden. Es ging ganz leicht.

Als er sicher war, es auch vor laufender Kamera zu können, gingen Richardson und seine Leute in Position, und Redford warf das Pferd nieder. Es war eine wunderbare Aufnahme mit besonderer Wirkung, weil der Star des Films höchstpersönlich agierte.

Die Szene löste einige Kontroversen aus, weil viele Leute dachten, wir hätten das Pferd misshandelt. Nichts könnte falscher sein. Ein Pferd niederzuwerfen ist eine Technik, die ich von meinen Lehrmeistern gelernt habe, und ich wende sie seit Jahren bei Pferden an, die wirklich traumatisiert sind. Unter den richtigen Umständen kann sie einem Pferd das Leben retten, weil es schließlich begreift, dass es dem Menschen vertrauen kann. In vielen Fällen ist es das erste Mal in seinem Leben, dass es dies kann.

Wenn ich ein Vorderbein anhebe, ist das Pferd gefangen und kann nicht entkommen. Es muss anfangen zu vertrauen, anstatt in Panik zu geraten, damit es sich nicht rückwärts über-

So sieht es aus, wenn Buck ein Pferd „niederwirft".

schlägt und sich verletzt. Zuerst muss es darauf vertrauen, sich bewegen zu können, und dann stehen bleiben. Ich lasse es zuerst auf drei Beinen herumhumpeln, um ihm zu zeigen, dass keine Gefahr besteht. Die meisten Pferde brauchen nur ein paar Schritte, bis sie ganz friedlich auf drei Beinen stehen bleiben. Ich fange auf drei Beinen an, weil Pferde mit den Vorderbeinen zuerst einknicken, wenn sie sich hinlegen. Dadurch, dass ich ein Vorderbein anhebe, bringe ich das Pferd in eine Lage, in dem ihm das Hinlegen okay vorkommt.

Die Technik hat nichts mit brutaler Gewalt zu tun. Das Pferd wird nicht „umgeworfen". Ich arbeite mit ihm, indem ich immer mal wieder ein bisschen am Sattelhorn ziehe. Wenn das Pferd nachgibt, gebe ich ebenfalls nach. Allmählich wird mein Gedanke zu seinem Gedanken. Es bekommt Lust, sich zu entspannen, dem Strick nachzugeben und sich hinzulegen. Je näher es dem Boden kommt, desto mehr entspannt es sich.

Ein Pferd mit Problemen wird anfangs vielleicht etwas Widerstand leisten, aber wenn man ihm Zeit gibt, sich die

Sache zu überlegen, wird es sich schließlich hinlegen. Das dauert gewöhnlich nur ein paar Minuten, sehr oft sogar nur Sekunden.

Ein wirklich traumatisiertes oder verängstigtes Pferd ist so ziemlich überzeugt davon, dass der Mensch ein Raubtier ist. Es ist sich sicher, dass es, wenn es sich schließlich hinlegt, das Einzige verlieren wird, was zählt, und das ist sein Leben. Dieser Augenblick ist die Gelegenheit, zu dem Pferd hinzugehen. Wie Tom Booker und Pilgrim im Film können Sie sich neben Ihr Pferd setzen, es streicheln, beruhigen und mit ihm schmusen. Sie können ihm zeigen, dass Sie ihm nichts tun wollen, obwohl Sie es könnten. Sie sind da, weil Sie sein Freund, sein Partner sein wollen.

Wenn ein Pferd sich hinlegt und feststellt, dass Ihre Reaktion anders ausfällt, als es erwartet hat, gibt Ihnen dies eine einmalige Gelegenheit, eine Verbindung mit dem Pferd einzugehen. Wenn das Pferd dann schließlich aufsteht, haben Sie weiterhin Gelegenheit, sich mit ihm zu einigen, ohne dass dieses defensive Verhalten wieder auftritt, das seine Fähigkeit zur Veränderung bisher beeinträchtigte.

Wenn mich Leute beauftragen wollen, ein Pferd so niederzuwerfen, wie sie es im Film gesehen haben, lehne ich ab. Das Niederwerfen ist kein Zirkuskunststück. Es ist ein wertvolles Werkzeug, um Pferden mit Problemen zu helfen.

Es wäre schön gewesen, wenn im Film Zeit dafür gewesen wäre zu erklären, dass das Niederwerfen nur dazu diente, Pilgrim das Leben zu retten. Aber wie ich schon sagte, „Der Pferdeflüsterer" war nicht als Lehrfilm für die Arbeit mit Pferden gedacht. Es war eine Liebesgeschichte. Meine eigene Geschichte dreht sich um Pferde, und ich denke, auch sie ist eine Liebesgeschichte. Was ich mache, wenn ich mit Pferden arbeite, mache ich, weil ich sie schlicht und ergreifend einfach liebe.

* * *

Ich hielt meinen Part für beendet, als der Film abgedreht war, aber damit lag ich falsch. Ich musste nach New York, als der Film vorab Kritikern und der Presse präsentiert wurde. Die Studioleute wollten mich dabei haben, damit ich als Beteiligter die Tierszenen kommentierte – die Presse wollte einen „Pferdeflüsterer" kennen lernen.

Die PR-Agentin des Film, Kathy Orloff, versprach, da zu sein und mich zu unterstützen. Sie hatte mir zuvor schon geholfen, das Filmgeschäft besser zu verstehen, und ein paar Wissenslücken bei mir ausgefüllt. Sie ist ein Profi reinsten Wassers, es beruhigte mich deshalb, sie an meiner Seite zu wissen.

Der Anruf, der mich nach New York rief, erreichte mich genau nach Abschluss eines Kurses in Mammoth, Kalifornien, es gab also keine Zeitprobleme. Mit meiner Familie war ich ein Mal in New York gewesen, als Smokie und ich Gäste bei der TV-Show „What's My Line" waren, mit Arlene Francis und Soupy Sales, aber das war schon sehr lange her.

Bill Reynolds und ich wohnten im Four Seasons, einem Hotel der oberen Preisklasse, wo man die Vorhänge mit der Fernbedienung auf- und zuziehen kann (ich hatte erst mit dreißig überhaupt Vorhänge gehabt). Diese Vorhänge bzw. „Draperien" waren das Hübscheste, was ich je gesehen habe, obwohl ich fand, sie müssten gekürzt werden. Sie bauschten sich am Boden, aber Bill sagte, das müsse so sein. Wie er sagte, wurde das „Puddling" genannt, vermutlich von „puddle", Teich, weil sie sich so teichförmig am Boden ausbreiteten. Woher Bill das wusste, ist mir schleierhaft. Mich erinnerten diese „puddles" an das, was ein Wachhund fabriziert, wenn man ihn nicht rechtzeitig ins Freie lässt.

Am ersten Morgen im Hotel zielte ich mit der Fernbedienung und ließ aus einer Entfernung von sieben, acht Metern die Vorhänge aufgehen. Dann band ich mir meinen handbemalten Cowboy-Schlips mit einer echt goldenen Nadel um, zog einen maßgeschneiderten Bolero-Mantel im Charro-Stil an und setzte einen neuen, ebenfalls maßgeschneiderten Filzhut auf.

Die Begegnung mit der Presse fand in einem anderen Hotel statt, weshalb man Bill, mich und eine junge Dame von den Disney-Studios zu einer Limousine eskortierte. Es regnete Bindfäden, und die Portiers hielten Regenschirme über uns. Höflich sagte ich zu einem von ihnen: „Sir, es ist zwar nett, dass Sie sich Sorgen um meinen Hut machen, aber wenn er das bisschen Regen nicht aushält, taugt er sowieso nichts." Als ich merkte, dass auch die anderen so geschützt wurden, grinste ich und stieg ein.

So ein Presse-Treff läuft folgendermaßen ab: Man sitzt in einem kleinen Raum, und die Vertreter der „working press", der arbeitenden Presse (ich überlegte dauernd, wie wohl die nicht arbeitende Presse aussieht), kommen nacheinander herein und machen ihr Interview, das auf Video aufgenommen wird. So ging es nicht nur mir, sondern auch den Filmstars einschließlich Bob Redford, Kristin Scott Thomas, Sam Neill und Scarlett Johansson. Uns getrennt zu interviewen sparte Zeit.

Reporter vom Fernsehen, vom Radio, von der Zeitung und von Magazinen kamen herein, schoben eine Kassette in ihre Videokamera, und wenn der Beleuchter für das richtige Licht gesorgt hatte, stellten sie ungefähr zehn Minuten lang Fragen. Dann machten sie sich auf zum nächsten kleinen Raum. Jeder oder jede bestand auf seiner oder ihrer speziellen Ausleuchtung. Ob sie nun von einem kleinen örtlichen Sender kamen oder von einem der überregionalen – sie fühlten sich alle selbst als Stars und genossen es offensichtlich, einen Kameramann oder Beleuchter herumkommandieren zu können.

Ich bin ein Cowboy aus Wyoming – und stolz darauf –, aber nun machten ein paar der Studioleute sich Sorgen, wie ich, ein Landei in der großen Stadt, diese Interviews verkraften würde. Das olle Landei wusste, dass Reporter wie Bullenbeißer sein und einem das Leben schwer machen können. Deshalb habe ich mich immer an die Wahrheit gehalten. Die Presse findet das erfrischend, und ich muss mich nicht dauernd erinnern, was ich hier oder dort gesagt habe.

Die erste Journalistin, die zu mir hereinkam, erklärte mir, sie sei früher Chef-Nachrichtensprecherin bei einem der lokalen TV-Sender gewesen. Jetzt nicht mehr, aber so, wie sie noch immer auftrat, konnte man sich vorstellen, warum sie den Job bekommen hatte. Sie betrachtete herablassend den Cowboy vor sich, sah auf die Uhr, überprüfte ihren Terminkalender und sagte: „Ich hoffe doch sehr, dies ist nicht Ihr erstes Interview."

Ich erwiderte: „Ma'am, das hoffe ich von Ihnen auch." Und dann sagte ich: „Bis ich fünfundzwanzig war, habe ich mehr in ein Mikrofon gesprochen als Sie in Ihrem ganzen Leben. Ihre erste Frage, bitte!"

Als die zehn Minuten zu Ende gingen, hatte sich ihr Ton verändert. Sie wollte alles über die Pferde wissen, und an diesem Punkt beruhigten sich die Studioleute und Produzenten, die zugehört hatten. Ich würde mit jedem fertig werden, der vorbeikam.

Als Nächstes kamen ein paar junge Damen von MTV und dem Rolling-Stone-Magazin. Eine fragte: „Was ist mit diesen armen Pferden im Central Park? Finden Sie es nicht auch schrecklich, dass sie den ganzen Tag diese schweren Wagen ziehen müssen?"

Darauf hatte ich eine Antwort: „Nein, finde ich nicht", sagte ich und erklärte, dass es den Pferden im Central Park gut geht. Gummi-bereifte Wagen über asphaltierte Straßen zu ziehen ist nicht sehr anstrengend für ein Pferd, und die Pferde sind ruhig und entspannt, was man daran sieht, dass sie nicht mit angelegten Ohren gehen oder dauernd mit dem Schweif schlagen. Außerdem werden sie von den Spaziergängern viel beachtet und verwöhnt, und Pferde sind für Beachtung und Streicheleinheiten genau so zu haben wie wir.

Die Pferde, um die man sich kümmern sollte, sind die vernachlässigten, die, nachdem der Reiz des Neuen verflogen ist, den ganzen Tag im Stall stehen müssen. Sie haben keinen Lebenszweck, keine Aufgabe. Sie tun nichts als fressen und misten. Jedem Häftling steht mehr Bewegung zu als ihnen, und dabei haben diese Pferde überhaupt nichts verbrochen. Wenn sie die Wahl hätten, würden diese Pferde lieber Wagen durch den Central Park ziehen, als in der Box stehen.

Die Interviews liefen prächtig. Ich traf Menschen, die sich wirklich dafür interessierten, wie ein Cowboy heutzutage lebt und wie es ist, mit Pferden auf meine Art zu arbeiten. Man merkte ihnen an, dass es ihnen Spaß machte, ein Interview über etwas Realistisches zu machen, und alle hatten etwas davon.

* * *

Auch Menschen, die das Buch gelesen und den Film gesehen haben, fragen mich immer noch: „Was genau ist eigentlich ein Pferdeflüsterer?" Meiner Definition nach sind es Pferdemenschen – Männer oder Frauen –, die mit Pferden auf eine Art und Weise kommunizieren können, die dem Durchschnittsmenschen mehr oder weniger verschlossen bleibt. Aufgrund von Erfahrung und Beobachtung haben diese Männer und Frauen gelernt, wie überaus sensibel ein Pferd ist und wie sensibel sie sein müssen, um bei Pferden etwas zu erreichen.

Schließlich lernen sie, wie wenig Anstrengung dazu vonnöten ist. Wer von Pferden nichts versteht, lässt sich leicht vormachen, dass dabei kosmische oder mystische Aspekte im Spiel sind. Das stimmt aber nicht. Jeder, dem wirklich daran liegt und der genügend Zeit investiert, kann diese Art der

Kommunikation lernen. Die sie ausüben, sind Pferdemenschen, keine Pferdeflüsterer.

Der größte Gewinn des Films ist, dass er zu einem Umdenken beigetragen hat, was Pferde anbelangt. Der geschilderte Weg ist ein guter Weg, und wenn jemand darin etwas Mystisches sehen will, kann er das ruhig tun. In meinen Augen hat der Film, den Nick Evans und Bob Redfort produziert haben, sehr vielen Pferden und sehr vielen Menschen geholfen, und ich wäre immer und jederzeit stolz, wieder mit ihnen zu reiten.

Zum Schluss

Als Kind hatte ich mich beim Volleyball- und Baseballspielen mehrfach verletzt, und im Laufe der Jahre war ich auch mehr als ein Mal vom Pferd gefallen. Das Ergebnis waren Bandscheibenvorwölbungen. Mit diesem Problem haben viele aktive Menschen zu kämpfen, wenn sie vierzig sind, und sie lernen, mit den Rückenschmerzen zu leben. 1998 hatte ich einen bösen Ischiasanfall, aber er ging vorüber. Es tat nicht mehr weh, und ich dachte, das wäre es gewesen. Mir war nicht klar, dass ich immer noch Vorwölbungen in den Bandscheiben hatte.

1999 war ich in Maine und ritt einen Zweijährigen an. Er war recht kitzlig, und als ich ihn sattelte, bockte er ziemlich heftig. Drei oder vier Stunden später bockte er immer noch ziemlich heftig. Am nächsten Tag setzte ich mich in den Sattel, und wir kamen ganz gut miteinander zurecht. Er bockte nicht, und ich konnte ihn im Schritt, Trab und Galopp reiten. Er ließ sich wenden und hatte nichts dagegen, dass ich vom Sattel aus das Lasso schwang.

Im Begriff abzusteigen, kam ich ein wenig zu dicht an die Umzäunung des Round Pen und blieb mit der linken Zehenspitze an einer Stange hängen. Mein linkes Bein wurde nach hinten gezogen, der Stiefelabsatz bohrte sich dem Zweijährigen in die Flanke. So gefestigt, dass er diese Art Stress ausgehalten hätte, war er noch nicht – er bockte sofort los. Mit den nach hinten gestreckten Schenkeln konnte ich keinen Rodeo-Ritt hinlegen. Das Pferd bockte mich herunter, und ich schoss über seinen Kopf und in die Umzäunung, was mir eine große Platzwunde am Kopf eintrug.

Während ich am Boden lag, bockte der Zweijährige auch noch über mich weg und trat mir in den Rücken, wobei mehrere Rippen brachen. Außerdem trat er mir auf die Hüfte und auf den Knöchel. Von seinen vier Hufen verfehlte mich nur ein einziger.

Es tat ziemlich gemein weh, und ich hatte Angst, dass eine Rippe die Lunge durchbohrt haben könnte. Aber ich bekam genügend Luft, und ich beendete, wenn auch unter Schmerzen, den Kurs wie geplant.

Ein paar Tage später ließ ich mich in der Klinik von Portland röntgen. Der untere Teil meines Rückens schmerzte, und ich wollte sichergehen, dass nicht ein Lungenflügel zusammengefallen war. Die Ärzte fanden an meinem Rücken nichts Besorgniserregendes, und da auch meine Lunge in Ordnung war, fing ich, gebrochene Rippen, Schmerzen und was sonst noch alles hin oder her, wieder an zu arbeiten.

Die nächsten paar Wochen versuchte ich, mich beim Auf- und Absteigen in Acht zu nehmen, wenn es sich um junge Pferde handelte. Die Schmerzen waren unbeschreiblich, aber die Teilnehmer an meinen Kursen hatten die Zeit bei mir ein ganzes Jahr über eingeplant, und ich wollte sie nicht hängen lassen.

Es war am dritten Tag eines Drei-Tage-Kurses, den ich einige Wochen später in North Carolina gab. Auf meinen zwei ersten Jungpferden hatte ich bereits ungefähr fünfzehn Kilometer im Galopp zurückgelegt und machte mich bereit, das Dritte und Letzte zu reiten. Die Sonne schien, die Bäume prangten noch im Herbstlaub, und während ich im Round Pen auf das Pferd zuging, dachte ich noch: „So gut ist es mir schon lange nicht mehr gegangen." Ich war wirklich fast schmerzfrei.

Die nächsten eineinhalb Stunden ritt ich im Lope Zirkel im Round Pen und erklärte den Zuschauern, was ich machte, und da müssen meine Hüftbewegungen genau den richtigen Winkel getroffen haben. Es zwickte ein wenig im Rücken, und an meinem rechten Bein lief ein leichtes Kribbeln hinunter. Ich fand das seltsam, ritt aber weiter.

Ein paar Minuten später dachte ich, ich hätte den rechten Steigbügel verloren. Als ich hinuntersah und mein rechter Fuß noch ganz solide im Bügel saß, wusste ich, dass ich in Schwierigkeiten steckte. Noch ein paar Sekunden, und ich konnte mein rechtes Bein überhaupt nicht mehr spüren.

Ich hielt das Pferd an, stieg ab und fiel um. Ich konnte mich nicht aufrecht halten. Den rechten Fuß konnte ich nicht anheben, und das rechte Bein konnte ich nur vorwärts bewegen, indem ich mein Hosenbein packte und es nach vorn schwang.

Mit der Arroganz der Jugend dachte ich, es wäre nichts als ein eingeklemmter Nerv im Rücken. In ein paar Tagen würde es vergehen, davon war ich überzeugt. Die Schwellung würde zurückgehen, und ich würde es überstanden haben.

Am nächsten Tag flog ich nach Colorado, wo ich auf einer Gäste-Ranch, der C Lazy U, in der Nähe von Boulder für einen Kurs gebucht war. Als ich in Cincinnati den Flieger wechselte, fiel mir das Gehen sehr schwer. Schlimmer war, dass ich meinen Fuß überhaupt nicht spürte. Ich hatte Menschen, die aufgrund irgendwelcher Beschwerden nicht mehr richtig gehen konnten, immer bedauert, und jetzt verstand ich so richtig, was sie durchmachten. Die Leute starrten mich an, wenn ich mein Hosenbein packte und mein rechtes Bein nach vorn schwang. Ich kam mir vor wie eine Missgeburt.

Da war ich also und versuchte, mit mehreren Taschen zu meinem Flieger zu kommen. Bei jedem zweiten Schritt musste ich stehen bleiben und mein Bein anheben. So arbeitete ich mich einen Marmorkorridor entlang, als ich der Länge nach auf die Nase fiel. Zum Glück kam jemand auf einem Elektrokarren vorbei, las mich auf und brachte mich zu meinem Gate.

Mary holte mich am Flughafen Denver ab und half mir in den Truck. Auf der Fahrt zur C Lazy U-Ranch hielt ich mir einen Eisbeutel an den Rücken, den ich auf dem Flughafen ergattert hatte. Mary betrachtete mich besorgt von der Seite, und wenn ich ehrlich war, machte ich mir ebenfalls Sorgen.

Ich dachte, ich würde es überstehen, wenn ich mich in einen Regiestuhl setzte, aber nach dem ersten Kurstag wurden die Schmerzen in der Nacht so schlimm, dass Bekannte von mir, die am Kurs teilnahmen, mich überredeten, den Kurs ausfallen zu lassen. Sie waren Krankenschwestern von Beruf und rieten mir, eine Magnetresonanz-Tomografie (MRT) machen zu lassen. Es war das erste Mal in meinem Leben, dass ich einen Kurs ausfallen ließ.

Mary fuhr mich nach Boulder zu einem Neurologen. Die MRT zeigte zwei Bandscheibenvorfälle. Damals hatte ich keine Vorstellung, was das bedeutete. Der Neurologe erklärte, dass der Nervenschaden im Rückgrat womöglich die Motorik meines rechten Fußes dauerhaft beeinträchtigen könnte. Nur durch eine Operation könnten die Schmerzen behoben und hoffentlich eine gewisse Beweglichkeit des Fußes zurückgewonnen werden.

Der Schock hätte nicht größer sein können. Ich versuchte Haltung zu bewahren, aber dann kam mir zum Bewusstsein, dass es mit allem, was ich im Leben liebte, vielleicht vorbei war: nie mehr mit meiner Tochter spielen, ihr Basketball beibringen, mit ihr laufen oder überhaupt selbst noch einmal reiten. Ich humpelte vor Mary aus der Tür der Arztpraxis, schleppte mich zum Truck und heulte wie ein kleines Kind.

Ich wurde operiert und hoffte, wenn ich aufwachte, wäre mein Fuß wieder in Ordnung. So war es aber nicht. Zuerst hatte sich nicht viel verändert. Ich hatte Schmerzen von der Operation, aber mein Fuß funktionierte immer noch nicht.

Nach ein paar Tagen wurde ich aus der Klinik entlassen, und Mary und ich hingen noch eine Weile in Boulder herum, bis ich stark genug war für die Weiterreise. Ich ging am Stock und zog mein rechtes Bein nach. Das linke funktionierte gut, das rechte nicht. Am liebsten hätte ich gleich mit Physiotherapie begonnen, aber der Arzt riet mir, noch eine Weile zu warten.

Als wir nach Hause kamen, war ich eine Woche lang tief deprimiert. Die ganze Kraft, die ich vor meiner Familie immer gezeigt hatte, war verschwunden. Mary kümmerte sich um mich, was so nie gedacht gewesen war. Es war meine Aufgabe, mich um sie und die Kinder zu kümmern. Ich kam mir vor wie eine Last.

Mary fuhr mich zur Physiotherapie, wo ich versuchte, Gewichte zu heben, aber die Therapie tat den Muskeln um den Fuß überhaupt nicht gut. Die Botschaft des Nervs kam nicht an. Ein paar Muskeln weiter oben im Bein arbeiteten, und nach Monaten intensiven Gewichthebens und anderer Übungen war ich so weit, dass ich wenigstens einigermaßen gehen konnte. Nur die Muskeln, die zu den Sehnen über dem Knöchel liefen, funktionierten immer noch nicht.

Sie funktionieren heute noch nicht. Die Motorik im unteren Beinbereich ist gestört. Unter dem Stiefel trage ich eine Schiene, und der Stiefel hat einen Reißverschluss, damit ich die Schiene hineinschieben kann.

Ich war immer positiv eingestellt, und ich habe nicht aufgegeben. Ich weiß nicht, ob man einen Nerv mit Willenskraft dazu bringen kann zu heilen. Kurzfristig gesehen kann ich Ihnen versichern, dass es nicht geht. Langfristig gesehen weiß ich es noch nicht; ich lasse wieder von mir hören.

Man sagt, dass Nerven sehr langsam heilen. Viele Dinge an uns Menschen heilen sehr langsam. Ich bin noch ziemlich jung, und ich habe die Hoffnung, dass die Funktion sich zum großen Teil wieder herstellen lässt. Und wenn nicht – hey, ich reite wieder und gebe Kurse. Nichts hält mich davon ab. Nach wie vor lege ich jedes Jahr Zehntausende Meilen zurück. Sicher, ich bin keine hundert Prozent, aber vielleicht war ich sowieso nie hundert Prozent.

Unser Leben verläuft wieder in den üblichen Bahnen. Im Augenblick sitze ich in einem Hotelzimmer in Lexington, Kentucky, und bin zum Abendessen mit dem Mann verabredet, der auf den Rennbahnen in ganz Amerika für die Starts verantwortlich ist. Ich soll ihm dabei helfen, die Rennpferde so in die Startboxen und wieder heraus zu befördern, dass es für alle Beteiligten ungefährlicher wird und glatter läuft. Außerdem soll ich dazu beitragen, dem Rennbahnpersonal mehr Verständnis für den Umgang mit Pferden zu vermitteln.

Während ich also noch versuche, mich selbst in Ordnung zu bringen, bringe ich schon wieder andere Probleme in der Pferdeszene in Ordnung. Ich kann meine Familie ernähren, wir sind zusammen, und es geht uns gut. Ich kann mich kein bisschen beklagen. Ich bin immer noch ein Glückspilz.

Den Geschichten in diesem Buch liegen ebenso die Erfahrungen zugrunde, die ich bei meinen Touren durchs ganze Land und bei meiner Arbeit mit Pferden und ihren Menschen gemacht habe, als auch einfach das gelebte Leben. Ich hoffe, dass einige der Geschichten Sie zum Lachen gebracht, andere Sie nachdenklich gemacht haben. Ein paar haben Sie vielleicht sogar zu Tränen gerührt. Das ist alles sehr gesund.

Ich hoffe, Gott segnet Sie alle, wie er mich gesegnet hat. Er hat mich mit meiner Familie und guten Freunden gesegnet, mit den Menschen, die ich getroffen, den Pferden, die ich geritten und den Lektionen, die ich gelernt habe. Vielleicht sehen Sie auf der Straße einmal in einem Truck mit Pferdeanhänger einen Cowboy, der Ihnen zuwinkt. Winken Sie einfach zurück, wahrscheinlich bin ich es.

Immer noch nehme ich begierig alles auf, grüble lange darüber nach und bedenke die Ereignisse, die mein Leben geformt haben. Wenn alles gut geht, ist mein Leben noch lange nicht vorüber, und vielleicht sitzen wir eines schönen Tages zusammen, und ich kann Ihnen ein paar Informationen vermitteln, die Ihnen bei Ihrer Suche nach was auch immer nützlich sind. Und vielleicht können Sie mir auch etwas vermitteln. Ich hoffe, Sie finden einen Sinn in Ihrem Leben, wie er auch aussehen mag.

Wir wissen nicht, warum manche Dinge geschehen. Ich glaube nicht, dass Gott für die schlimmen Dinge verantwortlich ist, die Ihnen zustoßen. Manchmal denke ich, er ist verantwortlich für die guten Dinge, aber manchmal auch, dass jeder sein Leben selbst in die Hand nehmen muss.

Ich wünsche Ihnen all den Erfolg, den Sie verdienen. Nicht nur als Reiter, sondern in allen Lebenslagen. Das ist das Beste, was ich Ihnen wünschen kann. Für mich ist der Lebensweg vorgezeichnet. Er mag manchmal eine Biegung machen und außer Sicht geraten, aber ich weiß, was vor mir liegt: die Pferde nah und fern.

Immer im Frühjahr treffen sich, organisiert von Bucks Freund Chas Weldon, Buck und ein paar „echte" Westerner auf verschiedenen Ranches, um beim Brennen der Kälber zu helfen. Hier sind sie auf der Flying C-Ranch in Nye, Montana: im Vordergrund Buck, dahinter Bill Reynolds und ganz hinten Chas.

Service

Zum Weiterlesen

Aguilar, Alfonso: **Wie Pferde lernen wollen**; Bodenarbeit, Erziehung und Reiten, KOSMOS 2004
Der Mexikaner Alfonso Aquilar, bekannt für seine begeisternde und einfühlsame Art Pferde zu trainieren, zeigt anhand vieler praktischer Übungen den Weg auf, wie Pferde in ihrem Wesen begriffen und gefördert werden können.

Kreinberg, Peter: **The Gentle Touch**; Die Methode für anspruchsvolles Freizeitreiten, KOSMOS 2007
Dieses Buch gibt Aufschluss über Hintergründe und Grundlagen der erfolgreichen Gentle-Touch-Methode und beschreibt Schritt für Schritt den Weg zur Harmonie beim Reiten.

Ochsenbauer, Ute: **Schwierige Pferde verstehen und fördern**; Probleme als Chance sehen und lösen, KOSMOS 2008
Selbst erfahrende Pferdemenschen stehen sogenannten Problempferden oft ratlos gegenüber. Dieser Ratgeber geht den Problemen auf den Grund, erklärt, was unerwünschtes Verhalten zu bedeuten hat und zeigt den Weg zu einer freundlichen Partnerschaft mit dem Pferd.

Schöning, Dr. Barbara: **Pferdeverhalten**; Verhaltensentwicklung, Probleme vermeiden, neue Erkenntinisse, KOSMOS 2008

Impressum

Aus dem Amerikanischen übersetzt von Sigrid Eicher.
Titel der Originalausgabe: The Faraway Horses
Erschienen bei The Lyons Press, USA, unter ISBN 978-1-58574-863-1
Copyright © 2001 by Buck Brannaman and William Reynolds
Published by Agreement with Lyons Press / Morris Book Publishing LLC, Guilford, CT, USA
Dieses Werk wurde vermittelt durch die Literarische Agentur Thomas Schlück GmbH, 30827 Garbsen.

Mit 23 Farbfotos und 37 Schwarzweißfotos aus dem privaten Archiv von Mary und Buck Brannaman, mit Ausnahme der gesondert gekennzeichneten Fotos.

Umschlaggestaltung von eStudio Calamar unter Verwendung eines Farbfotos von Ted Wood (vordere Umschlagseite – das Foto zeigt Buck Brannaman auf seiner Ranch mit einer Stute und ihrem Fohlen) und eines Farbfotos aus dem privaten Archiv von Mary und Buck Brannaman (hintere Umschlagseite).

Unser gesamtes lieferbares Programm und viele
weitere Informationen zu unseren Büchern,
Spielen und Experimentierkästen, DVDs, Autoren und
Aktivitäten finden Sie unter **www.kosmos.de**

Gedruckt auf chlorfrei gebleichtem Papier

© 2008, Franckh-Kosmos Verlags-GmbH & Co. KG, Stuttgart.
Alle Rechte vorbehalten
ISBN 978-3-440-11556-5
Redaktion: Katja Pauls
Produktion: Claudia Kupferer
Printed in The Czech Republic / Imprimé en République Tchèque

Im Einklang mit dem Pferd

Mark Rashid
Der von den Pferden lernt
208 Seiten
ISBN 978-3-440-10849-9

- In dieser wahren Geschichte erzählt Mark Rashid, wie das Pferd Buck seine bisherigen Überzeugungen auf den Kopf stellt, seine Arbeit kritisch hinterfragt und ihn zu einer veränderten Wahrnehmung führt.

Mark Rashid
Der auf die Pferde hört
240 Seiten
ISBN 978-3-440-10761-4

- Mark Rashid löst alltägliche, aber auch schwerwiegende Probleme mit Pferden auf seine ganz besondere, einfache Art. In vielen Erlebnissen schildert er seinen ganz persönlichen Weg mit den Pferden.

Mark Rashid
denn Pferde lügen nicht
224 Seiten
ISBN 978-3-440-09357-3

- *Passive leadership* – das sanfte Prinzip des Horseman aus Colorado. In vielen Geschichten und einprägsamen Beispielen schildert Mark Rashid humorvoll und sensibel seine Einsichten.

Je €/D 19,95;
€/A 20,60; sFr 36,90
Preisänderung vorbehalten

www.kosmos.de/pferde